城市轨道交通操作岗位系列培训教材

城市轨道交通通信检修工

主　编　赵　晗
副主编　陈　琦　王智慧
主　审　陈少华

内容提要

本书为城市轨道交通操作岗位培训教材。全书分两篇，共二十一章，介绍了城市轨道交通通信主要子系统的基础知识及实际操作，内容包括：第一篇为电源系统、传输系统、无线集群系统、电话交换系统、闭路电视监视系统、乘客信息系统、广播系统、时钟系统；第二篇为各系统维护、故障处理、仪表使用、平台搭建、典型故障案例。

本书在编写上力求通俗易懂，注重讲述基本概念、原理，展示直观的实际操作过程，注重在实际工作中的应用。

本书可作为城市轨道交通通信检修工岗位的培训教材，也可供职业院校城市轨道交通相关专业学生学习使用。

图书在版编目(CIP)数据

城市轨道交通通信检修工/赵晗主编. —北京：
人民交通出版社股份有限公司,2017.4
城市轨道交通操作岗位系列培训教材
ISBN 978-7-114-13474-6

Ⅰ.①城… Ⅱ.①赵… Ⅲ.①城市铁路—交通信号—检修—岗位培训—教材 Ⅳ.①U239.5

中国版本图书馆CIP数据核字(2016)第277418号

城市轨道交通操作岗位系列培训教材
- 书　　名：城市轨道交通通信检修工
- 著 作 者：赵　晗
- 责任编辑：吴燕伶　卢　珊
- 出版发行：人民交通出版社股份有限公司
- 地　　址：(100011)北京市朝阳区安定门外外馆斜街3号
- 网　　址：http://www.ccpress.com.cn
- 销售电话：(010) 59757973
- 总 经 销：人民交通出版社股份有限公司发行部
- 经　　销：各地新华书店
- 印　　刷：北京市密东印刷有限公司
- 开　　本：787×1092　1/16
- 印　　张：17.25
- 插　　页：4
- 字　　数：365千
- 版　　次：2017年4月　第1版
- 印　　次：2017年4月　第1次印刷
- 书　　号：ISBN 978-7-114-13474-6
- 定　　价：46.00元

(有印刷、装订质量问题的图书由本公司负责调换)

PREFACE 序

著述成书有三境：一曰立言传世，使命使然；二曰命运多舛，才情使然；三曰追名逐利，私欲使然。予携众编写此系列丛书，一不求"立言"传不朽，二不恣意弄才情，三不沽名钓私誉。唯一所求，以利工作。

郑州发展轨道交通八年有余，开通运营两条线46.6公里，各系统、设施设备运行均优于国家标准，服务优质，社会口碑良好。有此成效，技术、设备等外部客观条件固然重要，但是最核心、最关键的仍是人这一生产要素。然而，从全国轨道交通发展形势来看，未来五年人才"瓶颈"日益凸显。目前，全国已有44个城市轨道交通建设规划获得批复，规划总里程7000多公里，这比先前50年的发展总和还多。"十三五"期间，城市轨道交通发展将处于飞跃发展时期，相关专业技术人才将面临"断崖"处境。社会人才储备、专业院校输出将无法满足几何级增长的轨道交通行业发展需求。

至2020年末，郑州市轨道交通要运营10条以上线路，总里程突破300公里，人才需求规模达1.6万人之多。环视国内其他城市同期建设力度，不出此左右。振奋之余更是紧迫，紧迫之中夹杂些许担心。思忖良久，唯立足自身，"引智"和"造才"双管齐下，方可破解人才困局，得轨道交通发展始终，以出行之便、生活之利飨商都社会各界，助力国家中心城市和国际商都建设。

郑州市轨道交通通过校园招聘和订单班组建，自我培养各类专业技术人员逾3000人。订单班组建五年来，以高职高专院校的理论教学为辅，以参与轨道交通设计、建设和各专业各系统设备生产供应单位的专家实践教学为主，通过不断创新、总结、归纳，逐渐形成了成熟的培养体系和教学内容，所培养学生大都已成为郑州市轨道交通运营一线骨干力量。公司以生产实践经验为依托，充分发挥有关合作院校的师资力量，同时在设备制造商、安装商和设施设备维修维保商的技术支持下，编写了本套城市轨道交通操作岗位系列培训教材，希望以此建立起一套符合郑州市轨道交通运营实际且符合轨道交通行业发展水平的教材体系，为河南乃至全国轨道交通人才培养略尽绵薄之力。

教材编写过程中,得到了西南交通大学、大连交通大学、石家庄铁道大学、上海地铁维护保障有限公司、郑州铁路职业技术学院以及人民交通出版社股份有限公司的大力支持,在此一并表示感谢。

以羽扣钟,既有总结之意,也有求证之心,还请业内人士不吝赐教。

是为序。

张 洲

2016 年 10 月

FOREWORD 前言

随着社会的发展,我国城市化建设进程越来越快,现代城市交通问题已成为各大城市发展中遇到的重大难题。在寻求解决这一难题办法的过程中,人们把目光逐渐聚焦在城市轨道交通上。城市轨道交通的优势不言而喻——改善交通困局、节省土地、优化城市区域布局、促进国民经济和改善市民生活质量等。近年来,城市轨道交通建设在我国的发展异常迅猛,各大城市都在如火如荼地进行。

通信系统是城市轨道交通的重要组成部分,该系统及其设备状态对行车安全、乘客服务有着直接影响。为满足我国各大城市轨道交通蓬勃发展而产生的对通信系统维护人才的要求,以及各大院校培养城市轨道交通通信系统相关人才的需要,特组织编写本书。

本书按照由理论到实践的思路编写,从城市轨道交通通信专业的角度出发,对电源系统、传输系统、无线集群系统、电话交换系统、闭路电视监视系统、乘客信息系统、广播系统、时钟系统及对相应系统的网管操作、故障处理、系统平台搭建进行了详尽的介绍。

本书由赵晗担任主编,陈琦、王智慧任副主编,陈少华主审。其中第一章由张新宇编写,第二章、第十章由王智慧、王文明编写,第三章、第四章、第七章、第八章、第十八章由赵晗编写,第五章、第十三章由康焕立、王智慧编写,第六章、第九章、第十四章由米良彬、任继乐编写,第十一章由周尚昆、张新宇编写,第十二章由朱金涛、王岩编写,第十五章由张辰编写,第十六章、第十七章由郭静、贾正武编写,第十九章、第二十章由陈琦、王智慧编写,第二十一章由张新宇编写,赵晗负责统稿。陈少华来自大连交通大学,其余人员来自郑州市轨道交通有限公司。

由于城市轨道交通通信技术发展快、内容新,资料收集齐全较为困难,加之编写人员技术水平和实践经验的局限性,本书错误与不足之处在所难免,敬请广大读者多多提出宝贵意见。

本书在编写过程中,得到西南交通大学、大连交通大学、石家庄铁道大学、上海地铁维护保障有限公司、郑州铁路职业技术学院以及人民交通出版社股份有限公司的大力支持,在此表示诚挚的感谢!

编 者
2016 年 9 月

INTRODUCTION 学习指导

一、岗位职责

通信专业检修是从事城市轨道交通通信设备的安装调试、运行维护、操作检修、故障处理、技术改造等项目的工作岗位。其岗位职责包括安全职责和工作职责。

(一)安全职责

(1)对相应的生产工作负直接责任,做好生产第一现场的安全把控工作。

(2)保证贯彻执行安全生产的各项规章制度。

(3)组织学习并落实公司的各项安全管理规定和安全操作规程。

(4)负责所辖范围内特种设备的安全管理工作,确保特种作业、特种设备操作人员持证上岗。

(5)参加公司组织的各项培训工作,努力提高业务技能水平,增强安全意识。

(6)定期开展自查工作,落实隐患整改,保证生产设备、安全装备、消防设施、救援器材和急救用具等处于完好状态,并能够正确使用这些设备和器材。

(7)及时反映生产过程中存在的各类问题并找到解决途径,确保安全生产,保障人身、设备安全。

(8)负责通信专业各系统设备的巡视、维修维护以及应急抢险工作。

(二)工作职责

(1)积极学习安全政策和规章制度,参加各项安全操作规程培训;协助班组做好安全检查和其他各项安全工作。

(2)负责通信设备的日常巡视、值班,数据及故障统计、汇总、上报等工作。

(3)按计划对设备进行日常维护、检修、保养,参与设备缺陷整改、整治。

(4)处理设备故障,配合设备抢修。

（5）积极参与班组建设，定期参加班组组织的各种会议。

（6）积极参与工班和科室开展的各种培训，不断提高个人业务水平和技术能力。

（7）负责完成上级领导交办的临时性工作任务，做好班组宣传工作，参与党、工、团组织的各项活动。

（8）科研技改：配合设备的技改、工程整改工作的开展实施。

（9）新线建设：参与新线介入工作，及时提报工程问题，并配合上级管理部门督促承包人进行整改；参与新线通信设备的验收工作。

二 课程学习方法及重难点

全书分基础知识篇和实务篇两部分，其中基础知识篇重点介绍城市轨道交通通信检修工岗位需要掌握的基础知识以及各子系统的专业理论知识，令培训人员明晰岗位的应知应会内容，达到本岗位相关理论知识的培训要求，为熟练掌握维修技能打下理论基础。

实务篇则结合设备维修维护的实际，对常用仪器仪表的使用和各子系统的检修规程进行详尽的介绍，力求满足技能培训的实操性要求，便于培训人员掌握相关技能。

本书既重视理论，又重视实践，具有较强的可操作性，对于提高维修人员的技能水平，满足城市轨道交通发展对岗位工人技能培训的要求有很高的指导价值。

三 岗位晋升路径

根据人员情况，企业定期对满足职级要求（包括工作年限、职称、学历、绩效考评）的人员，按照一定比例给予晋级。员工晋升通道划分如下。

（一）技术类职级序列

由低到高依次为：技术员、助理、工程师一、工程师二、工程师三、主管。

（二）操作类序列

由低到高依次为：初级工、中级工、高级工一、高级工二、技师一、技师二、高级技师。

CONTENTS 目 录

第一篇 基础知识篇

第一章 城市轨道交通通信系统概述 ································ 2
- 第一节 城市轨道交通通信系统介绍 ································ 2
- 第二节 城市轨道交通通信系统功能 ································ 2
- 第三节 城市轨道交通通信技术标准 ································ 4

第二章 电源系统 ································ 5
- 第一节 电源系统概述 ································ 5
- 第二节 电源系统组成 ································ 5
- 第三节 电源系统与其他专业接口 ································ 14

第三章 传输系统 ································ 20
- 第一节 传输系统概述 ································ 20
- 第二节 传输系统原理 ································ 20
- 第三节 传输系统组成 ································ 24
- 第四节 光缆知识介绍 ································ 31
- 第五节 传输系统与其他专业接口 ································ 35

第四章 无线集群系统 ································ 37
- 第一节 无线集群系统概述 ································ 37
- 第二节 无线集群系统组成 ································ 42
- 第三节 漏泄电缆知识介绍 ································ 56
- 第四节 无线集群系统与其他专业接口 ································ 57

第五章 电话交换系统 ········ 61

第一节 电话交换系统概述 ········ 61
第二节 电话交换系统原理 ········ 62
第三节 电话交换系统组成 ········ 73
第四节 电话交换系统与其他专业接口 ········ 78

第六章 闭路电视监视系统 ········ 81

第一节 闭路电视监视系统概述 ········ 81
第二节 闭路电视监视系统组成 ········ 81
第三节 闭路电视监视系统与其他专业接口 ········ 88

第七章 乘客信息系统 ········ 91

第一节 乘客信息系统概述 ········ 91
第二节 乘客信息系统组成 ········ 92
第三节 乘客信息系统与其他系统接口 ········ 101

第八章 广播系统 ········ 106

第一节 广播系统概述 ········ 106
第二节 广播系统组成 ········ 106
第三节 广播系统与其他专业接口 ········ 118

第九章 时钟系统 ········ 120

第一节 时钟系统概述 ········ 120
第二节 时钟系统组成 ········ 120
第三节 时钟系统与其他专业接口 ········ 123

第二篇 实务篇

第十章 电源系统维护 ········ 128

第一节 电源系统检修 ········ 128
第二节 电源系统网管操作 ········ 131

第十一章 传输系统维护 ········ 135

第一节 传输系统检修 ········ 135

第二节　传输系统网管操作……………………………………137

第十二章　无线集群系统维护……………………………140

第一节　无线集群系统检修……………………………………140
第二节　无线集群系统网管操作………………………………144

第十三章　电话交换系统维护……………………………148

第一节　电话交换系统检修……………………………………148
第二节　电话交换系统网管操作………………………………152
第三节　电话交换系统终端操作………………………………159

第十四章　闭路电视监视系统维护………………………162

第一节　闭路电视监视系统检修………………………………162
第二节　闭路电视监视系统网管操作…………………………167

第十五章　乘客信息系统维护……………………………171

第一节　乘客信息系统检修……………………………………171
第二节　乘客信息系统网管操作………………………………175

第十六章　广播系统维护…………………………………187

第一节　广播系统检修…………………………………………187
第二节　广播系统网管操作……………………………………189
第三节　广播系统终端操作……………………………………192

第十七章　时钟系统维护…………………………………195

第一节　时钟系统检修…………………………………………195
第二节　时钟系统网管操作……………………………………197

第十八章　通信系统故障处理……………………………202

第一节　电源系统故障处理……………………………………202
第二节　传输系统故障处理……………………………………203
第三节　无线集群系统故障处理………………………………205
第四节　电话交换系统故障处理………………………………207
第五节　闭路电视监视系统故障处理…………………………210
第六节　乘客信息系统故障处理………………………………212

第七节　广播系统故障处理……………………………………………215
　　第八节　时钟系统故障处理……………………………………………216

第十九章　通信仪表的使用……………………………………………219

　　第一节　光源、光功率计………………………………………………219
　　第二节　万用表…………………………………………………………222
　　第三节　绝缘测试仪……………………………………………………226
　　第四节　驻波测试仪……………………………………………………232
　　第五节　阻抗仪…………………………………………………………237

第二十章　通信系统平台搭建…………………………………………239

　　第一节　通信接头制作…………………………………………………239
　　第二节　电源系统模拟平台搭建………………………………………246
　　第三节　闭路电视监视系统模拟平台搭建……………………………248
　　第四节　乘客信息系统模拟平台搭建…………………………………249
　　第五节　广播系统模拟平台搭建………………………………………252

第二十一章　通信系统典型故障案例…………………………………254

　　第一节　电源系统典型故障案例………………………………………254
　　第二节　乘客信息系统典型故障案例…………………………………255
　　第三节　闭路电视监视系统典型故障案例……………………………256

附录　考核大纲……………………………………………………………258

参考文献……………………………………………………………………260

后记…………………………………………………………………………261

第一篇 基础知识篇

第一章　城市轨道交通通信系统概述

> **岗位应知应会**
>
> 1. 了解城市轨道交通通信系统的基本组成。
> 2. 了解城市轨道交通通信系统的功能。
> 3. 了解通信系统技术标准。
>
> **重难点**
> 重点：城市轨道交通通信系统的基本组成和功能。
> 难点：通信系统技术标准。

第一节　城市轨道交通通信系统介绍

城市轨道交通通信系统是一个适应地铁运输效率、保证行车安全、具有较高的现代化管理水平，并且能迅速、准确、可靠地传递语音、数据、图像和文字等各种信息的综合通信系统，**主要由电源系统、传输系统、无线集群系统、电话交换系统、闭路电视监视系统、乘客信息系统、广播系统、时钟系统几个子系统组成。**

城市轨道交通通信系统是指挥列车运行、进行公务联络和传递各种信息的重要手段。通信系统的服务范围涵盖了控制中心、车站、地面线路、高架线路、地下隧道和列车。

第二节　城市轨道交通通信系统功能

城市轨道交通通信系统与信号系统共同完成行车调度指挥，为城市轨道交通的其他系统提供信息传输通道和标准时间信息，从而实现城市轨道交通列车运行的安全、可靠、准点，以及列车运营的集中统一指挥、行车调度自动化和列车运行自动化。本书主要介绍城市轨道交通通信系统。城市轨道交通通信系统，按照其功能可分为以下几个子系统。

一、电源系统

电源系统主要为轨道交通通信各子系统的正常运行提供电源，是保证通信系统正常工作的必要条件,因此通信电源必须安全可靠,并能保证不间断地连续运行。

二、传输系统

传输系统是轨道交通通信系统中的骨干系统。 传输网络具备传输语音信号、数据信号、图像信号等信息的能力,为其他子系统和信号、供电、消防、综合监控、自动售检票、办公自动化系统等提供可靠、灵活的通道。以上所有这些信息都是为列车正常运行服务的,其中任意信息的中断都会影响列车的运行,因此传输系统必须是一个实时、透明、无阻塞、可靠性高的系统。

三、无线集群系统

无线集群系统为轨道交通内部提供短信息和无线语音通信服务,为控制中心行车指挥人员、列车司机、运营人员、维护人员等无线用户提供无线通信。同时,其还具有相应的呼叫、广播、录音、存储、显示、检测和优先权等功能。

四、电话交换系统

(一)专用电话系统

专用电话系统是轨道交通专用的、用于轨道交通行车指挥的重要通信系统,为控制中心行车指挥人员提供专用直达通信,**具有单呼、组呼、群呼、紧急呼叫和录音等功能,**同时为车站值班员提供直达通话和站间电话。

(二)公务电话系统

公务电话系统主要用于轨道交通内部公务通信,为轨道交通管理部门、运营部门、维修部门提供公务联络,具备程控交换基本业务功能和各种新业务功能;并与本地公用电话网相连,实现市话、长途通信。

五、闭路电视监视系统

闭路电视监视系统是城市轨道交通运营管理现代化的配套设备,由控制中心行车指挥人员、车站值班员使用,可实时监视车站客流量、列车出入站、旅客上下车等情况,以提高运行组织管理效率,保证列车安全、正点地运送旅客。

六、乘客信息系统

乘客信息系统是城市轨道交通运营管理现代化的配套设备，乘客通过信息显示屏可以及时了解列车的运行状态、安全事项及其他各种信息。除可以有效指导旅客的候车、乘车外，还可显示广告、天气预报、股票等信息，为轨道交通运营提高服务质量，并增加可观的经济效益。

七、广播系统

广播系统主要由控制中心行车指挥人员及各车站的值班员使用，为旅客播放列车到发信息、乘车向导及紧急状态的安全须知等服务信息。平时以车站广播为主，紧急情况下按优先级顺序进行广播。

八、时钟系统

时钟系统主要为了保证轨道交通运营准时、有效服务乘客，以及统一全线设备标准时间。时钟系统的时间同步于 GPS 时间信息。

第三节　城市轨道交通通信技术标准

城市轨道交通通信系统的国家标准为《城市轨道交通通信工程质量验收规范》（GB 50382—2006）。

它给出了城市轨道交通通信工程的质量保证措施、验收方法、验收程序和质量标准，明确了建设各方在工程质量控制中的职责，严格规定了材料进场和质量检测的程序及方法，体现了科学性和可操作性，突出了规范对城市轨道交通通信工程质量的要求和控制。

第二章　电源系统

> **岗位应知应会**
>
> 1. 掌握电源系统的基本组成。
> 2. 掌握电源系统的功能。
> 3. 掌握交流切换配电柜、不间断电源以及高频开关电源系统的工作过程。
>
> **重难点**
>
> 重点：电源系统中各个设备的功能和工作过程。
> 难点：不间断电源三种工作方式的区别。

第一节　电源系统概述

电源系统在城市轨道交通通信系统中占有极为重要的地位，它为通信系统各个设备提供稳定、可靠的电能，是各通信设备正常工作的重要保障。

电源系统为各通信设备提供交流电源和直流电源。**交流电源的电压和频率是标志交流电源电能质量的两个重要指标。**典型的交流电源为三相四线（或五线）制供电，其中任意相火线与零线的电压称为相电压（220V），任意两相火线之间的电压称为线电压（380V）；交流电的频率为50Hz。使用交流用电的设备，有广播系统、时钟系统、闭路电视监视系统以及乘客信息系统等。

直流电源的电压和杂音是标志直流电源电能质量的两个重要指标，目前通信设备所用的直流电压为 -48V。通信设备直流输入电压变动范围为 -57～-40V，杂音应小于2mV。使用直流用电的设备有传输系统、无线集群系统、电话交换系统等。

第二节　电源系统组成

电源系统主要由**交流切换柜、不间断电源**（Uninterrupted Power Supply，简称UPS）**、高频开关电源、交流配电电源、蓄电池组以及监控系统组成**，如图2-1所示。其中UPS和蓄电池组为通信设备提供交流电源，高频开关电源和蓄电池组为通信设备提供直流电源。

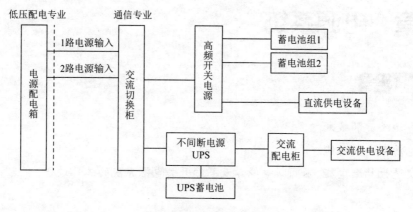

图 2-1　电源系统组成图

一、交流切换柜

交流切换柜的主要功能是完成市电1、2路切换。低压配电专业为电源系统提供两路市电，正常情况下市电1路主用，市电2路备用，当市电1路发生故障时，交流切换柜自动切换到市电2路工作，从而保证通信设备正常供电。当市电1路恢复正常时，交流切换柜自动切回市电1路工作。

交流切换柜主要配置有双路切换装置（Automatic Transfer Switching，简称ATS）、交流输入输出配电单元、监控单元、防雷装置以及工作状态指示灯和蜂鸣器。

1. 双路切换装置

双路切换装置（ATS）的主要功能是完成两路市电（市电1、2路）的切换，如前文所述。

2. 交流输入输出配电单元

交流输入输出配电单元完成交流输入配电和交流输出配电。

交流输入配电单元的输入电气特性如下（一次配电）。

（1）输入电压：380V±20%，三相五线制；或220V±20%，单相三线制。

（2）输入频率：50Hz±10%。

（3）电压波形正弦畸变率：≤5%。

交流切换单元输入电气特性如下（二次配电）。

（1）输入电压：380V±20%，三相五线制；或220V±20%，单相三线制。

（2）输入频率：50Hz±10%。

（3）电压波形正弦畸变率：≤5%。

3. 监控单元

监控单元采用智能化、模块化设计，人机界面友好。菜单为全中文显示，方便现场维护，能实时显示系统输出电压、电流、频率、各分路状态等信息，能实时显示系统告警信息和历史告警信息，方便运营人员日常管理。

4. 防雷装置

在市电接入处,装有防雷装置,用于保护设备。

工作状态指示灯含义见表 2-1。

交流切换柜指示灯含义　　　　表 2-1

指 示 标 识	正 常 状 态
1 路工作指示灯(绿色)	亮
2 路工作指示灯(黄色)	灭
故障指示灯(红色)	灭

二、不间断电源

不间断电源(UPS)的功能就是不间断地为系统供电。其原理是市电正常供电时,市电经 UPS 整流、逆变后输出交流电源为系统供电,同时 UPS 为蓄电池组充电;当两路市电都停电时,蓄电池组经过 UPS 逆变后输出交流电源为系统供电,从而保证用电设备不断电。

UPS 的功能可以总结为以下四点。

(1)**不停电功能**:解决电网停电问题。

(2)**交流稳压功能**:解决网压剧烈波动问题。

(3)**净化功能**:解决电网与电源污染问题。

(4)**管理功能**:解决交流用电维护问题。

(一) UPS 内部组成

UPS 由整流器、逆变器、静态开关、监控单元以及蓄电池组成,内部结构原理如图 2-2 所示。

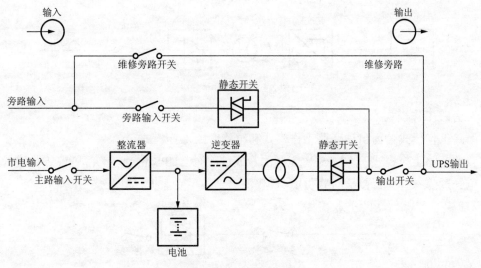

图 2-2　UPS 结构原理图

(1)整流器:将UPS输入交流转换为直流电(交流/直流)。

(2)逆变器:将直流转换为稳定的交流220V/380V(直流/交流)。

(3)静态开关:通过控制静态开关的通与断,实现UPS工作方式的转换。

(4)监控单元:人机交互界面,有参数设置、运行信息在线监测、信息显示等功能。

(5)蓄电池:提供后备能源,当市电停电时,电池放电;市电正常时,对蓄电池进行充电。蓄电池分为内置式和外置式,小容量UPS电池采用内置式,大容量UPS电池采用外置式。城市轨道交通通信蓄电池采用外置式,放置在专门的电池架上。

(二)UPS常见的三种工作模式

1. 正常工作模式

UPS电源在正常工作情况下,由外电输入经UPS整流、逆变后输出220V/380V交流电源为负载供电,同时给蓄电池组充电,如图2-3所示。

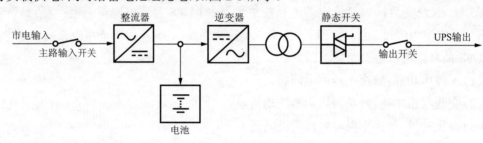

图2-3 正常工作模式

2. 电池工作模式

市电停电时,系统自动转为"电池工作模式"运行,电池通过逆变器给负载提供后备电源,此时负载电源不会中断。此后,当市电恢复时,系统自动切换回正常工作模式,无须任何人工干预,且负载电源不会中断,如图2-4所示。

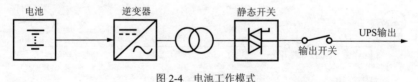

图2-4 电池工作模式

3. 旁路工作模式

旁路工作模式分为自动旁路工作模式和维修旁路工作模式。

自动旁路工作模式:当UPS逆变器故障或过载时,UPS自动转为"旁路工作模式",此时市电经过静态开关直接给负载供电,负载供电设备不受保护,如图2-5所示。

图2-5 自动旁路工作模式

维修旁路工作模式：用于对 UPS 系统进行定期保养或维修时给工作人员提供一个安全的工作环境，同时给负载提供未经处理的市电电源，此时 UPS 内部所有模块停止工作，如图 2-6 所示。

图 2-6　维修旁路工作模式

（三）UPS 监控单元面板及指示灯含义

1. UPS 监控单元面板组成

UPS 监控单元面板如图 2-7 所示。监控单元分为三个区域，第一个区域是指示灯，包括整流（器指示）灯、旁路（指示）灯、电池（指示）灯、逆变（器指示）灯、负载（指示）灯以及告警（指示）灯；指示灯下方的区域是监控显示区域，通过该区域可以查看 UPS 的各项工作参数（例如，输入电压电流、输出电压电流、电池电压等）；右侧是按钮区，通过按钮执行相应的操作和参数设置。

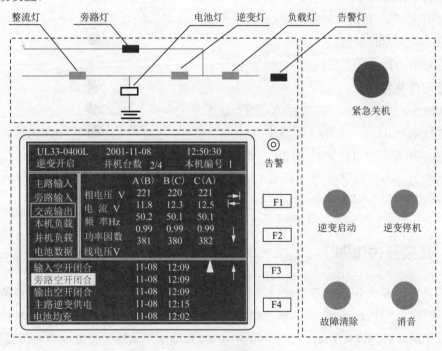

图 2-7　UPS 监控面板

2. UPS 指示灯含义

旁路灯，绿灯亮表示旁路正供电；红灯亮表示旁路输入超出保护范围；不亮表示旁路正常但不供电。

整流灯，绿灯亮表示整流器正供电；绿灯闪表示市电正常，整流器尚未供电；红灯亮表示整流器故障；不亮表示市电异常，无整流器故障。

电池灯，绿灯亮表示电池正供电；绿灯闪表示电池放电终止预告警；红灯亮表示电池异常（包括电池过温、电池需更换、电池接触器未闭合）；不亮表示电池正常但不供电。

逆变灯，绿灯亮表示逆变器正供电；绿灯闪表示逆变器工作但处于待供电状态；红灯亮表示逆变器故障；不亮表示逆变器未开启，且无故障。

负载灯，绿灯亮表示本机正常输出；红灯亮表示本机因过载关机；不亮表示无输出；橙灯亮（实际是红绿灯同亮）表示本机处于过载输出供电中。

告警灯，红灯亮表示系统有故障发生；黄灯亮表示有非设备故障类告警；绿灯亮表示无任何告警。

（四）UPS 主要电气特性

1. 输入电气特性

输入电压：交流三相五线制，电压 380V，波动范围为 -20%～+20%。

输入频率：50Hz±5Hz。

输入功率因数：0.99。

输入电流谐波（THDI）：≤5%。

旁路功能：自动、手动。

整机效率：93%。

2. 输出电气特性

输出电压：交流三相五线制，波动范围为稳态 ±1%、瞬态 ±5%。

输出频率：50Hz±0.05Hz（电池供电时）。

可闻噪声（距设备 1m 处）：50 dB（A）。

输出能力：100% 额定有功功率（0.8 功率因数）长期稳定运行，且有 100% 的不平衡负载能力，即缺相运行。

三、高频开关电源

高频开关电源为各通信设备提供直流 -48V 电源。主要由交流配电模块、直流配电模块、整流模块、监控模块组成，其中整流模块是高频开关电源的核心部分。整流模块输出与蓄电池组采用并联的连接方式。当市电供电正常时，整流模块输出直流电能为负载供电，同时为蓄电池组充电；当市电异常时（例如停电），蓄电池组直接为负载供电，从而保证不间断供电；当市电恢复时，整流模块输出直流电能为负载供电，同时为蓄电池组充电。

（一）交流配电模块

交流配电模块将市电输入交流三相电分配给每个整流模块。

(二)直流配电模块

整流模块输出 -48V 直流电,经过直流配电模块后分别给各个直流负载。

(三)整流模块

整流模块是高频开关电源的核心部分,完成交流 220V 到直流 -48V 的转换功能。其全称是高频开关型整流器,具有体积小、效率高、质量轻等特点。高频开关电源名称的由来就是因为具有高频开关型整流器,由于高频开关型整流器目前大都采用模块化设计,所以也称为整流模块,如图 2-8 所示。

1. 整流模块功能

在高频开关电源系统中,整流模块输出与电池组并联后向负载供电,同时,整流模块还对蓄电池组进行充电。

整流模块通常按"N+1"配置,以提高系统的可靠性。

2. 整流模块特性

(1)热插拔:整流模块采用无损伤热插拔技术,当模块插入系统时,不会引起系统输出电压的扰动。

(2)数字化均流:整流模块间可以自动均流,均流不平衡度控制在 ±3% 内。

(3)输入限功率控制。

(4)输入欠压保护。

(5)输出过压保护。

(6)过温保护、短路保护等。

3. 整流模块指示灯

整流模块各指示灯和状态,如图 2-9 和表 2-2 所示。

图 2-8 整流模块

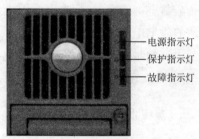

图 2-9 整流模块指示灯

整流模块指示灯含义　　　　表 2-2

指 示 标 识	正 常 状 态
电源指示灯(绿色)	亮
保护指示灯(黄色)	灭
故障指示灯(红色)	灭

（四）监控模块

监控模块即监控单元，是人机交互界面，实现对开关电源系统的信息查询、参数设置、系统控制、告警处理、电池管理和后台通信等功能。

四、交流配电单元

UPS 输出不直接连接通信用电设备，而是经过交流配电单元给负载供电，换言之，交流配电单元就是将 UPS 输出交流电根据需要分配给各个用电设备。在城市轨道交通通信电源系统中，交流配电单元通常和交流切换柜集中放在一个机柜中，统称为交流切换配电柜。

五、蓄电池组

蓄电池是保障通信电源系统不间断供电的关键设备，是一种储能装置，能够实现电能与化学能的转换。充电时，电能转换为化学能储存起来；停电时，蓄电池放电，化学能转换为电能。目前多采用免维护铅酸蓄电池。

（一）蓄电池终止电压

所谓蓄电池终止电压是指蓄电池放电时，电压下降到电池不宜再继续放电的最低工作电压值。放电的具体条件不同，电池的终止电压也不同，根据目前的设备运行环境，通常规定单体为 2V 的电池，终止电压为 1.8V；单体为 12V 的电池，终止电压为 10.8V。

（二）蓄电池容量

铅酸蓄电池的容量，标志着存储电量的多少，一般用"安时"标示，符号为"Ah"。其容量与电池的放电电流和放电时间有关。

蓄电池容量的具体含义为：蓄电池在充满电量的状态下进行放电，直至电池电压到达终止电压的一刻，所能放出来的全部电量。

（三）蓄电池的充电模式

1. 均衡充电

均衡充电（简称"均充"）是蓄电池的一种充电模式。它以定电流和定时间的方式对电池充电，充电速度较快。

2. 浮充

蓄电池内部存在一定的损耗，有自放电现象，为了使其能经常保持充电满足的状态而又不致过度充电所采取的充电方式称为浮充。即蓄电池电量充满后，仍然保持小电流充电。浮充电压略高于蓄电池组的端电压，但小于均衡充电电压。

（四）蓄电池在电源系统中的应用

1. 交流供电系统

蓄电池与 UPS 组成不间断供电系统,当市电停电时,作为后备能源为交流负载不间断供电。

2. 直流供电系统

蓄电池与高频开关电源的整流模块并联浮充供电,以起到停电放电及直流供电系统平滑滤波、抑制噪声的作用。

六、电源系统监控

电源系统监控可以为分为本地监控和控制中心网管监控。

（一）本地监控

前文中已经提到,交流切换配电柜、UPS 和高频开关电源柜都有各自的监控单元,通过监控单元可以查看本地的设备运行参数信息,下面简单列举各监控单元的监控信息。

1. 交流切换配电柜监控单元

（1）输入三相电压、电流;
（2）输出三相电压、电流;
（3）功率因数;
（4）各空开支路状态(断开或闭合);
（5）蓄电池组各单体电池电压;
（6）实时告警信息;
（7）历史告警信息。

2. UPS 监控单元

（1）主路输入三相电电压、电流;
（2）旁路输入三相电电压、电流;
（3）输出三相电电压、电流;
（4）功率因数;
（5）UPS 工作模式;
（6）蓄电池组总电压及电池后备时间;
（7）实时告警信息;
（8）历史告警信息。

3. 高频开关电源监控单元

（1）输入三相电电压、电流;
（2）输出直流电压、电流;
（3）各整流模块的输出电压、电流;

(4)功率因数；

(5)蓄电池充电状态(浮充或均充)；

(6)实时告警信息；

(7)历史告警信息。

(二)控制中心网管监控

城市轨道交通的每条线路都设有电源系统监控网管，负责监控整条线路所有车站电源设备的状态信息，通信专业维护人员通过网管可以查看每个车站电源设备的工作状态。各车站电源系统通过传输系统组建成网，如图2-10所示。

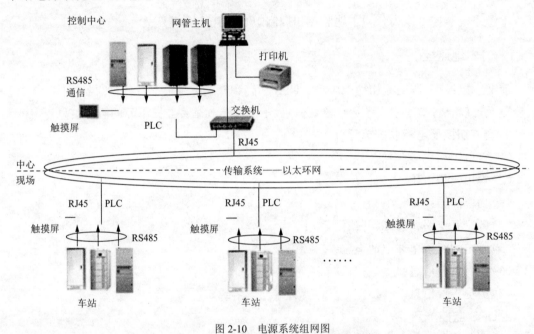

图2-10 电源系统组网图

第三节 电源系统与其他专业接口

一、内部接口

(一)与传输系统接口

1. 接口描述

电源系统为传输系统设备提供直流-48V电源；传输系统为电源系统提供10M共享以

太网通道,供电源系统本地监控与控制中心相连。

2. 接口示意

电源系统与传输系统接口示意如图 2-11 所示。

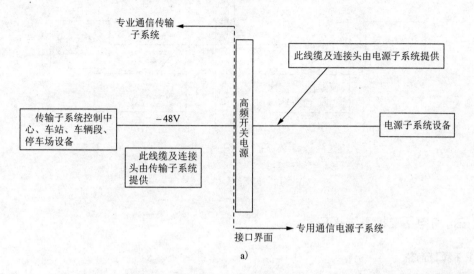

a)

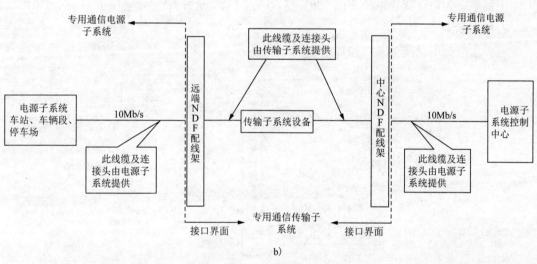

b)

图 2-11　与传输系统接口

(二) 与无线集群系统接口

1. 接口描述

电源系统为无线集群系统提供 220V 交流 (无线固定台) 或 -48V (无线基站) 直流电源,接口位置在电源系统配电柜输出端。

2. 接口示意

电源系统与无线集群系统接口示意如图 2-12 所示。

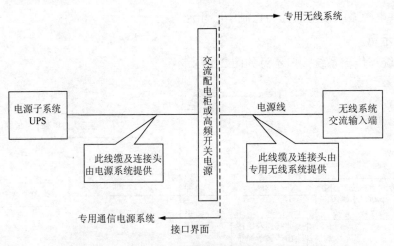

图 2-12 与无线集群系统接口

（三）与电话交换系统接口

1. 接口描述

电源系统为电话交换系统提供 220V 交流（专用电话录音）或 -48V（交换机）直流电源。

2. 接口示意

电源系统与电话交换系统接口示意如图 2-13 所示。

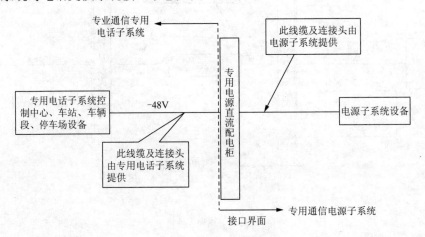

图 2-13 与电话交换系统接口

（四）与闭路电视监视系统接口

1. 接口描述

电源系统为闭路电视监视系统提供 220V 交流电源，接口位置在电源系统配电柜输出端。

2. 接口示意

电源系统与闭路电路监视系统接口示意如图 2-14 所示。

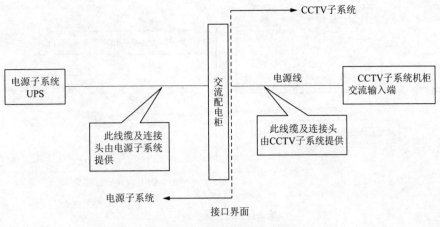

图 2-14　与闭路电视监视系统接口

（五）与乘客信息系统接口

1. 接口描述

电源系统为乘客信息系统（Passenger Information System，简称 PIS）提供 220V 交流电源，接口位置在电源系统配电柜输出端。

2. 接口示意

电源系统与 PIS 接口示意如图 2-15 所示。

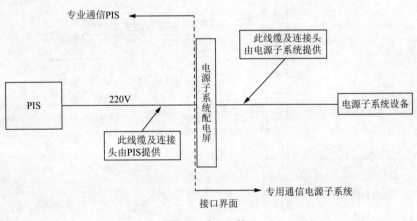

图 2-15　与 PIS 接口

（六）与广播系统接口

1. 接口描述

电源系统为广播系统提供 220V 交流电源，接口位置在电源系统配电柜输出端。

2. 接口示意

电源系统与广播系统接口示意如图 2-16 所示。

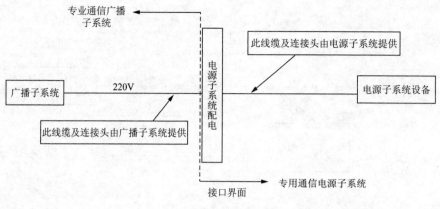

图 2-16　与广播系统接口

(七) 与时钟系统接口

1. 接口描述

电源系统为时钟系统提供 220V 交流电源,接口位置在电源系统配电柜输出端。

2. 接口示意

电源系统与时钟系统接口示意如图 2-17 所示。

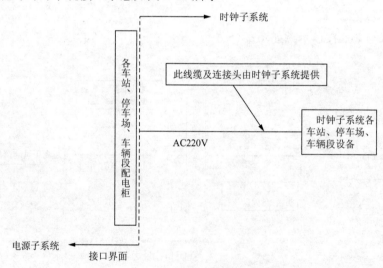

图 2-17　与时钟系统接口

二、外部接口

低压配电专业在控制中心、各车站、车辆段的通信电源室提供两路三相五线制 380V 交流电源,并在通信电源室设置电源配电箱,电源配电箱带有断路装置和防雷单元,接口位置在低压配电箱的出线端。

1. 接口描述

低压配电专业为通信电源系统提供两路市电,接口位置在通信电源机房墙壁上配电箱空开出线的地方。

2. 接口示意

电源系统与低压配电专业接口示意如图 2-18 所示。

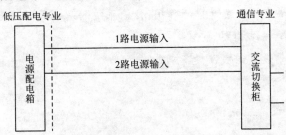

图 2-18　与低压配电专业接口

第三章 传输系统

> **岗位应知应会**
>
> 1. 掌握传输系统在城市轨道交通中的作用、传输系统的基本原理。
> 2. 能够绘制传输系统帧结构图。
> 3. 掌握传输系统主要设备组成及设备功能。
>
> **重难点**
>
> 重点:传输系统主要设备组成。
> 难点:传输系统与其他专业接口。

第一节 传输系统概述

传输系统以光纤为传输介质,以光波为信息载体,提供高质量、大容量、远距离的信息传送。传输系统是城市轨道交通通信系统中最重要的子系统,根据城市轨道交通的需求,传输网络应能迅速、准确、可靠地传送信息,构成传送语音、文字、数据和图像等各种信息的综合业务传输网。如调度电话、公务电话、无线通信、广播、闭路电视监视、时钟、电源等系统均需要传输系统提供信息通道。

第二节 传输系统原理

一、同步数字系列产生背景

在数字通信系统中,传送的信号都是数字化的脉冲序列。这些数字信号流在数字交换设备之间传输时,其速率必须完全保持一致,才能保证信息传送的准确无误,即所说的"同步"。在数字传输系统中,有两种数字传输系列,一种是"准同步数字系列"(Plesiochronous Digital Hierarchy,简称 PDH);另一种是"同步数字系列"(Synchronous Digital Hierarchy,简称 SDH)。

采用 PDH 的系统,在数字通信网的每个节点上都分别设置高精度的时钟,这些时钟的信号都具有统一的标准速率。尽管每个时钟的精度都很高,它们之间还有一些微小的差别。为了保证通信的质量,要求这些时钟的差别不能超过规定的范围。因此这种同步方式严格来说不是真正的同步,所以称为"准同步"

PDH 技术对传统的点到点通信有较好的适应性,但随着数字通信的迅速发展,点到点的直接传输越来越少,而大部分数字传输都要经过转接,因此 PDH 技术便不再适合现代电信业务开发和现代化电信网管理的需要。而 SDH 就是为了适应这种新的需要而出现的传输体系。

二、SDH 概念

SDH 规范了数字信号的帧结构、复用方式、传输速率等级、接口码型等特性。SDH 可实现网络有效管理、实时业务监控、动态网络维护、不同设备间的互通等多项功能,能大大提高网络资源利用率、降低管理及维护费用、实现灵活可靠和高效的网络运行与维护,是目前传输领域中应用最广泛、技术最成熟、性价比最高的一种制式。

三、SDH 信号帧结构及速率

(一)SDH 帧结构

SDH 用来承载信息的是块状帧结构,由纵向 9 行和横向 270×N 列字节组成,每个字节含 8bit,如图 3-1 所示。整个帧结构由段开销(SOH)区、净负荷区和管理单元指针(AU-PTR)区三部分组成。段开销区主要用于网络的运行、管理、维护及配置,以保证信息能够正常灵活地传送;净负荷区用来存放信息业务的比特和少量的用通道维护管理的通道开销(POH)字节;管理单元指针用来指示净负荷区内的信息首字节在 STM-N 帧内的准确位置,以便接收时能正确分离净负荷。

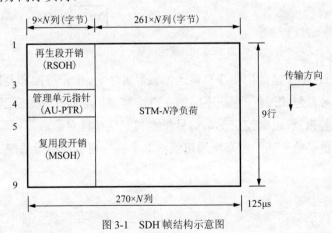

图 3-1 SDH 帧结构示意图

(二)SDH 的速率

SDH 采用的信息结构等级称为同步传送模块 STM-N。最基本的模块有 STM-1，4 个 STM-1 同步复用构成 STM-4，16 个 STM-1 或者 4 个 STM-4 同步复用构成 STM-16。

在 SDH 帧中，字节的传输是从左到右按行进行的，首先由如图 3-1 中左上角的第一个字节开始，从左向右按顺序传送，传完一行再传下一行，直至整个 $9 \times 270 \times N$ 个字节都传送完再转入下一帧，如此一帧一帧地传送。每秒可传 8000 帧，帧长恒定为 125μs。

SDH 的帧频为每秒 8000 帧，说明信号帧中某一特定字节每秒被传送 8000 次，那么该字节的比特速率是 $8000 \times 8bit = 64kb/s$，也就是一路数字电话的传输速率。以 STM-1 等级为例，其速率为 270（每帧 270 列）×9（共 9 行）×64kb/s（每个字节 64kbit）=155520kb/s=155.520Mb/s。其他等级的速率分别是 STM-4 为 622.080Mb/s，STM-16 为 2488.320Mb/s，STM-64 为 9953.280Mb/s。

四、SDH 复用映射结构和复用映射过程

ITU-T（国际电信联盟电信标准分局）规定了一套完整的复用结构，可将 PDH 的 3 个系列的数字信号以多种方法复用成 STM-N 信号。我国为了使每种净负荷只有一条复用映射途径，规定了一个较为简单的复用映射结构，如图 3-2 所示。

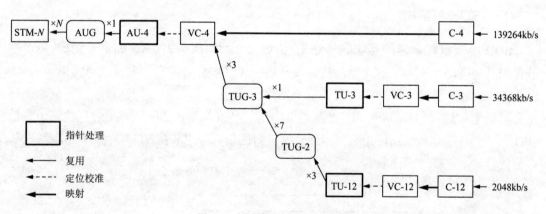

图 3-2 中国采用的复用映射结构

各种信号装入 SDH 帧结构的净负荷区都须经过映射、定位校准和复用三个步骤。映射相当于一个对信号打包的过程，它使不同的支路信号和相应的 n 阶虚容器（VC-n）同步。定位校准即加入调整指针，用来校正支路信号频差和实现相位对准。复用即字节间插复用，用于将多个低阶通道层信号适配进高阶通道或将多个高阶通道层信号适配进复用段层。

(一)映射

各种速率等级的数字流先进入相应的接口容器，这些容器是一种用来装载各种速率业

务信号的信息结构,主要完成适配功能(如速率调整),让那些最常使用的准同步数字体系信号能进入有限数目的标准容器,完成像速率调整这样的适配功能。例如对于各路传来的2M信号,由于各路的时钟精度不同,所以有的可能是2.0481Mb/s,有的可能是2.0482Mb/s,都将在容器里做容差调整,适配成速率一致的标准信号。目前有5种标准容器:C-11、C-12、C-2、C-3和C-4。我国定义C-12的对应速率是2.048Mb/s,C-3的对应速率是34.368Mb/s,C-4的对应速率是139.264Mb/s。由标准容器出来的数字流加上通道开销POH后就构成了虚容器(简称VC),这一过程就是映射。

(二)定位

VC是SDH中最重要的一种信息结构,主要支持通道层连接。VC的包封速率与网络同步,因此不同VC的包封则是互相同步的,而包封内部却允许装载各种不同容量的准同步支路信号。除在VC的组合点和分解点(PDH网和SDH网的边界处)外,VC在SDH中传输时总是保持完整不变的,所以VC可作为一个独立的实体在通道中任一点取出或插入,可以进行同步复用和交叉连接处理,十分灵活和方便。VC可分为低阶虚容器和高阶虚容器两类,VC-12和VC-3为低阶虚容器,VC-4为高阶虚容器(AU-3中的VC-3为高阶虚容器,若通过TU-3把VC-3复用进VC-4,则VC-3属于低阶虚容器)。由VC传出来的数字流再按规定的路线进入管理单元AU或支路单元TU。在SDH帧中,VC-n是一个独立的整体,传送过程中不能分割。因此VC-n到TU-n和VC-n到AU-n的转换是一个速率适配的过程,也就是复用结构中的定位校准过程。

(三)复用

AU(管理单元)是一种为高阶通道层和复用段层提供适配功能的信息结构,它由高阶VC和AU-PTR组成。其中AU-PTR用来指明高阶VC在STM-N帧内的位置,因而允许高阶VC在STM-N帧内的位置是浮动的,但AU-PTR本身在STM-N帧内位置是固定的。一个或多个在STM-N帧内占有固定位置的AU组成管理单元组AUG,它由3个AU-3或单个AU-4按字节间插方式组成。

TU(支路单元)是一种为低阶通道层和高阶通道层提供适配功能的信息结构,它由低阶VC和TU-PTR组成。TU-PTR用于指明低阶VC在帧结构中的位置。一个或多个在高阶VC净负荷中占有固定位置的TU组成支路单元组TUG。最后,在N个AUG的基础上再附加上段开销SOH便形成了最终的STM-N帧结构。

下面以2M支路信号的复用映射过程为例来详细说明。标称速率为2.048Mb/s的信号先进入C-12进行适配处理,C-12加上POH映射后构成VC-12,经过定位校准,TU-12中PTR就指明VC-12相对TU-12的相位;3个TU-12经过均匀的字节间插后复用成TUG-2,7个TUG-2同样经字节间插后复用成TUG-3,3个TUG-3再经字节间插并加上高阶POH后构成VC-4净负荷;定位校准后加上PTR组成AU-4,单个AU-4直接置入AUG;最后,N

个 AUG 通过字节间插，附加上 SOH 就得到了 STM-N 信号。

五、基于 SDH 的 MSTP 技术

SDH 作为新一代理想的传输体系，具有路由自动选择能力，上下电路方便，维护、控制、管理功能强，标准统一，便于传输更高速率的业务等优点，能很好地适应通信网飞速发展的需要。迄今为止，SDH 得到了空前的应用与发展。在标准化方面，已建立和即将建立的一系列建议已基本覆盖了 SDH 的方方面面，在干线网和长途网、中继网、接入网中开始被广泛应用，且在光纤通信、微波通信、卫星通信中也积极地开展研究与应用。

从技术上来看，接入层的相对带宽需求较小，需要提供 IP、TDM，可能还有 ATM 等综合业务传送。以 SDH 系统为基础并能够提供 IP、ATM 传送与处理的系统（包括 TDM、IP 与 ATM 接口，甚至包括 IP 和 ATM 交换模块）将是解决接入层传送的主要方法。这种方式可廉价地在一个业务提供点上提供高质量专线、ATM、IP 等业务的接入、传送和保护。

随着骨干传输容量的不断增大，城域传输网络的接入能力也逐渐多样化。但以 IP 为主的网络业务仍然是不可预知的，这需要传输网络具有更好的自适应能力，而这种自适应能力不仅是网络接口或网络容量的适应能力，而且还要求网络连接的自适应能力。

综上所述，SDH 以其明显的优越性已成为传输网发展的主流。SDH 技术与一些先进技术相结合，如光波分复用（WDM）、ATM 技术、Internet 技术（IP over SDH、MSTP over SDH）等，使 SDH 网络的作用越来越大。SDH 已被各国列入 21 世纪高速通信网的应用项目，是电信界公认的数字传输网的发展方向，具有远大的商业前景。

多业务传输平台（Multi-Service Transfer Platform，简称 MSTP）是从 SDH 平台延伸出来的同时实现 TDM、ATM、以太网等业务的接入、处理和传送，并提供统一网管的业务平台体系。MSTP 是 SDH 为了适应传输以太网数据而在 SDH 基础上改进后的传送平台标准，主要改进是在接口单元增加了 ETH/ATM 等业务单元，基础传送层主要还是沿用 SDH 传输。

第三节 传输系统组成

SDH 传输网是由不同类型的网元通过光缆线路的连接组成的，通过不同的网元完成 SDH 网的传送功能：上／下业务、交叉连接、网络故障自愈等。下面讲述 SDH 网中常见网元的特点和基本功能。

一、SDH 网络的基本网元

（一）终端复用器

终端复用器用在网络的终端站点上，它是一个双端口器件，如图 3-3 所示。

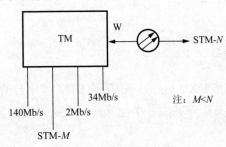

图 3-3　终端复用器模型图

终端复用器的作用是将支路端口的低速信号复用到线路端口的高速信号 STM-N 中，或从 STM-N 的信号中分出低速支路信号。在将低速支路信号复用进 STM-N 帧时有一个交叉的功能，例如可将支路的一个 STM-1 信号复用进线路上的 STM-16 信号中的任意位置上，或支路的 2Mb/s 信号可复用到一个 STM-1 中 63 个 VC12 的任何一个位置上。

（二）分插复用器

分插复用器（简称 ADM）用于 SDH 传输网络的转接站点处。例如链的中间结点或环上结点，是 SDH 网上使用最多、最重要的一种网元，它是一个三端口的器件，如图 3-4 所示。

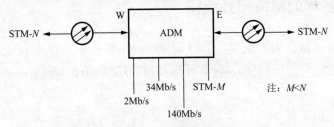

图 3-4　分插复用器模型图

ADM 有两个线路端口和一个支路端口。两个线路端口各接一侧的光缆，每侧收 / 发共两根光纤，为了描述方便将其分为西向（W）、东向（E）两个线路端口。ADM 的作用是将低速支路信号交叉复用进东或西向线路上去，或从东或西侧线路端口收的线路信号中拆分出低速支路信号。另外，还可对东 / 西向线路侧的 STM-N 信号进行交叉连接，一个 ADM 可等效成两个 TM。

（三）再生中继器

光传输网的再生中继器（简称 REG）有两种，一种是纯光的再生中继器，主要进行光功率放大，以延长光传输距离；另一种是用于脉冲再生整形的电再生中继器，主要通过光 / 电变换、电信号抽样、判决、再生整形、电/光变换,以达到不积累线路噪声,保证线路上传送信号波形的完好性的目的。再生中继器是双端口器件,只有两个线路端口 W、E,如图 3-5 所示。

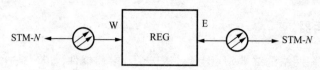

图 3-5　再生中继器模型图

(四)数字交叉连接设备

数字交叉连接设备(简称 DXG)完成的主要是 STM-N 信号的交叉连接功能。它是一个多端口器件,相当于一个交叉矩阵完成各个信号间的交叉连接。如图 3-6 所示。

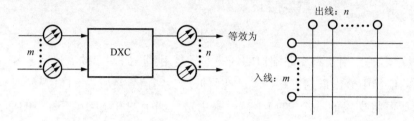

图 3-6　数字交叉连接设备功能图

DXC 可将输入的 m 路信号交叉连接到输出的 n 路信号上,图 3-6 表示有 m 条入信号和 n 条出信号,DXC 的核心是交叉连接。

二、SDH 基本的网络拓扑结构

网络的有效性(或信道的利用率)、可靠性和经济性在很大程度上与其拓扑结构有关。**网络拓扑的基本结构有链形、星形、树形、环形和网孔形**,如图 3-7 所示。

(一)链形网

链形网络拓扑将网中的所有节点一一串联,而首尾两端开放。这种拓扑的特点是较经济,在 SDH 网的早期用得较多,主要用于专网(如铁路网)中。

(二)星形网

星形网络拓扑是将网中一网元作为特殊节点与其他各网元节点相连,其他各网元节点互不相连,网元节点的业务都要经过这个特殊节点转接。这种网络拓扑的特点是可通过特殊节点来统一管理其他网络节点,利于分配带宽,节约成本,但存在特殊节点的安全保障和处理能力的潜在瓶颈问题。特殊节点的作用类似交换网的汇接局,此种拓扑多用于本地网(接入网和用户网)。

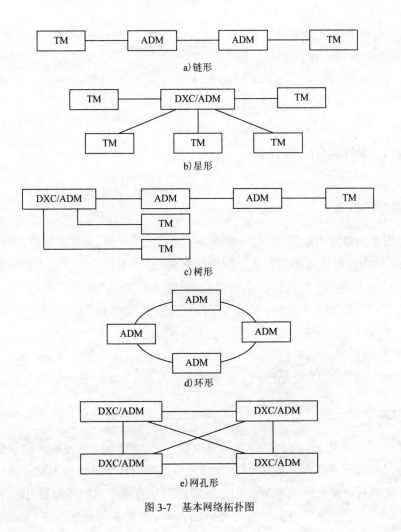

图 3-7 基本网络拓扑图

(三)树形网

树形网络拓扑可看成是链形网络拓扑和星形网络拓扑的结合,也存在特殊节点的安全保障和处理能力的潜在瓶颈问题。

(四)环形网

环形网络拓扑实际上是指将链形网络拓扑首尾相连,从而使网上任何一个网元节点都不对外开放的网络拓扑形式。这是当前使用最多的网络拓扑形式,主要是因为它具有很强的生存性,即自愈功能较强。环形网络拓扑常用于本地网(接入网和用户网)、局间中继网。

(五)网孔形网

将所有网元节点两两相连,就形成了网孔形网络拓扑。这种网络拓扑为两网元节点间提供多个传输路由,使网络的可靠更强,不存在瓶颈问题和失效问题。但是由于系统的冗余度高,必会使系统有效性降低,同时成本高且结构复杂。网孔形网络拓扑主要用于长途网中,以提供网络的高可靠性。

当前用得最多的网络拓扑结构是链形和环形,通过它们的灵活组合,可构成更加复杂的网络。

三、SDH 网络的自愈功能

(一)自愈的概念

自愈是指在网络发生故障(如光纤中断)时,无须人为干预,网络在极短的时间内(ITU-T 规定为 50ms 以内),可使业务自动从故障中恢复传输,使用户几乎感觉不到网络出了故障。其基本原理是网络要具备发现替代路由,并重新建立通信的能力。替代路由可采用备用设备或利用现有设备中的冗余能力,以满足全部或指定优先级业务的恢复。网络具有自愈能力的先决条件是有冗余的路由和网元强大的交叉能力。

自愈仅是通过备用信道将失效的业务恢复,而不涉及具体故障的部件和线路的修复或更换,所以故障点的修复仍需人工干预才能完成。

(二)自愈环的分类

目前环形网络的拓扑结构应用广泛,具有较强的自愈功能。**自愈环的分类方式有:按环上业务的方向可分为单向环和双向环;按网元节点间的光纤数可分为双纤环(一对收发光纤)和四纤环(两对收发光纤);按保护的业务级别可分为通道保护环和复用段保护环。**

对于通道保护环,业务的保护是以通道为基础,也就是保护的是 STM-N 信号中的某个 VC12(某一路 PDH 信号),倒换与否由环上的某一个通道信号的传输质量来决定,通常利用收端是否收到 TU-AIS 告警信息来决定该通道是否应进行倒换。例如 STM-16 环,若收端收到第 4 个 VC4 的第 48 个 TU-12 有 TU-AIS,那么就仅将该通道切换到备用信道上去。

复用段倒换环是以复用段为基础,倒换与否由环上传输的复用段信号的质量来决定。倒换由 APS 协议来启动,当复用段出现问题时,环上整个 STM-N 或 1/2 STM-N 的业务信号都切换到备用信道上。

(三)两纤双向复用段环

两纤双向复用段保护环使用每根光纤的前半个时隙(例如 STM-64 系统为 1 号~32 号 STM-1)传送主用业务,后半个时隙(例如 STM-64 系统的 33 号~64 号 STM-1)传送备用业务。换言之,一根光纤的保护时隙用来保护另一根光纤上的主用业务,例如,S1/P2 光纤上的 P2 时隙用来保护 S2/P1 光纤上的 S2 业务。因此在两纤双向复用段保护环上无专门的主、备用光纤,每一条光纤的前一半时隙是主用信道,后一半时隙是备用信道,两根光纤上的业务流向相反。两纤双向复用段保护环的保护机理,如图3-8所示。

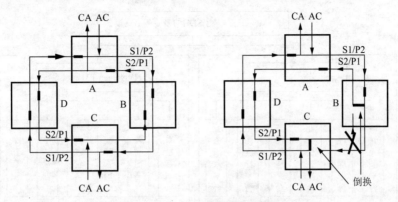

图3-8 两纤双向复用段保护环示意图

在网络正常情况下,网元A到网元C的主用业务放在S1/P2光纤的S1时隙,沿S1/P2光纤由网元B穿通传到网元C,网元C从S1/P2光纤上接收S1时隙所传的业务。网元C到网元A的主用业务放于S2/P1光纤的S2时隙,经网元B穿通传到网元A,网元A从S2/P1光纤上提取相应的业务。

当环网B-C间光缆中断时,B和C节点内的倒换开关将根据APS协议,将S1/P2与S2/P1沟通,利用时隙交换技术,可将S1/P2和S2/P1上的业务信号时隙移到另一根光纤上的保护信号时隙,从而完成保护倒换作用,保护倒换时间小于50ms。在A、B、C、D这四个站点都要进行这种时隙交换,当故障排除后,倒换开关返回原来位置。

四、传输系统的设备结构

基于SDH体制所开发的各种传输设备,能很好地解决网络中面临的容量、质量、网管、安全等问题,其接口标准规范一致,实现功能相同,设备结构也大体相同。现以ZXMP S385传输设备为例来介绍传输设备的内部组成结构。

(一)ZXMP S385概述

ZXMP S385是基于SDH的多业务节点设备,从功能层次上可分为硬件系统和网管软件系统,两个系统既相对独立,又协同工作。硬件系统是ZXMP S385的主体,可以独立于网管软件系统工作。

(二)ZXMP S385设备简介

1. ZXMP S385系统子架

ZXMP S385设备提供2000mm、2200mm和2600mm三种机柜,子架作为设备的核心组件安装在 ZXMP S385 机柜中。以 2200mm 机柜为例，ZXMP S385 设备的功能和机柜结构分别如图 3-9、图 3-10 所示。

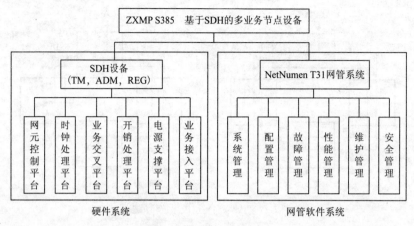

图 3-9 ZXMP S385 功能示意图

ZXMP S385 设备子架的组成部分如下。

背板：连接各个单板的载体，背板上设有单板连接插座，各单板通过插座和背板上的各种总线连接。

插板区：双层结构，用于插装 ZXMP S385 设备的单板。

风扇插箱：位于子架底部，用于对设备进行强制风冷散热。

2. ZXMP S385 槽位分布

ZXMP S385 设备槽位分为上下两层，上排插接口板、下排插处理板，上排单板有 15 个槽位、下排单板有 16 个槽位，如图 3-11 所示。

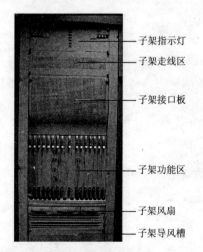

电接口出线区/桥接板	电接口出线区	电接口出线区	电接口出线区	OW	ENCP	ENCP	QXI	SCI	电接口出线区	电接口出线区	电接口出线区	电接口出线区	电接口出线区/桥接板
61	62	63	64	65	17	18	19	66	67	68	69	70	71	72
业务槽位	业务槽位	业务槽位	业务槽位	业务槽位	业务槽位	CSF	CSF	业务槽位	业务槽位	业务槽位	业务槽位	业务槽位	业务槽位
1	2	3	4	5	6	7	8	9	10	11	12	13	14	15	16
FAN 1					FAN 2				FAN 3				

图 3-10 ZXMP S385 机柜结构图

图 3-11 ZXMP S385 设备槽位图

槽位排列需要注意的事项如下。

（1）业务槽位光板（OL16/OL4/OL1）均可以混插。

(2）电板（如 EPE1/EPE3/LP1 等）只能插 10 个槽位（1～5、12～16）。

(3）QxI/SCI 均为必配板，分别位于槽位 66、67。

(4）18、19 板位为 NCP 板，两块为热备份。

(5）8、9 板位为交叉时钟板位，两块为热备份。

3. ZXMP S385 设备常用单板及功能（表 3-1）

ZXMP S385 设备常用单板及功能　　　　表 3-1

单板代号	单板名称	主要功能说明
ENCP	网元控制板	提供网元管理功能
OW	公务板	实现勤务电话功能
QXI	QX 接口板	提供接口，包括电源接口、告警指示单元接口、列头柜告警接口、辅助用户数据接口、网管 QX 接口和扩展框接口
CSF	F 型交叉时钟板	完成多业务方向的业务交叉、1：N 保护倒换控制以及网同步等功能。F 型交叉板最大交叉能力为 240G
TCS128	时分交叉模块	配合 CSF，提供低阶时分交叉功能，交叉能力 20G
SCIB	B 型时钟接口板（2 Mb/s）	提供外部数字时钟接口
SCIH	H 型时钟接口板（2 MHz）	提供外部模拟时钟接口
OL64	1 路 STM-64 光线路板	10G 光线路板
OL16	1 路 STM-16 光线路板	2.5G 光线路板
EPE1×63	63 路 E1 电处理板（接口为 75Ω）	E1 电处理板（75Ω）
ESE1×63	63 路 E1 电接口倒换板（接口 75Ω）	E1 电接口板（75Ω），支持 1：N 保护倒换
BIE1	E1/T1 电接口桥接板	在 E1 信号 1：N 支路保护时使用，完成上述信号到保护板的分配和转接
SEE	增强型智能以太网处理板	具有以太网二层交换功能的以太网单板
ESFE×8	以太网电接口倒换板	以太网电接口倒换板，提供 8 路 FE 接口
RSEB	内嵌 RPR 交换处理板	实现以太网业务到 RPR 的映射，提供 RPR 所需的双环拓扑结构

第四节　光缆知识介绍

一、光纤结构

光纤（Optical Fiber）是光导纤维的简称，其典型的结构是多层同轴圆柱体，自内向外为

纤芯、包层及涂覆层，如图3-12所示。通信光纤的纤芯通常是折射率为n_1的高纯SiO_2，并有少量的掺杂剂，以提高折射率，光能量主要在纤芯内传输。包层的折射率为n_2（$<n_1$），其通常也由高纯SiO_2制成，并掺杂一些其他杂质以降低折射率，其为光的传输提供反射面和光隔离，并起一定的机械保护作用。纤芯和包层合起来构成裸光纤，光纤的光学及传输特性主要由它决定。在包层外面是5～40μm涂覆层，材料是环氧树脂或硅橡胶，其作用是增强光纤的机械强度。在涂覆层外面还常有缓冲层及套塑层（保护层）。此外，纤芯及包层材料也可由玻璃或塑料制成，它们的损耗比石英光纤大，但在短距离的光纤传输系统中仍有一定应用。

（一）光纤的导光原理

由图3-13可知，当进入光纤的光线射入纤芯和包层界面的入射角为θ时，在入射点的光线可能分为两束，一束为折射光，另一束为反射光。它们应服从光线的折射和反射定律，即$\angle\theta=\angle\theta_2$，$n_1\sin\theta=n_2\sin\theta_1$。

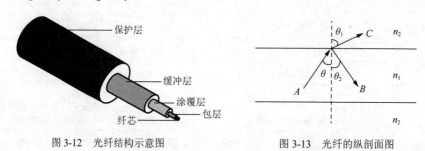

图3-12　光纤结构示意图　　　　图3-13　光纤的纵剖面图

折射光在靠近纤芯-包层界面的包层中传播。反射光将回到纤芯中，又射到纤芯另一边的纤芯-包层界面，然后重复入射点的情况，使光向前传播。因为包层的损耗比纤芯大，进入包层的光将很快衰减掉。在这种情况下，光纤中传播的光波也就会很快的衰减而不能远距离传输。

为了使光能在光纤中远距离传输，一定要满足光在光纤中反复发生全反射的条件。根据全反射原理，存在一个临界角θ_c（如果逐渐增大光线对纤芯-包层界面的入射角，当θ达到某一定大小时，折射角为90°，折射光线不再进入包层，而是沿纤芯-包层界面向前传播，则把这种情况下的入射角称为全反射临界角）。如果继续增大光线的入射角，那么光全部反射回纤芯中。根据反射定律，反射回纤芯中的光线，向另一侧纤芯-包层界面射入时，入射角保持不变，也就是说这种光线可以在纤芯中不断发生反射不产生折射，称为"全反射"。

（二）实现全反射的条件

(1) 光纤纤芯的折射率n_1一定要大于光纤包层的折射率n_2。
(2) 进入光纤的光线向纤芯-包层界面射入时，入射角应大于临界角θ_c。

二、光纤分类

(一)按材料分类

光纤按材料分为:石英系光纤,石英芯、塑料包层光纤,多成分玻璃纤维,塑料光纤。

(二)按工作波长分类

(1)短波长光纤通信系统,工作波长为 0.8～0.9μm,典型值为 0.85μm。这种系统的传输距离较短,目前使用较少。

(2)长波长光纤通信系统,工作波长为 1.0～1.6μm,通常采用 1.310μm 和 1.550μm 两种波长。这类系统传输距离较长,中继距离可达 100km。

(3)超长波长光纤通信系统,采用非石英系光纤,可实现 1000km 无中继传输。

(三)按传播模式分类

1. 多模光纤

光波在光纤中以多种模式传播,不同的传播模式有不同的电磁场分布和传播路径,这种光纤称为多模光纤。多模光纤的纤芯直径大多为 50μm 或 62.5μm。

2. 单模光纤

芯线的直径小到光波波长的大小,则光纤就成为波导,光在其中无反射地沿直线传播,这种光纤称为单模光纤。单模光纤的纤芯直径为 4～10μm,用在大容量长距离的系统。单模光纤具有传输衰减低、带宽大、易升级扩容的优点。

(四)按 CCITT 建议分类

(1)G.651 多模光纤:受模式色散影响严重,传输距离和容量都受很大限制。

(2)G.652 色散非位移光纤(常规光纤有 G.652A 和 G.652B):在 1310nm 波长窗口色散性能最佳,适用于 1310nm 和 1550nm 波长窗口工作,目前已大量应用,今后也会继续大量使用。

(3)G.653 色散移位光纤:在 1550nm 波长窗口色散性能最佳,通过改变光纤内部的折射率分布,将零色散点从 1310nm 迁移到 1550nm 波长处,使 1550nm 波长窗口色散和损耗都较低,适用于 1550nm 波长窗口工作,以及超高速超长距离的传输。

(4)G.654 截止波长移位光纤:进一步降低 1550nm 波长窗口的衰减,适用于很长再生段距离的海底光纤通信。

(5)G.655 非零色散移位光纤或色散平坦光纤:零色散点在 1550nm 附近,适用于超大容量波分复用系统应用

(6)色散补偿光纤:负色散特性,专门用于长途光纤传输。

三、光纤的传输性能特征

(一)损耗特性

光波在光纤中传输,随着距离的增加光功率逐渐下降,这就是光纤的传输损耗,用衰减系数即每公里光纤的损耗 dB 数来表示,单位为 dB/km。光纤的损耗谱特性如图 3-14 所示。显示光纤通信系统的三个低损耗窗口为:第一低损耗窗口短波长 850nm 附近;第二低损耗窗口短波长 1310nm 附近;第三低损耗窗口短波长 1550nm 附近。

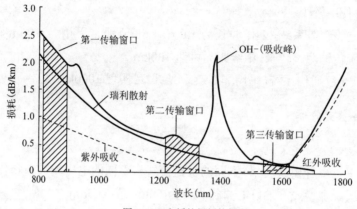

图 3-14 光纤的损耗特性图

试验曲线的损耗为:单模光纤在 850nm 时约为 2.5dB/km;在 1310nm 时约为 0.4dB/km;在 1550nm 仅为 0.2dB/km,已接近理论值(理论极限值为 0.15dB/km)。

光纤的传输损耗由两种因素导致。

第一种因素与光纤材料有关:

(1)吸收损耗是由 SiO_2 材料引起的固有吸收(包括紫外吸收,红外吸收)和由杂质引起的吸收造成的。

(2)散射损耗主要由材料微观密度不均匀引起的瑞利散射和由光纤结构缺陷(如气泡)引起的散射导致。瑞利散射损耗是光纤的固有损耗,它决定着光纤损耗的最低理论极限。

第二种因素与光纤的几何形状有关:光纤使用过程中,弯曲不可避免,在弯曲到一定的曲率半径时,就会产生辐射损耗。光纤的弯曲有随机微弯和外力弯曲。一般情况下,弯曲半径较小时,辐射损耗也不大。

(二)色散特性

色散是介质材料的参数随光波的波长(频率)而变化的现象。入射光以不同的角度进入光纤,在纤芯和包层分界面上产生全反射,形成不同的反射方向,一个方向可以代表一种模式。在传播过程中,较高阶的模式,反射的次数多,传播的距离长,到达终点的时间迟。相反,较低阶的模式到达终点的时间早,从而产生了时延差,入射光脉冲展宽,这即是色散现象。光纤色散会使输入脉冲在传输过程中展宽,产生码间干扰,增加误码率,限制了通信容量。色散用色散系数来表示,单位为 PS/(km·nm),即光源的单位谱宽在单位长度上的时延差。

第五节 传输系统与其他专业接口

一、通信系统内部接口

传输系统在通信系统内部与电话交换系统(公务电话、专用电话)、无线集群系统、广播系统、时钟系统、电源系统、闭路电视监视系统、乘客信息系统等系统存在相应接口,下面以公务电话系统为例来描述接口内容。

(一)接口描述

(1)接口分界如图 3-15 所示。
(2)物理接口的接口类型:车站接口类型为以太网口(RJ45),车辆段接口类型为光口(LC 单模尾纤)。

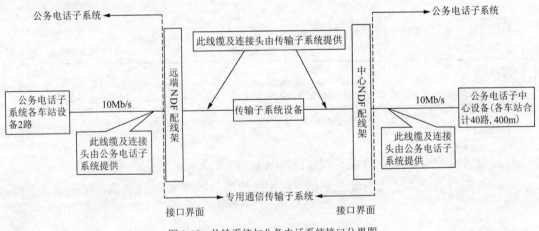

图 3-15 传输系统与公务电话系统接口分界图

(二)责任划分

(1)传输系统:提供传输设备至网络配线柜及传输设备光接口电缆连接线缆及连接头;提供接口测试报告。
(2)公务电话系统:提供公务电话系统至网络配线柜及传输设备光接口电缆连接线缆及连接头。

二、通信系统外部接口

传输系统在通信系统外部与自动售检票、综合监控、信号系统、消防、办公自动化、低压配电及照明、警用闭路电视监视、供电监控等系统存在相应接口，下面以综合监控系统为例来描述接口内容。

（一）接口分界

传输系统与综合监控（对外即称通信系统）的接口位置在控制中心和车站、车辆段的通信设备室光纤配线架外线侧，接口示意图如图3-16所示。

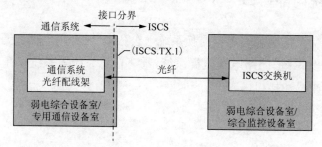

图3-16 传输系统与综合监控的接口位置

（二）接口功能

传输系统与综合监控系统接口功能见表3-2。

接口功能表　　　　　　　　　　　表3-2

编号	综合监控	通信系统
ISCS.TX.1	利用通信系统提供的光纤构建综合监控骨干网	为综合监控骨干网提供专用光纤通道

（三）责任划分

（1）综合监控系统：提供并敷设综合监控网卡至专用通信光纤配线架的尾纤。
（2）传输系统：提供带有标识的通信光纤配线架端口；配合全线综合监控组网调试工作。

第四章　无线集群系统

> **岗位应知应会**
>
> 1. 掌握无线集群系统频率分配及使用、熟悉无线集群通信系统业务类型。
> 2. 掌握无线集群通信系统设备组成、工作原理，熟悉各板卡功能。
> 3. 掌握无线集群通信系统与其他专业接口相关知识、接口类型及界面划分。
> 4. 了解无源器件技术指标及应用场景。
>
> **重难点**
>
> 重点：无线集群通信系统功能、设备组成。
> 难点：核心交换机工作原理。

第一节　无线集群系统概述

无线集群通信系统，产生于20世纪70年代，现已经广泛用于军队、公安、司法、铁路、公路、水利、机场、港口等部门。集群通信系统，由基站、手持台、调度台和交换控制中心四部分组成。其中，基站负责无线信号的转发，手持终端用于在运行中或停留在某个不确定的地点进行通信，调度台负责对手持终端进行指挥、调度和管理，交换控制中心主要负责控制和管理整个集群通信系统的运行、交换和接续。集群通信系统可以把所具有的可用信道为系统的全体用户共用，能够自动选择信道，具有共用频率、共用设施、共享覆盖区、共享通信业务、共同分担费用、兼容有线通信等特点，同时还具有调度指挥、控制、交换、中继等功能，既节约无线频谱，又能为用户提供快速、方便、无干扰的通信，是一种多用途、高效能而廉价的先进无线调度通信系统。

最初的集群通信系统是模拟系统，到了20世纪80年代数字集群通信诞生，由于它具有频谱利用率高、信号抗信道衰落能力强、保密性好、可提供多业务服务以及网络管理控制灵活有效等诸多优点，很快取代了原有的模拟集群通信而成了通信系统中的主流。

一、数字集群通信标准

2000年12月原工业和信息化部发布了《数字集群移动通信系统体制》（SJ/T 11228—2000）。该标准是根据我国专用和共用数字集群移动通信系统的使用需求，在参考国外先进标准的基础上制定的。《数字集群移动通信系统体制》遵循以下原则。

（1）系统的工作频段必须符合我国无线电管理部的有关规定。

（2）**系统与 PSTN（Public Switched Telephone Network，公共电话交换网络）、ISDN（Integrated Services Digital Network，综合业务数字网）、PDN（Public Data Network，公用数据网）的接口，必须符合我国的有关标准。**

（3）系统业务要求，可根据我国用户的实际使用需求制定。

（4）电磁兼容性指标，应符合我国有关标准。

（5）系统安全性，应符合我国的有关标准。

（一）适用范围和引用标准

该标准规定了采用 TDMA（Time Division Multiple Access，时分多址）制式的数字集群移动通信系统的频段、网络结构、业务、空中接口、同步、安全性、编号、接口要求和设备的基本技术要求，适用于数字集群移动通信系统（包括专用网和共用网）的规划、工程设计、使用及设备的开发、生产。

下列标准所包含的条文，通过在本标准中引用而构成为本标准的条文。

《脉冲编码调制通信系统网络数字接口参数》（YD 536—1992）。

《数字程控自动电话交换机技术要求》（GB/T 15542—1995）。

ITU-T G.964 数字本地交换机（LE）V 接口，支持接入网（AN）的基于 2048kb/s 的 V5.1 接口。

ITU-T G.965 数字本地交换机（LE）V 接口，支持接入网（AN）的基于 2048kb/s 的 V5.2 接口。

（二）系统特性、基本业务和补充业务

1. TDMA 数字集群移动通信系统特性

(1)数字集群系统主要无线接口特性见表 4-1。

数字集群系统主要无线接口特性　　　　表 4-1

特性	体制(A)	体制(B)
信道带宽(kHz)	25	25
时隙	4	3/6
调制方式	π/4 DQPSK	M-16QAM
载波调制速率(kb/s)	36	64
话音编码	交流 ELP 4.567kb/s	VSELP 4.567kb/s

（2）业务信道全忙时，信令信道可作为业务信道使用。

（3）故障弱化：基站与交换节点连接失败（失效）时，基站仍能继续通信。但系统不提供全功能服务。

(4)虚拟专网:系统为群体用户提供专用调度台,组成虚拟专用网。

(5)鉴权:应支持鉴权功能。

(6)空中接口加密:应支持空中接口加密功能。

(7)端到端加密:应支持端到端加密功能。

(8)直通工作方式:应支持直通工作方式。

(9)呼叫建立时间:同一交换局内,呼叫建立时间应不大于500ms。

2. 基本业务包含的内容

根据业务的发起点和终点,基本业务可分为用户终端业务和承载业务,如图4-1所示。

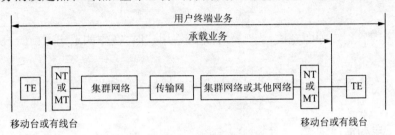

图4-1 用户终端业务和承载业务

3. 所提供的业务种类

所提供的用户终端业务如下。

(1)调度话音业务:包括单呼和组呼。

(2)电话互连业务。

所能提供的承载业务:电路方式数据业务;数据业务;分组数据业务。

所提供的基本补充业务如下。

(1)呼叫种类:可分为单呼、组呼(包括组呼、全呼)。

(2)区域选择:可以规定调度呼叫的工作区域。

(3)优先呼叫:用户台呼叫具有优先级。优先级应包含若干个等级,呼叫时用户按其等级可以排在低一级用户前,排队等候接入信道。

(4)预占优先呼叫:当系统繁忙时,具有预占优先权的用户可以使优先级最低的通信断开以继续其接续过程。预占优先也可以有若干级。预占优先呼叫等同于"紧急呼叫"。

(5)迟后进入:在群呼过程中,迟来的成员可以加入一个正在进行中的群呼。

(6)动态重组:允许调度台利用无线方式,对用户重新编组。

(7)自动重发:主叫用户按呼叫发送键后,如未被控制中心确认,手持终端能重发数次呼叫请求。

(8)限时通话:系统可以限制手持终端通话时间。

(9)超出服务区指示:手持终端接收信号强度低于某值时,手持终端显示该台超出服务区。

(10)呼叫显示:显示主叫方或被叫方的识别码。

(11)主叫/被叫显示限制:不显示主叫方或被叫方的识别码。

(12)呼叫提示:在繁忙用户台上显示其他呼入的主叫方的识别码。

(13)讲话方识别显示:组呼之中用户台显示讲话方识别码。

(14)无条件呼叫转移:允许用户台把所有的呼叫转移至另一个用户台或有线台。

(15)遇忙呼叫转移:当用户台繁忙时将呼叫转移。

(16)用户不可及时呼叫转移:当用户台关机或超出服务区时将呼叫转移。

(17)无应答呼叫转移:被叫用户台无应答时将呼叫转移至另一个用户台。

(18)至忙户的呼叫完成:当呼入至繁忙用户时,在主叫退出之前一直等待到用户空闲为止。

(19)至无应答用户呼叫完成:当呼入至无应答用户时,在主叫退出之前一直等待到用户空闲为止。

(20)手持终端遥毙/复活:系统利用无线方式使某手持终端(或非法用户)失效/重新有效。

4. 工作频段和信道配置

工作频段为:806～821MHz(手持终端发、基站收);851～866MHz(基站发、手持终端收)。双工间隔为45MHz,具体工作频率应符合国家无线电管理部门的有关规定。适用于专用网的其他工作频段应符合国家无线电管理部门的有关规定。

5. 网络结构

数字集群移动通信系统体制的网络结构,可以采用以下两种形式:

(1)数字集群移动通信系统体制(A)的网络结构,简称为 TETRA。

(2)数字集群移动通信系统体制(B)的网络结构,简称为 iDEN。

6. 空中接口

数字集群移动通信系统体制的空中接口,可以采用下述两种形式:

(1)数字集群移动通信系统体制(A)的空中接口。

(2)数字集群移动通信系统体制(B)的空中接口。

7. 同步

(1)体制(A)的同步要求

①基站同步要求:载频的产生和时钟共用一个频率源;频率源频率容差为优于 $\pm 0.1 \times 10^{-6}$(载频低于520MHz时优于 $\pm 0.2 \times 10^{-6}$)。

②手持终端同步要求。

a)手持终端频率精度要求:±100Hz(相对于从基站接收的频率)。

b)手持终端应利用从基站接收到的信号来调整其时基。当本地信号和接收到的信号之间的时差大于1/4码元宽度时,手持终端应以1/4码元宽度为步进调整其时基。此调整应在1～3s内完成。

c)对于从基站接收到的信号,手持终端应采用误差小于1/8码元宽度的方法对其进行时间测量。

（2）体制（B）的同步要求

①基站频率精度要求：$\pm 0.06\times 10^{-6}$。

②手持终端频率精度要求：$\pm 0.025\times 10^{-6}$。

8. 安全性

安全性可以采取三种措施：空中接口鉴权、空中接口加密、端对端加密。

数字集群移动通信系统应支持空中接口鉴权、空中接口加密和端对端加密，可以采用以下几种方式之一实施空中接口鉴权。

（1）网络基础设施对用户鉴权：网络基础议施对用户鉴权采用询问—应答协议。

（2）手持终端对网络基础设施鉴权：手持终端对网络基础设施鉴权采用询问—应答协议。

（3）手持终端和网络基础设施相互鉴权：相互鉴权所用算法和密钥与单向鉴权相同。

相互鉴权由第一被询问方（非发起鉴权方）决定，即首先询问方发起（单向）鉴权，应答方启动相互鉴权。相互鉴权有两种类型：网络基础设施首先发起的鉴权和手持终端首先发起的鉴权。相互鉴权时，如果第一次鉴权为假，则放弃第二次鉴权。

（4）设备鉴权：基站可以要求手持终端发送加密的设备识别码，在登记时对设备鉴权。

二、两种常用的数字集群技术

目前常用的数字集群系统有欧洲的 TETRA 和美国的 iDEN。

1.TETRA

TETRA（Trans-European Trunked Radio System）是由欧洲通信标准协会 1990 年开始制定的一种多功能数字集群无线电标准，可提供集群、非集群以及具有话音、电路数据、短数据信息、分组数据业务的直接模式（手持终端对手持终端）的通信，并支持多种附加业务。该系统的主要优点是兼容性好、开放性好、频率利用率高、保密功能强。

TETRA 系统是一种基于数字时分多址技术的无线集群移动通信系统。它支持连续覆盖和大区覆盖，且支持脱网直通和端到端加密功能，TETRA 系统具有强大的调度功能，非常适合做专网，广泛应用于军队、公安、城市轨道交通等部门领域。

2.iDEN

iDEN 是由摩托罗拉公司开发的集移动电话、无线调度及无线数据传输于一体、功能强大的无线数字移动通信系统。iDEN 系统无线网络的技术特点与 GSM 系统非常相似，也采用时分多址方式，载频宽度为 25kHz，每载频分为个 6 时隙，可用于控制或业务信道；上下行链路采用频分双工，在 800MHz 频段的收发间隔为 45MHz。

iDEN 系统的基本调度功能包括：组呼通话、私密通话、通话提示、来电显示；调度的先进功能包括：优先级、紧急呼叫、状态情况、多组扫描、区域限制、调度台等。

由于 iDEN 系统由摩托罗拉公司独家生产制造，接口没有公开，所以目前网络设备主要由摩托罗拉公司供应，因此系统设备采购、建网和终端成本比较高。

第二节　无线集群系统组成

一、交换机设备

DXT3 是 TETRA 网络的交换和控制中心，具有呼叫控制、信令交换、数据库处理、通信协议处理等功能，用于连接基站、调度系统、局域网交换机、TETRA 互联服务器和外部网络，如图 4-2 所示。

图 4-2　DXT3 交换机实物图

DXT3 建立在 DXT200 的容错平台基础之上，具有性能可靠、处理能力高等优点。DXT3 中参与呼叫处理的所有模块均采用冗余配置，当一个模块出现故障时，交换机内部的故障恢复系统自动采用备用模块代替工作，不会对通信造成影响。DXT3 能够支持高负荷话务处理能力，并且提供快速的呼叫建立。

DXT3采用高度模块化和高度集成化的设计,交换机的所有主要任务的功能模块(如参与呼叫处理)都是2N冗余的。当使用两个功能模块进行一个任务时,一个功能模块一直处于激活状态,即工作状态;另一个功能模块处于热备份状态。

DXT3交换机原理框图如图4-3所示。

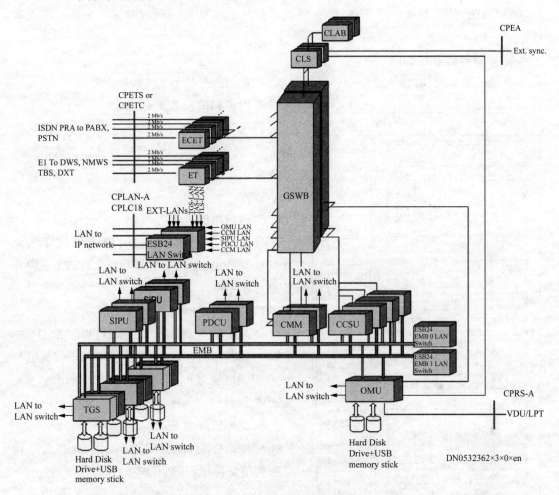

图4-3 DXT3交换机原理图

(一)DXT3功能模块

数字集群交换机是由功能模块组成的,这些模块都是具有特定功能、相互可靠连接以及特定恢复机制的模块。

1. 呼叫控制和主存储单元控制存储器M

控制存储器M控制交换、处理呼叫、管理话务和网络资源,并且负责与其他网络元素或其他外部网络通信。控制存储器M是一个数据库计算机,执行交换机的数据管理工作,它包含除用户组和工作站以外的其他所有数据。

2. 交换单元 GSWB

GSWB 是一个无阻塞的数字交换单元，处理语音和数据交换，连接信令链路。

3. 操作和维护单元 OMU

操作和维护单元 OMU 控制大型存储器（磁盘和磁带驱动器），提供本地人机交互界面、网管系统、计费系统的管理接口，并且提供与其他交换机的远程对话和文件传输管理接口。

4. IP 服务器单元 SIPU

IP 服务器单元 SIPU 为外接服务器提供基于 TCP/IP 的 LAN 接口。

5. 时钟和同步单元 CLSU

时钟和同步单元 CLSU 产生交换机的同步时钟信号，为外部同步信号提供接口。通常通过输入数字电路与外部主时钟同步，也可以实现准同步操作。

6. 信息总线 EMB

信息总线 EMB 提供 DXT3 内部计算机单元的信息路由，连接所有计算机。DXT3 采用双信息总线结构。

7. 公共信道信令单元 CCSU

公共信道信令单元 CCSU 可以增加 DXT3 之间的数据传输容量，同时也能够处理交换机与基站和调度台之间的信令。CCSU 采用 $N+1$ 冗余配置。

8. 交换机终端 ET

交换机终端 ET 提供 2Mb/s 的 E1 接口单元连接其他交换机、基站和调度台。

为了进一步提高交换机的可靠性，供电采用了模块化设计。整个机架的不同功能模块有各自独立的供电模块和回路，避免相互影响；同时整个机架采用两路供电，提高可靠性。单机柜交换机的机柜图，如图 4-4 所示。

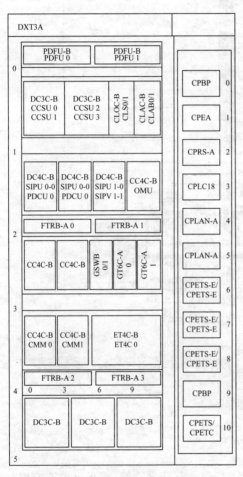

图 4-4　DXT3 交换机功能模块

（二）DXT3 系统接口

数字集群交换机能够对下列设备提供接口，数字集群基站，调度台工作站，连接至 PSTN/PABX，其他数字集群交换机，常规或模拟专业集群通信系统，网管系统。

表 4-2 列出了上面所提到的所有接口及其相应的技术接口类型。

技术接口类型表　　　　　　　　　　　表 4-2

接　　口	类　　型
DXT3-TETRA 基站	E1 接口（E.703/704）
DXT3-调度工作站	E1 接口（E.703/704）、ISDN
DXT3-PSTN/PABX	ISDN PRA（30B+D）
DXT3-常规 PMR 系统	通用 4 线接口
DXT3-其他 DXT3	E1 接口（E.703/704）
DXT3-TETRA 网管系统	TCP/IP（Ethernet/IEEE 802.3 LAN）

二、基站设备

数字集群基站 TB3 为欧洲宇航防务集团的 TETRA 基站，该基站具有很高的可靠性和可升级性，并具有极好的无线覆盖性能和低运营成本。

TETRA 基站 TB3 的机柜，包括以下板卡单元：收发信机单元（TTRX）、电源单元（PSU）、控制单元（TBC）、传输接口单元（FXC）、接收多路耦合器（DRMC）、自动调谐合路器（ATC）。TB3 基站实物图如图 4-5 所示，基站面板如图 4-6 所示。

TB3 基站功能模块介绍如下。

1. 基站控制器 TBC-U

基站控制器 TBC-U 监控基站的工作状态，实现交换机 DXT 与基站的通信，引入 GPS 信号，通过内部总线控制基站风扇工作状态等。

2. 基站传输板 FXC

基站传输板 FXC 为基站提供 2M 传输接口，通过软件与 LMP（Link Management Protocol，链路管理协议）接口相连配置 FXC 传输板。

图 4-5　单机柜 TB3 基站

3. 基站载波板 TTRX

基站载波板 TTRX 在电路结构上分为射频部分和基带部分，基带部分通过基站的内部总线与基站其他单元通信。

4. 基站耦合器 DRMC

基站耦合器 DRMC 通过基站内部跳线直接与接收天线相连。耦合器具有滤波和放大的功能，它将接收到的信号通过内部跳线传递到基站载频单元。

5. 基站合路器 ATC

基站合路器 ATC 将 2～8 个无线发射信号结合成信号组。

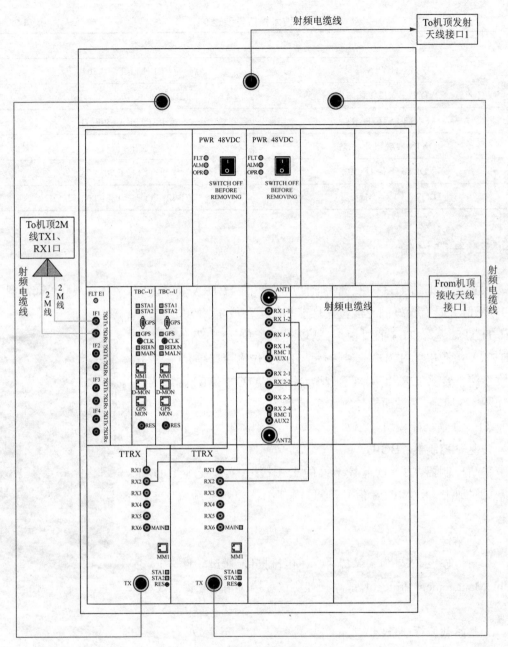

图4-6 基站面板详图

三、直放站

TETRA光纤直放站系统是一种集群通信信号双向放大设备。它主要包括近端机（MU）和远端机（RU）。系统内主要模块，包括高线性10W下行功放、低噪放、双工器以及电源模块等，共同构成一个完整射频拉远通信系统。

(一)工作原理

以下行链路为例,基站信号先通过馈线进入近端机,通过光模块进行光电转换后把射频信号转换为光信号,然后通过光纤进行远距离的传输,到达远端机后再通过光模块进行光电转换把光信号转变为射频信号,最后经功率放大器模块放大,发射给移动终端;上行链路反之。

(二)系统功能

直放站系统提供以下功能:对下行信号进行功率放大,使基站的发射功率提高到10W,扩大基站的覆盖范围;对上行信号进行功率放大,降低基站系统噪声,提高接收灵敏度;自带输入衰减器,不需调整基站原输出功率,不会因基站复位、割接、频率调整等操作造成系统故障或停机;本地监控功能,用户可按需选配远程监控功能。

四、无源器件

(一)双工器

双工器,又称天线共用器,是一个比较特殊的双向三端滤波器。双工器既要将微弱的接收信号耦合进来,又要将较大的发射功率馈送到天线上去,且要求两者各自完成其功能而不相互影响。它允许一根天线完成发射和接收,而不用担心发射装置的射频能量去轰击接收机。双工器技术指标见表4-3。

双工器技术指标　　　　　　　表4-3

项　目	收　端	发　端
工作频率(MHz)	806～821	852～866
工作带宽(MHz)	15	15
插入损耗(dB)	≤1.0	≤1.0
回波损耗(dB)	≥20	≥20
带外抑制(dB)	≥90@852～866MHz	≥90@806～821MHz
隔离度(dB)	≥90@852～866MHz	≥90@806～821MHz
功率容量(W)	120	
阻抗(Ω)	50	
端口类型	N-F型	

(二)功分器

功分器全称"功率分配器",属于能量分配器件,可将能量等分成2路、3路或4路输出,如图4-7所示。

图 4-7 功分器实物图

功分器技术指标见表 4-4。

功分器技术指标　　　　　　　　　　表 4-4

类　型	二功分器	四功分器
频率范围(MHz)	800～2500	
传输损耗(dB)	≤3.2	≤6.3
带内波动(dB)	≤0.5	
驻波比	≤1.2	
功率容量(W)	≤200	
特性阻抗(Ω)	50	
接头类型	N-K	
工作温度(℃)	−30～65	
物理尺寸(mm×mm×mm)	75×58×34，107×95×43	
质量(kg)	0.30，0.51	

(三) 耦合器

耦合器也是一种功率分配器件，两个输出端分别称为主线端口（也称直通端口）和耦合端口；通常情况下，大部分能量都由主线端口输出，耦合端输出较少，如图 4-8 所示。

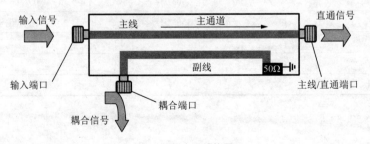

图 4-8　耦合器结构图

耦合器技术指标见表 4-5。

耦合器技术指标　　　　　　　　　　　　　　　表 4-5

类　型	6dB	10dB	15dB	20dB	25dB	30dB
频率范围(MHz)	800～2500					
耦合度(dB)	7±0.6	10±0.8	15±0.8	20±1.0	25±1.0	30±1.0
主线损耗(dB)	≤1.8	≤0.7	≤0.4	≤0.24	≤0.2	≤0.2
驻波比	≤1.3					
方向性(dB)	≥20					
功率容量(W)	≤200					
特性阻抗(Ω)	50					
接头类型	N-K					
工作温度(℃)	-30～65					
物理尺寸(mm×mm×mm)	63×46×27					
质量(kg)	0.42					

(四)馈线

馈线是传输高频电流的传输线,其规格主要有"1/2""7/8"两种,外观如图4-9所示。

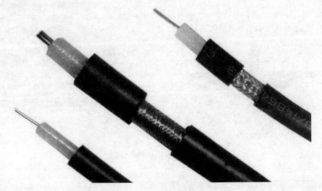

图4-9　馈线示意图

馈线主要技术指标见表4-6。

耦合器技术指标　　　　　　　　　　　　　　　表 4-6

型　号		10D-FB（阻燃）	1/2（阻燃）	7/8（阻燃）
直流电阻(Ω/km)	内导体:1.86	1.48	1.05	
	外导体:4.07	1.90	1.18	
阻抗(Ω)		50±2	50±1	50±2
电容(PF/m)		86	75.8	75
传输速率(%)		80	88	89
绝缘电阻(MΩ/km)		>5×10³		
屏蔽衰减(dB)		>80	>120	>120

续上表

型 号		10D-FB（阻燃）	1/2（阻燃）	7/8（阻燃）
百米衰 （dB/100m）	824MHz	10.20	6.56	3.69
	900MHz	11.10	6.87	4.02
	1800MHz	17.70	10.1	5.75
	2500MHz	21.24	12.1	6.95
阻燃特性		阻燃		
回波衰耗 VSWR		＜1.15		

（五）天线

天线是发射和接收电磁波的一个重要的无线电设备。无线电发射机输出的射频信号功率,通过馈线（电缆）输送到天线,由天线以电磁波形式辐射出去,电磁波到达接收地点后,由天线接下来（只接收很小一部分功率）,并通过馈线送到无线电接收机。没有天线也就没有无线电通信,无线外观如图4-10所示。

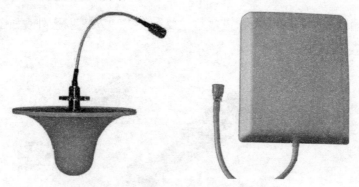

图4-10 天线示意图

(1)室内全向吸顶天线技术指标,见表4-7。

室内全向吸顶天线技术指标　　　　　表4-7

频率范围(MHz)	824～2500
功率容限(W)	50
增益(dBi)	2
驻波比(dB)	＜1.4
极化方式	垂直极化
输入阻抗(Ω)	50
连接方式	N-F
接地形式	直流接地

(2)室内小板状天线技术指标,见表4-8。

室内小板状天线技术指标　　　　　表 4-8

频率范围（MHz）	824～2500
增益（dBi）	7
驻波比	≤1.5
前后比（dB）	23
水平半功率角	90°～120°
垂直半功率角	65°
极化	垂直
最大功率（W）	150
标称阻抗（Ω）	50
接头	N 型阴头

（3）室外全向天线技术指标，见表 4-9。

室外全向天线技术指标　　　　　表 4-9

频率范围（MHz）	870～960		
频段（MHz）	824～896	890～960	1710～2200
回波损耗 VSWR	≤1.5	≤1.5	≤1.5
增益（dBi）	9	11	7
极化形式	垂直		
前后比（dB）	>30		
阻抗（Ω）	50		
承载功率（W）	150		
接头类型	N 型母头		
雷电保护	直流接地		
抗风强度（km/h）	≥210		
三阶互调（dBm）	<－107		

五、手持终端

TETRA 手持终端，由 TETRA 手持终端内部必需的硬件和软件组成。手持终端的无线电部分，包括发射机、接收机、功率放大器、频率合成器等；基带处理部分，包括话音编码、话音和数据的差错控制、从逻辑信道向物理信道的映射、突发脉冲的成型和外围设备接口。手持终端必须具有第二层和第三层信令功能才能与系统通信。为了便于让用户操作，手持终端上通常还有各种控制按钮和显示面板。中央处理器（CPU）、存储器和通信总线是手持终端内不可缺少的部分。

手持终端具有一定的处理能力和存储器功能。存储特定用户的所有信息；存储单个 TETRA 用户身份识别码、替换的 TETRA 用户身份识别码和各种通话组识别码以及一些系

图4-11 手持终端

统信息和服务级别信息。

车载台为12V直流电源供电,手持机通常使用可充电电池。手持终端如图4-11所示。

手持终端功能简介:方向键,获取信息更便捷、双面麦克风设计、彩屏、全中文、基于TETRA包数据的WAP应用、全频段支持脱网直通DMO、带预占优先和扫描的DMO、主动扫描、高分辨率彩显65563色、支持浏览XHTML网页、电池容量1880mAh、待机时间40h、内置JAVA平台、内置GPS接收器。

六、二次开发终端

无线集群通信系统的二次开发,是指在标准TETRA集群系统平台上,针对轨道交通用户特殊的功能需求,进行针对性的定制应用功能的开发。

以CASSIDIAN TETRA系统为例,在CASSIDIAN TETRA集群通信系统提供的应用程序接口(API)上进行定制,开发出符合轨道交通用户特殊操作需求的增强型功能。经过二次开发之后,调度系统、车站固定台及车载台的用户界面可以支持中文,操作能更贴近轨道交通用户的使用习惯和工作特点。

(一)二次开发内容

系统提供了功能强大、适合轨道交通运用的二次开发API平台。针对轨道交通实际运营所要求的特殊功能,需要进行以下几方面的二次开发:调度子系统(含调度服务器、调度台),终端设备(含车载台、固定台),二次开发网管。

(二)调度系统

调度系统主要负责向固定用户提供各种语音和数据呼叫操作平台,允许调度用户与正线列车司机、沿线车站值班人员以及轨道沿线移动维护人员进行高效语音和数据通信。

典型的二次开发调度网络一般包括一套调度服务器和多个调度台席位,如图4-12所示。

1. 调度服务器

调度服务器为调度系统中的后台设备,主要负责协调各调度台工作,以及与外部系统接口。调度服务器和调度台密切配合,一起向用户提供调度运营服务。

调度服务器主要功能如下。

(1)用户鉴权

当用户打开调度服务器软件时,弹出用户登录界面,用户必须输入正确的用户名和密码才能成功完成登录操作。

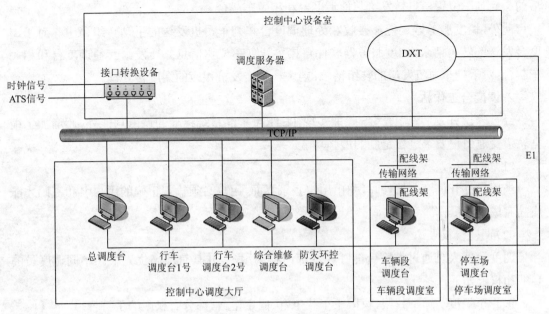

图 4-12　二次开发调度系统

（2）调度支持

对调度台登录请求进行鉴权，仅允许合法的调度台登录到调度服务器，使用调度服务器提供的各种服务，例如列车位置信息、对时信息、二次开发终端信息传输等。

（3）系统接口状态显示

显示调度服务器与 DXT3、ATS、时钟、数据库等接口的连接状态。

（4）短数据传输

利用 TETRA 系统的传输服务实现，短数据传输分为文本信息传输和自定义应用消息传输，其中文本信息传输功能与调度台软件的文本短信传输功能相同。

（5）ATS 信息处理

能够及时更新自身维护的列车位置信息，并转发给调度台和相应的车载台设备，从而使调度服务器、调度台以及车载台上显示的列车位置信息都能够及时更新。

（6）时钟信息处理

从时钟系统接收对时信息，利用该时间信息调整本机系统时间，并把该时间转发给调度台和二次开发终端，后者将利用该时间信息调整本机时间，最终达到时间统一。

（7）数据库维护

采用专门的数据库来存储和记录调度软件运行所需的各种基础信息和历史记录，允许用户添加、修改、删除、浏览、查询和打印数据库中的各种记录信息。

（8）列车手动转组

当由于 ATS 链路故障等原因造成调度系统不能获得列车位置信息时，可通过软件界面进行手动转组操作，手动更改列车当前位置、上下行、车次号等信息。调度服务器把更改之后的最新列车位置信息转发给其他调度台和相关车载台。

此外,调度服务器还能够接收和处理调度台和列车司机发送的手动转组请求。对于调度台发送的转组请求,调度服务器软件直接更新列车位置信息并转发给其他调度台和相关车载台;对于列车司机发送的转组请求,则进一步转发给相应的调度台处理。

2. 调度台工作站

经过二次开发后,调度系统除能实现 TETRA 集群系统标准的调度功能外,还增加了根据轨道交通用户要求进行定制的增强功能。

(1)用户鉴权

当用户打开调度台软件时,弹出用户登录界面,用户必须输入正确的用户名和密码才能成功完成登录操作。

(2)调度台权限

调度管理人员通过调度台能呼叫本部门移动用户,并具有最高优先权。不同调度员的功能和权限如下。

①行车调度员通话权限,仅限于车载电台、固定电台、部分有权限的手持台。

②维修调度员通话权限,仅限于维修作业人员(部分手持台),同时具有行车调度台通话功能和修改列车位置的管理功能。

③防灾调度员通话权限,仅限于本部门移动作业人员(部分手持台)。

④车辆段调度员通话权限,仅限于车辆段内移动台(部分车载台、手持台)。

(3)组呼

调度用户可以对其管理的通话组发起组呼呼叫和接收这些组用户发起的呼叫,通话组的用户包括其他调度台用户、车载台用户、固定台用户和手持台用户。

(4)根据车次号/车组号呼叫列车

调度台软件界面上显示各列车相关信息,包括车组号、车次号、列车位置等,调度员可以直接通过这些信息找到所需呼叫的列车并发起呼叫操作。

(5)个呼

调度用户可对单个用户发起呼叫,也可以接收单个用户发起的呼叫;个呼时被叫方会振铃,只有被叫方应答后方可建立呼叫。

(6)紧急呼叫

调度用户可以接收移动用户发起的紧急呼叫。对于移动用户来说,紧急呼叫的目的地址可以是调度号也可以是组号。

(7)多组呼叫

调度用户可以把多个通话组临时合并为一个通话组,并可以对其发起呼叫,组内所有用户都能够听到调度通话。

(8)列车广播

行车调度、车辆段调度用户,可以对管辖范围内的单个列车、部分列车或全部列车进行乘客广播。

(9) 接收和处理呼叫请求

调度员可以接收并显示车载台和固定台的呼叫请求,通过通话请求列表可以直接对车载台和固定台发起回叫。

(10) 接收和处理列车位置信息

调度台能够通过网络接收和处理调度服务器转发列车位置信息。

(11) 列车手动转组

允许用户手动实现列车转组,即手动更改列车车次号、上下行、所处位置等信息。

(12) 系统对时

调度台软件能够从调度服务器接收对时信息,利用该时间信息调整本机系统时间,最终达到时间统一。

3. 固定台

车站固定台向车站值班人员提供调度和通话功能。固定台以 TETRA 电台为平台,加装固定台控制盒、电源变换电路及附属设备,提高了无线用户终端的语音、数据通信、信息显示能力和对车站工作环境的适应能力。二次开发固定台如图 4-13 所示。

图 4-13 二次开发固定台

4. 车载台

列车车载台向列车司机提供调度功能。车载台以 TETRA 电台为平台,加装车载台控制盒、电源滤波电路、电源变换电路及附属设备,提高了无线用户终端的语音、数据通信、信息显示能力和对列车内工作环境的适应能力。车载台控制盒还为列车上的其他设备提供所需的接口。二次开发车载台如图 4-14 所示。

图 4-14 二次开发车载台

第三节　漏泄电缆知识介绍

一、概述

漏泄电缆全称为漏泄同轴电缆（Leaky Coaxial Cable），简称漏泄电缆（图 4-15），它由内导体、绝缘介质以及外导体三部分组成。漏泄电缆是一种特殊的同轴电缆，通过在外导体上开有周期性的槽孔，将部分在电缆中传输的信号辐射出来，用以解决目标区域的无线覆盖，具有信号传输和信号收发的双重功能，即具有馈线和天线的功能。

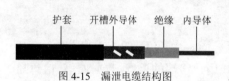

图 4-15　漏泄电缆结构图

漏泄电缆主要适用于狭小成带状分布区域的无线覆盖，现已成为地铁、高铁、隧道、矿井等区域最为主流的无线覆盖方式。目前漏泄电缆的频段覆盖在 450MHz～2GHz，适用现有的各种无线通信体制。

二、漏泄电缆原理

横向电磁波通过同轴电缆从发射端传到电缆的另一端。当电缆外导体完全封闭时，电缆传输的信号与外界是完全屏蔽的，电缆外测量不到电磁辐射。同样，外界的电磁场也不会对电缆内部的信号造成影响。

通过同轴电缆外导体上所开的槽孔，电缆内传输的一部分电磁能量可以辐射到外界环境中，外界能量也能传入电缆内部。外导体上的槽孔使电缆内部电磁场和外界电波之间产生耦合，具体的耦合机制取决于槽孔的排列形式。

三、漏泄电缆优点

（1）在整个漏泄电缆铺设的路由上提供强度均匀的信号，信号波动范围小。对于铁路隧道以及其他空间狭小的隧道，车辆通过时对信号的阻挡较大。因此漏泄电缆的覆盖效果大大优于普通天线的覆盖效果。

（2）漏泄电缆本身兼具传输和天线两方面性能，不需要额外的天线，特别适合用于天线安装空间有限的铁路、公路隧道覆盖。

（3）漏泄电缆本质上是一宽带系统，多种不同的无线系统可以共享同一漏泄电缆，从而减小架设多个天线系统时工程安装的复杂性。

四、漏泄电缆安装

漏泄电缆对安装方法和安装环境有一定的要求,错误的安装方法和不适合的安装环境会严重影响漏泄电缆的覆盖效果。

(一)漏泄电缆在隧道中的安装位置

漏泄电缆的安装位置,可以考虑在隧道顶部的正中间或安装在墙壁的半高度处。漏泄电缆在施工过程中应远离其他电缆(如电力线、传输其他信号的漏泄电缆等),建议至少应相距 0.5m 以上,这样有利于减少其他电缆对漏泄电缆衰减及耦合损耗的影响。

安装漏泄电缆时,要注意安装环境,当电缆外部护套覆盖一层水或油污,特别是水或油污中含有导电粒子时都会使耦合损耗增加。

(二)漏泄电缆的支撑安装

安装漏泄电缆应选用一种合适的非金属支架。使用其他类型的支架,特别是金属支架,对电缆的电气特性都有影响。在隧道中的试验表明:使用金属支架(或有金属部件的金属支架)会使低频下电缆的纵向衰减增加。在隧道、地铁、建筑物等场所中铺设漏泄电缆时,用于固定的馈线架建议采用塑料产品,间隔建议每米一个,这样有利于减少对漏泄电缆衰减及耦合损耗的影响,同时也能确保在隧道、地铁、建筑物等场所内的安装强度要求。

(三)辐射性漏泄电缆开孔方向

安装漏泄电缆时应尽量保证电缆开孔的方向,确保其开孔面面向信号覆盖区域,有利于增加覆盖区域信号强度。

辐射型漏泄电缆上有一系列的开孔,为达到最小的耦合损耗和最小的场强波动,必须将漏泄电缆的开孔方向朝着移动设备。耦合型漏泄电缆无此要求。

第四节　无线集群系统与其他专业接口

一、与传输系统接口

(一)接口描述

传输系统为无线通信系统基站设备、远端调度台提供点对点 2Mb/s 数据传输通道,用于集群交换设备与车站、车辆段基站设备的连接。

传输系统为无线通信系统远端调度台提供 1 路点对点 10Mb/s 以太网数据传输通道,用于实现控制中心与车辆段远端调度台的连接。

传输系统为无线通信系统直放站设备提供 1 路点对点 10Mb/s 以太网数据传输通道,用于实现控制中心与车站、车辆段光纤直放站近端机的连接。

(二)接口设备及分界图

与传输系统 2M 及以太网的接口示意分别如图 4-16、图 4-17 所示。

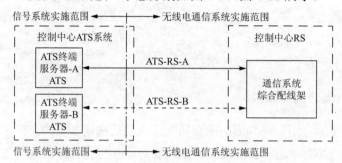

图 4-16　与传输系统 2M 接口示意图

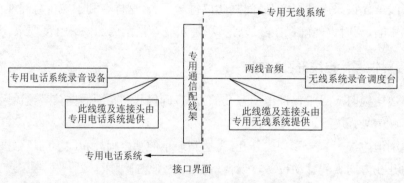

图 4-17　与传输系统以太网接口示意图

二、与电源系统接口

(一)接口描述

电源系统为无线集群系统提供 220V 交流(无线固定台)或 -48V(无线基站)直流电源,接口位置在电源系统配电柜输出端。

(二)接口设备及分界图

与电源系统接口示意如图 4-18 所示。

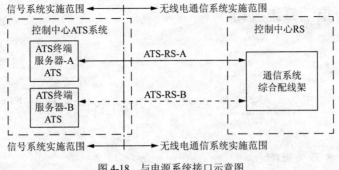

图 4-18 与电源系统接口示意图

三、与专用电话系统接口

(一)接口描述

专用电话系统录音设备与无线集群系统通过音频接口连接,为无线集群系统固定台设备、调度台设备提供录音功能。

(二)接口设备及分界图

与固定台录音及调度台录音的接口示意分别如图 4-19、图 4-20 所示。

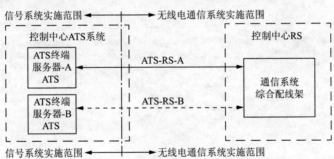

图 4-19 与固定台录音接口示意图

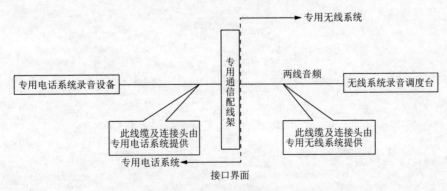

图 4-20 与调度台录音接口示意图

四、与公务电话系统接口

(一)接口描述

公务电话系统与无线集群系统通过 2Mb/s 数字中继接口,实现无线集群系统与公务电话系统互联互通。

(二)接口设备及分界图

与公务电话系统接口示意如图 4-21 所示。

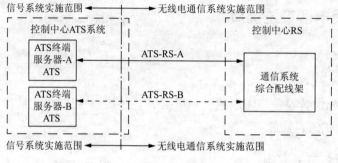

图 4-21 与公务电话系统接口示意图

第五章　电话交换系统

> **岗位应知应会**
>
> 1. 了解 T 接线器、S 接线器原理与软交换呼叫控制流程。
> 2. 熟悉程控交换与软交换原理，熟悉程控交换机的硬件结构与软交换定义。
> 3. 掌握电话交换系统的组成、功能与接口。
>
> **重难点**
>
> 重点：电话交换系统的组成、功能。
> 难点：T 接线器、S 接线器原理与软交换呼叫控制流程。

第一节　电话交换系统概述

电话交换系统主要为城市轨道交通的管理、运营与维护人员提供语音通信服务，从功能上可以分为专用电话子系统和公务电话子系统。

一、专用电话子系统

专用电话子系统是城市轨道交通控制中心调度员、车站及车辆段值班员指挥列车运行和下达调度命令的重要通信工具，是为列车运营、电力供应、日常维修、防灾救护、票务管理提供指挥手段的专用通信系统。

二、公务电话子系统

公务电话子系统主要用于城市轨道交通各部门之间的公务联络，如实现电话交换、非话业务交换功能等，并能与城市公用电话网联网，实现轨道交通用户之间及与公网用户之间的通信。

第二节 电话交换系统原理

一、程控交换技术

自1876年贝尔发明电话以来,随着科技水平的不断提高,电话交换技术一直处于迅速的变革和发展之中,其历程可分为三个阶段:人工交换、机电交换和程控交换。

程控交换机采用程序控制方式,因此称为存储程序控制交换机,简称为程控交换机。**程控交换机按用途可分为市话、长话和用户交换机;按接续方式可分为空分和时分交换机;按信息传送方式可分为模拟交换机和数字交换机。** 由于程控空分交换机的接续网络(或交换网络)采用空分接线器(或交叉点开关阵列),且在话路部分中一般传送和交换的是模拟话音信号,因而习惯称之为程控模拟交换机,这种交换机不需进行话音的模数转换(编解码),用户电路简单,故成本低,目前主要用作小容量模拟用户交换机。程控时分交换机在话路部分中传送和交换的一般是数字话音信号,因此习惯称之为程控数字交换机。

(一) 程控交换机硬件结构

程控交换机的基本结构如图 5-1 所示,主要由三部分组成:接口电路、数字交换网络和控制系统。

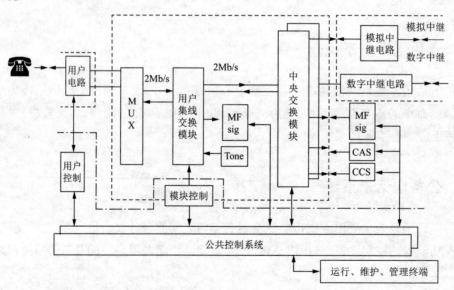

图 5-1 程控交换机硬件结构

1. 控制系统

控制系统部分是程控交换机的核心,其主要任务是根据外部用户与内部维护管理的要求,执行存储程序和各种命令,以控制相应硬件实现交换及管理功能。

程控交换机控制系统设备的主体是微处理器,通常按其配置与控制工作方式的不同,可分为集中控制和分散控制两类。

集中控制方式的交换机设有主处理机(主 CPU),各种外围设备都具有自己的功能处理机(从处理机或从 CPU),主、从 CPU 之间进行数据通信。交换机与处理机之间的数据通道,可以是机内 PCM 链路的 16 时隙,亦可以是串行或并行数据专线。主 CPU 故障有可能造成全局瘫痪,故需冗余配置。

全分散控制方式的交换机不设主 CPU,而按照容量将软硬件划分为若干模块,每个模块由独立的模块处理机控制,并具有本模块的数字接线器。一个模块可以单独组成一台交换机;多个模块用光纤互连即成为一台大容量的交换机。模块处理机之间是平等的,一个模块处理机故障,只影响所控制模块的工作,不会造成全局瘫痪。但为了提高交换机的可靠性,一般情况下模块处理机与模块数字接线器仍采取冗余配置。

2. 数字交换网络

数字交换网络的基本功能是根据用户的呼叫要求,通过控制部分的接续命令,建立主叫与被叫用户间的连接通路。数字交换网络主要由数字接线器组成,接线器又分为空分接线器、时分接线器和时空接线器三种类型。目前程控数字交换机多数采用时空数字接线器构成的接续交换网络。

3. 接口电路

交换机通过接口电路与外界连接。接口电路主要分为用户侧接口和中继侧接口两类,用户侧接口接各类用户(包括模拟用户、数据用户、ISDN 用户、其他用户等),中继侧接口接到其他交换机。交换机的各种接口如图 5-2 所示。

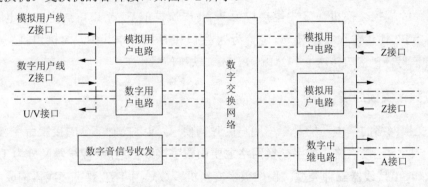

图 5-2 交换机接口

(1)模拟用户接口

模拟用户接口又称为 Z 接口。它既是连接模拟用户的接口,也是连接用户交换机或远端集线器的二线模拟接口。Z 接口具有七大功能,即所谓的"BORSCHT"功能。

① B: Battery Feed,馈电。

② O: Over Voltage Protection,过压保护。

③R：Ringing Control，振铃控制。

④S：Supervision，监视。

⑤C：CODEC&Filter，编译码和滤波。

⑥H：Hybrid，混合电路，即二/四线变换器。

⑦T：Test，测试。

（2）数字用户接口

数字用户电路提供两类数字用户接口：基本速率接口（BRI）和基群速率接口（PRI）。基本速率接口（BRI）包括2个B通道和1个D通道，通常称为2B+D接口，该接口一般用于连接数字话机等用户终端，其中D信道（速率为16kb/s）用来传送用户信令，B信道（速率为64kb/s）用来传送话音或电路数据。基群速率接口（PRI）包括30个B通道和1个D通道，通常称为30B+D接口，该接口一般用于接续用户交换机、远端用户模块或宽带业务终端。

（3）模拟中继接口

模拟中继接口是模拟中继线与交换机间的接口电路，用以提供用户交换机的模拟出入中继。它的基本功能是发送与接收表示中继线状态（如空闲、占用、应答、释放等）的线路信号；转发与接收代表被叫号码的记发器信号；供给通话电源和信号音；向控制设备提供所接收的线路信号。在信令方面模拟中继接口类似于话机电路，主要用于完成断开、闭合用户环路（模拟话机叉簧电路）与铃流监测；在话音方面完成音频信号的编解码，连接用户交换机的数字接线。

（4）数字中继接口

数字中继电路在交换机侧通过机内PCM一次群链路与数字接线器相连接，实现数字中继线与数字交换网络之间的接口；在线路侧通过PCM一次群链路与PDH或SDH传输设备相连接。故程控交换机数字中继接口为PCM一次群的E1接口。数字中继电路是数字交换机连接PCM传输设备的接口，可分为A接口和B接口。其中，A接口收发2.04Mb/s PCM基群信号，B接口传送8.192Mb/s PCM二次群信号。

（二）数字交换原理

数字交换网络的基本功能是根据用户的呼叫要求，通过控制部分的接续命令，建立主叫与被叫用户间的连接通路。**数字交换网络主要由数字接线器组成，接线器又分为T接线器、S接线器、TST接线器三种类型。**程控数字交换机多数采用TST数字接线器构成的接续交换网络。

1.T接线器

T接线器称为时分接线器（T-Switch），也称时间接线器。其功能是完成一条PCM复用线上各时隙间信息的交换。

（1）T接线器的组成

T接线器主要由语音存储器和控制存储器组成，如图5-3所示。

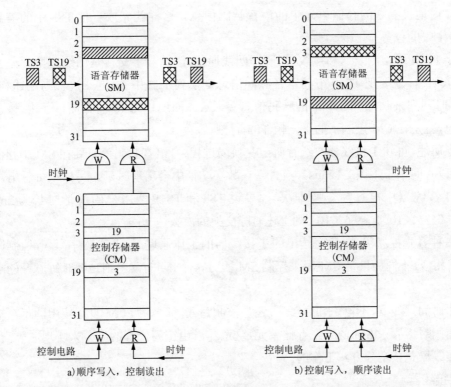

图 5-3 T 接线器
W- 写入；R- 读出

语音存储器是用来暂时存储语音脉码信息的，故又称缓冲存储器。控制存储器是用来寄存话音时隙地址的，故又称地址存储器。T 接线器中语音存储器的存储单元数由输入 PCM 复用线每帧内的时隙数所决定，语音存储器中每个存储单元的位数则取决于每个时隙中所含的码位数。例如，PCM 复用线每帧有 32 个时隙，则语音存储器容量应为 32 个存储单元，每个时隙有 8 位码，则语音存储器每个存储单元至少要存 8 位码。

(2) T 接线器的工作原理

T 接线器的工作方式有两种：一种是"顺序写入，控制读出"方式；另一种是"控制写入，顺序读出"方式。顺序写入和顺序读出中的"顺序"是指按照语音存储器地址的顺序，可由时钟脉冲来控制；而控制读出和控制写入的"控制"是指按控制存储器中规定的内容来控制语音存储器的读出或写入。至于控制存储器中的内容，则是由 CPU 控制写入的。

下面介绍第一种方式顺序写入，控制读出的工作原理。

如图 5-3a) 所示，T 接线器的输入和输出线各为一条有 32 个时隙的 PCM 复用线。如果占用第 3 时隙 (TS3) 的用户 A 要和占用 TS19 的用户 B 通话，在 A 讲话时，就应把 TS3 的语音脉码信息交换到 TS19 中去。在时钟脉冲控制下，当 TS3 时刻到来时，把 TS3 中的语音脉码信息写入 SM 内的地址为 3 的存储单元内。由于此 T 接线器的读出是受 CM 控制的，当 TS19 时刻到来时，从 CM 读出地址 19 中的内容"3"，以这个"3"字为地址去控制读出 SM 内地址是 3 的存储单元中的语音脉码信息。这样就完成了把 TS3 中的信息交换到 TS19 中去的任务。

由于 PCM 通信的发送和接收分开，即四线通信，因此数字交换是四线交换。在 B 用户讲话 A 收听时，就要把 TS19 中的语音脉冲信息交换到 TS3 中去，这一过程与上述相似，即在 TS19 时刻到来时，把 TS19 中的脉码信息写入 SM 的地址为 19 的存储单元内，读出的二脉码信息，就是在 CM 控制下的下一帧 TS3 时刻。

综上所述，可知 T 接线器在进行时隙交换的过程中，语音脉码信息要在 SM 中存储一段时间，这段时间小于 1 帧（125μs），换言之在数字交换中会出现时延。另外也可看出，PCM 信码在 T 接线器中需每帧交换一次，如果说 TS3 和 TS19 两用户的通话时长为 2min，则 $2\times60\div(125\times10^{-6})=9.6\times10^5$，则上述时隙交换的次数达 96 万次。

第二种方式控制写入，顺序读出的 T 接线器的工作原理，与上述顺序写入，控制读出的 T 接线器相似，不同的只是 CM 用来控制 SM 的写入，SM 的读出则是随时钟脉冲的顺序而输出。

对于时间接线器，不论是顺序写入，还是控制写入，都是将 PCM 复用线中的每个输入时隙内的信码对应存入 SM 的一个存储单元，这意味着由空间位置的划分来实现时隙交换，所以时间接线器是按空分方式工作的。

2.S 接线器

S 接线器称为空间接线器（S-Switch），也称空分接线器。其功能是完成不同 PCM 复用线相同时隙之间的交换。通常用它与 T 接线器组合以构成大容量的数字交换网络。

（1）S 接线器的组成

S 接线器主要是由交叉点矩阵和控制存储器所组成的，如图 5-4 所示。

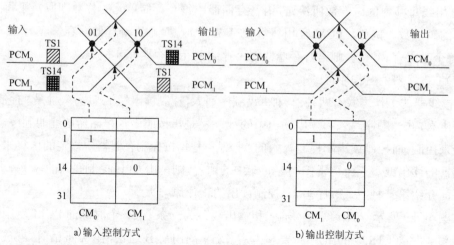

图 5-4 S 接线器

图 5-4 表示 2×2 的交叉点矩阵，它有两条输入复用线和两条输出复用线。控制存储器的作用是对交叉点矩阵进行控制，其控制的方式有以下两种。

①输入控制方式,如图 5-4a)所示。它按输入复用线来配置控制存储器,即每一条输入复用线有一个控制存储器,由这个控制存储器来决定该输入 PCM 线上各时隙的信码,要交换到哪一条输出 PCM 复用线上去。

②输出控制方式,如图 5-4b)所示,它按输出 PCM 复用线来配置控制存储器,即每一条输出复用线有一个控制存储器,由这个控制存储器来决定哪条输入 PCM 线上哪个时隙的信码,要交换到这条输出 PCM 复用线上来。

(2)S 接线器的工作原理

以图 5-4a)所示为例,假设输入 PCM 的 TSl 中的信码要交换到输出 PCM_1 中去,当时隙 1 时刻到来时,在控制存储器的控制下,使交叉点 01 闭合,使输入 PCM_0 TSl 中的信码直接转送至输出 PCM_1 TS1 中去。同理,在该图中把输入 PCM_1 TS14 的信码,在时隙 14 时由控制存储器 1 控制 10 交叉点闭合,送至 PCM_0 的 TS14 中去。因此,S 接线器能完成不同的 PCM 复用线间的信码交换,但是在交换中其信码所在的时隙位置不变,即它只能完成同时隙内的信码交换。故 S 接线器在数字交换网络中不单独使用。

在图 5-4a)中,假定 PCM_0 的 TS0、TS2、TS4 等时隙中信码需要交换到输出 PCM_1 的 TS0、TS2、TS4 等时隙中去,则在控制存储器 0 的控制下,交叉点 01 在 1 帧内就要闭合、打开若干次。因此在数字交换中的空间接线器的交叉点是以时分方式工作的,这与空分交换中的空分接线器的工作方式是不同的。

图 5-4b)所示的输出控制方式的工作原理,与图 5-4a)所示的输入控制方式相同。

二、软交换技术

工业和信息化部电信传输研究所给出的软交换的定义是:**软交换是网络演进以及下一代分组网络的核心设备之一,它独立于传输网络,主要完成呼叫控制、资源分配、协议处理、路由、认证、宽带管理、计费等功能,同时可以向用户提供现有电路交换机所能提供的所有业务,并向第三方提供可编程能力。**

软交换采用开放式应用程序接口,以方便引入新业务和新技术,而原来的交换机仍可通过 7 号链路保留。实际上软交换系统体现的是通信网技术与 IP 技术两者的结合,是针对整个通信网络而非针对交换节点来研究解决未来网络问题的。

(一)软交换的功能

1. Internet 业务卸载功能

软交换的一个重要功能就是将拨号业务从现有交换机上卸载下来。传统交换机不适合处理大量的长时间的呼叫业务,如果在传统汇接网络的边缘放置软交换机,把拨号业务在进入传统交换机之前,直接交换到 ISP 网络或 Internet 网上,而语音业务不受影响,这样就会减轻传统交换机的负担。

2. 呼叫控制功能

呼叫控制功能是指为各种业务完成基本呼叫的建立、维持和释放提供控制（包括呼叫处理、连接控制、智能呼叫触发检测和资源控制等）。例如，软交换设备能够识别媒体网关报告的用户摘机、拨号和挂机等事项；控制媒体网关向用户发送各种音频信号，如拨号音、振铃音、回铃音等。

3. 媒体网关接入功能

媒体网关接入功能是一种适配功能，它可以连接各种媒体网关，如公共电话网（PSTN）等中继媒体网关以及 ATM 媒体网关、用户媒体网关、无线媒体网关、数据媒体网关等，完成 H.248 协议规定的不同网络间不同媒体信息的转换功能。

4. 协议功能

协议功能是指软交换设备采用标准协议与各种媒体网关、终端、网络和应用服务器等进行通信。

5. 业务提供功能

软交换能够提供 PSTN 交换机提供的语音及多媒体通信的基本业务和补充业务功能，可以与现有智能网配合，提供现有智能网的业务，还可以与第三方合作，提供多种增值业务。

6. 业务交换功能

业务交换功能包括：业务控制触发的识别以及与业务控制功能（SCF）间的通信；管理呼叫控制功能和 SCF 之间的信令连接；按要求修改呼叫/连接处理功能；在 SCF 控制下处理 IN（智能网）业务请求；业务交互作用管理等。

7. 互联互通功能

软交换可以通过媒体网关实现与 PSTN 传统网络的互通；通过信令网关（SG）实现与 7 号信令网或智能网的互通；可以通过软交换设备中的互通模块，采用 H.323 协议实现与 H.323 体系的 IP 电话网的互通；采用 SIP 协议实现与未来的 SIP 网络体系的互通；可以通过 SIP-T/SIP-I/BICC 协议实现与其他软交换设备的互通；可以提供网内 H.248 终端与 MGCP 终端之间的互通。

8. 资源管理功能

软交换提供对系统中的各种资源进行集中管理的功能，如资源的分配、释放和控制等。

9. 代替传统交换机的功能

软交换代替长途交换机：随着软交换标准的不断完善和协议的通过，软交换将成为长途交换机的代替产品。软交换代替端局交换机：软交换既具有端局交换机的性价比，又可以提供增强型业务。软交换适合本地环路的 VoIP 方案。它既可以接收 ATM 或 IP 上传送的业务，又可以把业务转移到 PSTN 上，还能继续把业务作为数据业务传到骨干网上。

10. 计费功能

软交换具有采集详细话单及复式计次或按流量计费功能，并且能够按照需求将话单传送到相应的计费中心。

11. 认证与授权功能

软交换与认证中心连接，可以将所管辖区域内的用户和媒体网关信息送往认证中心进行认证与授权，以防止非法用户和设备接入。

12. 地址解析功能

地址解析功能是指软交换可以完成 E.164 地址（从标准电话编号系统演变而来）至 IP 地址、别名地址至 IP 地址的转换功能，同时也可完成重定向的功能。

13. 语音处理功能

软交换可以控制媒体网关是否采用语音压缩和回声抵消技术，可以向媒体网关提供语音包缓存区大小的设定功能，以减少抖动对语音质量带来的影响。

（二）软交换的协议

软交换与媒体服务器之间的接口协议：用于软交换对媒体网关进行承载控制、资源控制和管理，主要采用媒体控制协议 H.248 协议作为首选协议，MGCP 作为可选协议。

软交换与信令网关之间的接口协议：完成软交换与信令网关之间各种信令信息的传送，使用信令传送协议（SIGTRAN）。

软交换与接入网关之间的接口协议：软交换与接入网关之间的接口采用 H.248 和 MGCP 协议。

软交换与中继网关之间的接口协议：软交换与中继网关之间主要完成媒体网关的控制、资源控制和管理功能，采用 H.248 协议或 MGCP 协议。

软交换和软交换之间的接口协议：实现不同软交换设备之间的交互，使用 SIP 协议、H.323 协议或 BICC 协议。

软交换与 SIP 终端之间的接口协议：软交换与 SIP 终端之间的接口采用 SIP 协议。

软交换与网管中心之间的接口协议：为了实现网络管理，采用简单网络管理协议 SNMP。

（三）软交换呼叫控制模式

为了说明软交换控制模式，下面用电路交换呼叫控制模式进行对比。

1. 电路交换呼叫控制模式

在电路交换的呼叫控制模式中，呼叫控制、接入和业务是集成在一起的，呼叫控制系统是整个系统软件的一个子系统，如图 5-5 所示。

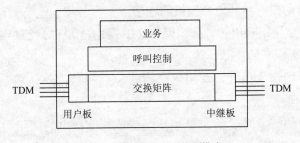

图 5-5 电路交换呼叫控制模式

电路交换的实现方式包括:通过同一处理器上进行多个进程之间的消息队列或事件队列实现;通过不同处理器之间的通信接口消息队列实现;直接操作或通过驱动程序操作硬件实现;可以采用高级语言,也可以采用汇编语言实现。电路交换呼叫控制模式的优点是系统实现相对比较简单,效率高、实时性好。电路交换呼叫控制模式的缺点是呼叫控制功能和具体业务捆绑,给新业务开发带来极大不便,不支持多媒体业务,实现超大容量系统时成本代价高。

2. 软交换呼叫控制模式

在软交换的呼叫控制模式中,呼叫控制与接入、呼叫控制与业务是分离的,呼叫控制功能系统是独立、开放的系统的一个子系统,如图5-6所示。

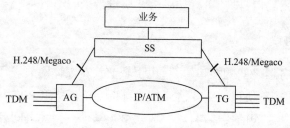

图5-6 软交换呼叫控制模式

软交换的呼叫控制模式采用高级语言,通过调用开发平台或软件开发包提供的API来实现。软交换呼叫控制模式的优点是呼叫控制与接入、业务相分离,新业务开发方便;支持多媒体、多方业务;业务开发成本与网络建设成本低;接口具有标准化、开放性的特点,容易实现互连互通。软交换呼叫控制模式的缺点是协议种类多,接口标准复杂。

3. 软交换与电路交换的比较

通过对比图5-5和图5-6,可以得到以下结论。

(1)电路交换各个功能模块集成在一起,是一个专用、封闭的架构。软交换将电路交换的功能模块分离成独立的部件,各部件在地理位置上分离,独力发展,实现了业务与呼叫控制的分离,是一个开放式的网络架构体系,各部件之间通过标准协议通信,使业务的生成和提供更加灵活。

(2)软交换将电路交换中的核心控制模块独立出来成为软交换中的软交换核心设备(SS),用SS实现呼叫控制、资源管理、业务提供等功能。

(3)电路交换中的用户模块和中继模块分离出来成为软交换中的接入网关(AG)和中继网关(TG),完成用户的接入和其他交换机的连接。

(4)电路交换的交换矩阵用各种分组网络(IP路由器/ATM交换网)替换,完成信息的传递功能,形成一个无阻塞的高效传输网。

(5)电路交换中的信令处理模块用软交换的SG替换,不仅完成7号信令网与IP承载方式的转换,而且处理能力更强,容量更大。

(6)电路交换中的智能网设备SCP逐步演变成软交换中的应用服务器,为用户提供各种语音、数据及多媒体业务。

(四)软交换呼叫控制流程

软交换的呼叫控制流程,即初始化、建立和释放呼叫的过程。下面以软交换设备常用的 H.248/Megaco 协议为例来进行说明。

基于 H.248/Megaco 的软交换网络结构如图 5-7 所示,普通的电话终端通过接入媒体网关(MG)连接到软交换网络,在该网络结构中,SS 利用 H.248/Megaco 协议建立和释放呼叫。

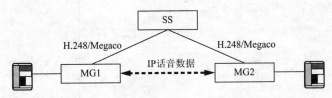

图 5-7 基于 H.248/Megaco 的软交换网络结构

1. H.248/Megaco 呼叫初始化流程

H.248/Megaco 的初始化包括网关的注册和注销,H.248/Megaco 网关的注册和注销流程都使用命令 Service change,如图 5-8 所示。

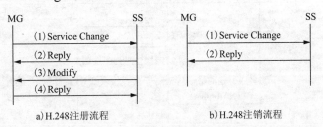

图 5-8 H.248/Megaco 的初始化流程

MG 向 SS 发 Service Change 命令,注册时使用参数 restart,申请进入服务;注销时使用参数 handoff,表示退出服务。

(1)SS 回响应,表示同意 MG 注册或注销。

(2)SS 向 MG 发 Modify 命令,命令 MG 监视用户摘机。

(3)MG 回响应。

2. H.248/Megaco 协议呼叫建立和释放流程(图 5-9)

(1)主叫摘机,MG1 检测到主叫摘机信息后,通过 Notify 命令将摘机事件报告给 SS。

(2)SS 回应 Reply 消息。

(3)SS 向 MG1 发送 Modify,命令 MG1 向主叫终端送拨号音,根据编号方案检测被叫号码,并监视挂机事件。

(4)MG1 回响应。

(5)用户拨号,MG1 收到第一位拨号号码,停送拨号音,继续接收被叫号码,直至可以识别出局向为止,MG1 将收到的号码通过 Notify 命令报告给 SS。

(6)SS 回响应。

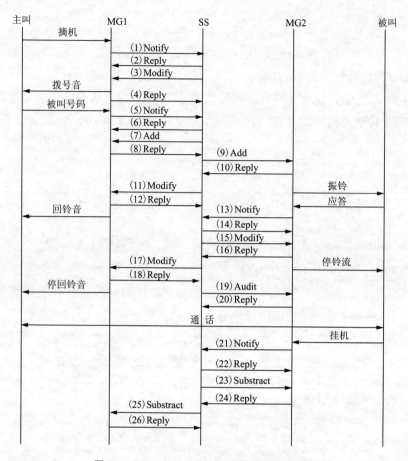

图 5-9 H.248/Megaco 协议呼叫建立和释放流程

（7）SS 分析被叫号码，找出被叫端口，确定须在 MG1 和 MG2 之间建立承载连接，在 MG1 的关联域加入终端。

（8）MG1 回响应。

（9）SS 向 MG2 发送 Add，命令 MG2 创建关联域，并加入 TDM 终端标识和 RTP 终端。

（10）MG2 回响应。

（11）SS 将 MG2 的 RTP 接收信道地址及媒体格式通知给 MG1，该事务处理包含两个 Modify 命令，一个是要求向 TDM 终端发回铃音，另一个是规定 RTP 终端的发送特性。

（12）MG1 回响应。这时，MG2 至 MG1 的后向通道已经建立，前向通道已保留但尚未建立。

（13）MG2 监测到被叫用户摘机，报告给 SS。

（14）SS 回响应。

（15）SS 命令 MG2 监视 TDM 终端挂机事件，并断铃流。

（16）MG2 回响应。

（17）SS 通过 Modify 命令 MG1 停回铃音，并将 RTP 终端的媒体流模式改为"收发型"。

(18) MG1 回响应。

(19) SS 要求审计 MG2 上 RTP 终端的特性,即要求 MG2 报告该终端当前激活的检测事件、媒体特性等。

(20) MG2 报告审计结果,用户进入通话阶段。

(21) 设被叫用户先挂机,MG2 报告该挂机事件。

(22) SS 回响应。

(23) SS 通过 Substract 命令 MG2 删除终端。

(24) MG2 回响应,上报统计数据。

(25) SS 通过 Substract 命令 MG1 删除终端。

(26) MG1 回响应,上报统计数据。

第三节　电话交换系统组成

一、专用电话子系统

专用电话系统包括调度电话、站(含车辆段)内电话、站间电话及轨旁电话。调度电话主要包括行车调度、电力调度、环控调度、AFC 调度、维修调度及总调等;站(含车辆段)内电话、站间电话及轨旁电话是供车站、车辆段值班员与重要部门有关人员进行联系的点对点的直通电话。

(一) 系统组成

城市轨道交通专用电话系统基本采用一体化数字调度设备。专用电话系统与公务通信完全分离、独立设计、结构紧凑、集成度高、便于系统维护管理。

典型的专用电话系统采用环加星的组网结构,共设 N 个数字环(传输通道由传输系统提供),每个数字环下接 3 或 4 个数字调度分系统设备,每个环用 2×2 Mb/s 首尾与控制中心的数字调度主系统相连,环内相邻各车站分系统之间分别通过 1 个 2M 中继进行链状连接,构成"环形"网络拓扑。控制中心和车站之间的调度业务由顺时针方向的 2M 数字中继承担,当顺时针方向的 2M 中继故障或中断时,系统将自动迂回至逆时针方向 2M 链路,承担备份路由作用。相邻各车站专用系统站间行车电话由 10P 区间电缆连接相邻站的备用站间行车电话机实现备用。

1. 控制中心

控制中心设置数字调度主系统设备、数字录音设备、网管系统各一套;调度大厅内设置行车调度台、电力调度台、环控（防灾）调度台、AFC调度台、维修调度台、总调度台各一套。

数字调度主系统与各车站、车辆段等设置的数字调度分系统设备之间通过传输系统提供的2M通道构成多个环型网络；调度大厅内的调度台，通过用户电缆（2B+D接口）直接连接到控制中心的数字调度主系统设备。网管终端具有配置管理、性能管理、故障管理、安全管理等功能；同时，设置多通道数字录音系统，对调度通话进行录音。

2. 车站

各车站设置数字调度分系统一套，车控室设置值班员操作台一台以及在站内设置各种分机。

值班员操作台通过用户电缆（2B+D接口）连接到各车站的数字调度分系统设备，站内电话分机通过站内电缆相连到数字调度分系统设备；调度电话的主用通道是通过传输系统的2M通道连接的，而备用通道是利用贯通控制中心、各车站、车辆段的主干电缆连接的；站间电话通过相邻站的数字调度分系统实现，主用通道采用传输系统提供的2M通道，备用通道利用贯通各车站、车辆段的主干电缆提供。

3. 车辆段

车辆段设置数字调度分系统各一套，在信号楼行车值班室、停车列检库运转值班室、维修值班室、综合楼段调值班室设置按键操作台，段内设置各种电话分机。

段内值班员操作台通过用户电缆（2B+D接口）连接到段的数字调度分系统设备，段内电话分机通过段内电缆相连到数字调度分系统设备；调度电话的主用通道是通过传输系统的2M通道连接的，而备用通道是利用贯通控制中心、各车站、车辆段的主干电缆连接的。

4. 直通电话

控制中心电调与城市供电局的电力调度之间设置一套直通录音电话，中心防灾调度员与市消防部门及市地质灾害预报部门之间设置一套直通录音电话。

5. 轨旁电话

在区间每150m左右设置一部轨旁电话，轨旁电话接入公务通信系统，采用每4部轨旁电话用并联方式共用一个号码，以充分利用电缆芯线及公务电话号码资源。

轨旁的电话机应具备密闭、防水、防震、防晒、防电磁干扰的功能，并附有拨号键盘、切换装置，可选择上、下车站通话。

（二）系统功能

1. 通话功能

通话功能专用电话系统的基本功能，控制中心各调度员只需按对应车站按键就能通过调度员操作台与各站（段）相应值班员（分机）直接通话。

2. 选叫功能

控制中心调度员选叫车站（段）值班员时能通过单呼、组呼、全呼进行呼叫。所有呼叫预先设置编程键,呼叫时一键到位,均伴有按键指示灯指示,并通过不同颜色显示其呼叫状态;组间用户不能进行相互通话。控制中心调度台能对下属分机进行个别呼叫、分组呼叫和全部呼叫,能实现强插、强拆、优先级控制等功能及通过调度台设置多重应答功能。

3. 会议功能

中心调度可根据不同需求同时召开多种会议,调度台一键召集固定成员电话会议,实时召集不同成员召开临时会议,并可以进行固定成员会议和临时成员会议的叠加。会议进行中,中心调度员可随时增加和删除会议成员,增加和删除会议成员只需按对应的成员键,操作简便,且不会中断会议。

4. 录音功能

录音系统具有网管功能,可远程对分散的各个录音设备进行管理和调听。它还能够记录以下通话内容。

(1) 控制中心

专用电话各调度员与各站(段)值班员之间的通话;无线通信系统调度员与无线通信系统移动用户通话;广播系统的中心广播信息。

(2) 各车站、车辆段

专用电话车站、车辆段值班员与各分机之间的通话;无线固定台与无线通信系统移动用户通话;广播系统的车站、车辆段广播信息。

5. 站内、站间电话功能

车站(车辆段)值班操作台对车站(车辆段)内相关人员具有选呼、组呼及全呼等功能,值班员只需按值班操作台上的对应按键即可实现对应功能,对应按键有指示灯对应显示。

车站(车辆段)专用电话分机采用音频电话机,站内电话设置热线功能,用户摘机后不拨号即自动与值班台接通,值班台上对应分机键根据不同呼叫状态具有灯光显示,每个热线独立显示。

6. 轨旁电话功能

在隧道上下行区间,每隔一定距离(隧道内150~200m)设置1个轨旁电话插销盒,插入便携式轨旁电话机后,通过转换装置可以接入公务电话系统和就近呼叫车站调度电话分系统车站值班员操作台。

轨旁电话插销盒按照最多4个并接使用1个专用电话号码资源的原则设置,便携式轨旁电话机单独配置。

具有特殊需求的地点,如区间废水泵房、洞口雨水泵房、道岔等处,按照需求设置轨旁电话。通过转换装置或按键,可以接入公务电话系统和就近车站调度电话分系统车站值班员操作台。

7. 扩音设备互联功能

控制中心、车辆段及各车站的值班员或停车列检库值班员通过其操作台按键,可直接对库内的司机或其他流动人员进行广播和对话。库内的司机或其他流动人员可通过现场设置的扩音对讲终端与值班员进行对话,或利用库内扬声器进行广播。

8. 维护管理功能

系统的维护、监控设备和网管终端设备设于控制中心网管室内,独立于主系统设备运用,该类设备停机、脱离系统时,不影响系统设备所有功能的正常运用。系统具有集中维护管理功能,远程维护管理通过内置 MODEM 或 IP 网络实现。

二、公务电话子系统

基于软交换(Soft-switch)体系的下一代网络(NGN)采用分层模型,整个网络分为四层:业务层、控制层、核心传送层、边缘接入层。层与层之间通过标准接口进行通信,在核心设备软交换控制设备的控制下,相关网元设备分工协作,共同实现系统的各种业务功能,如图 5-10 所示。

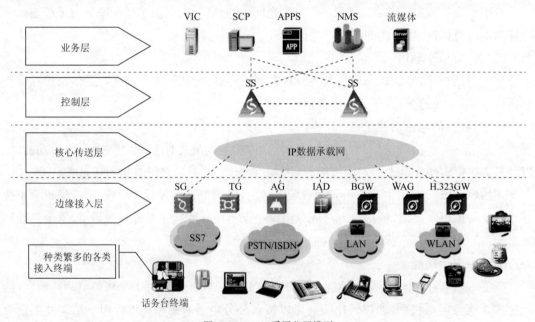

图 5-10 NGN 采用分层模型

业务层主要为网络提供各种应用和服务,提供面向客户的综合智能业务,提供业务的客户化定制。

控制层指 Soft-switch 控制单元,提供呼叫的处理控制、接入协议适配、互连互通等综合控制处理功能,提供全网络应用支持平台。

核心传送层主要是指由 IP 路由器或宽带 ATM 交换机等骨干传输设备组成的包交换网络,是软交换网络的承载基础。

边缘接入层主要是指与现有网络相关的各种网关和新型接入终端设备,完成与现有各种类型的通信网络的互通并提供各类通信终端(如模拟话机、SIP 话机、PC 话机、可视终端、智能终端等)到 IP 核心层的接入。

(一)系统组成

公务电话系统由控制中心、车辆段、换乘车站、普通车站等站点设备构成。其中控制中心设置软交换核心控制设备 SS1B、中继信令网关 MT256、网管系统 NetNumen U31、1000L 接入网关 MSG5200;车辆段部署 300L 接入网关 MSG5200;换乘站和普通车站分别部署 96L 接入网关 MSG5200、48L 接入网关 MSG5200。各车站设置的综合接入设备通过接入交换机和传输系统的 100M 接口连接,构成公务电话网,如图 5-11 所示。

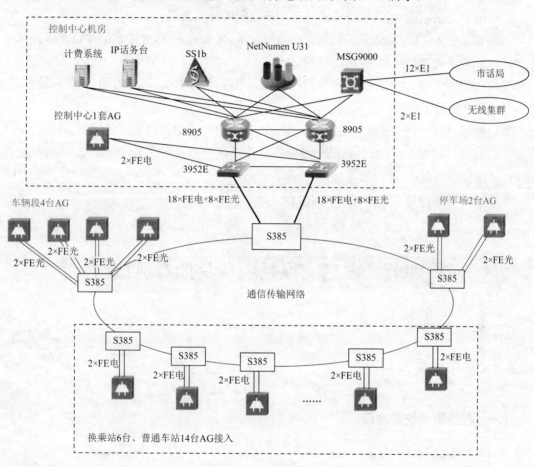

图 5-11 公务电话系统图

控制中心软交换核心控制设备 ZXSS10 SS1b,主要完成控制中心和各车站、车辆段用户的呼叫控制、信令处理、语音路由、协议适配、业务代理、CDR 文件生成等功能。

控制中心的软交换核心服务器通过传输系统提供的以太网接口与各个车站、车辆段实现公务通信,控制中心内部的软交换核心服务器、中继网关、接入网关通过控制中心为软交换设置的三层以太网交换机互通;软交换核心服务器与中继网关(内嵌信令网关)之间采用

H.248/SIGTRAN 协议互通,与接入网关之间采用 H.248、SIP 协议互通。

控制中心软交换系统通过 MT256 与市电信运营商市话交换机相连,对市话中继采用全自动方式 DOD1+DID,中继信令满足 7 号信令、1 号信令、PRI 信令要求,配置 12 条 2M 中继进行互通。

控制中心软交换系统交换机与无线集群交换机通过 2Mb/s 数字中继线连接,接口信令满足 7 号信令和 1 号信令协议要求,配置两条 2M 中继与无线集群交换机的互通。

(二)系统功能

(1)电话交换功能:城市轨道交通内部用户之间的呼叫交换。

(2)非话业务功能:非话业务包括电路数据业务、传真业务等,并能识别非话业务。

(3)计费功能:对各种业务进行计费。

(4)程控新业务:为用户提供多种程控新业务服务,如多方会议、三方通话、呼叫转移、忙时等待、缩位拨号等。

(5)编号:根据用户的需要,可将公务电话内部用户的电话号码进行统一的编排。

(6)与市话网的连接:城市轨道交通公务电话网是一个独立的电话网,与市话网络相连接,可以拨打市内电话、国内长途、国际长途等。

(7)特种功能:114 查号台、119 火警台、120 急救台和 110 匪警台等。

第四节 电话交换系统与其他专业接口

一、专用电话接口

(一)与传输系统的接口

1. 以太网接口

接口功能:传输系统为专用电话系统提供以太网通道,实现专用电话系统内数据传输、交换机远程管理以及录音调取的功能。

接口协议:TCP/IP。

2. E1 接口

接口功能:传输系统为专用电话系统提供 2M 业务通道,实现专用电话交换机之间数字中继的功能。

接口协议：E1。

（二）与时钟系统的接口

1. 以太网接口

接口功能：时钟系统为专用电话系统提供标准时间信息。

接口协议：NTP。

2. RS422 接口

接口功能：时钟系统为专用电话系统提供标准时间信息。

接口协议：RS422。

（三）与电源系统的接口

接口功能：电源系统为专用电话系统设备提供稳定的 220V 交流、-48V 直流电源。

（四）与集中告警系统的接口

以太网接口功能：专用电话系统向集中告警系统传送告警信息。

以太网接口协议：SNMP 或私有集中告警协议。

（五）与广播系统的接口

干接点接口功能：实现库内扩音对讲终端的广播功能。

（六）与各个系统的录音接口

VDF 端子接口功能：实现对专用电话、公务电话、无线、广播系统终端设备的录音功能。

二、公务电话接口

（一）与传输系统接口

以太网接口功能：传输系统为公务电话系统提供点对点的数据传输通道，实现各车站、车辆段设备与控制中心设备之间的以太网数据传递功能。

以太网接口协议：TCP/IP。

（二）与集中告警系统接口

以太网接口功能：专用电话系统向集中告警系统传送告警信息。

以太网接口协议：SNMP 或私有集中告警协议。

（三）与电源系统的接口

接口功能：电源系统为公务电话系统设备提供稳定的交流 220V、直流 -48V 电源。

（四）与时钟系统接口

以太网接口功能：时钟系统为公务电话系统提供标准时间信息。
以太网接口协议：NTP。

（五）与专用无线通信系统接口

E1 接口功能：公务电话系统与无线集群的互通。
E1 接口协议：PRI-ISDN。

（六）与市话网接口

E1 接口功能：公务电话系统与市话网的互通。
E1 接口协议：7 号。

第六章　闭路电视监视系统

> **岗位应知应会**
>
> 1. 能够绘制闭路电视监视系统网络架构图。
> 2. 掌握闭路电视监视系统主要设备组成及设备功能。
>
> **重难点**
> 重点：控制中心、车站、车辆段闭路电视监视系统的主要设备组成。
> 难点：闭路电视监视系统与其他专业接口。

第一节　闭路电视监视系统概述

闭路电视监视系统（Closed Circuit Television，简称 CCTV），是安全技术防范体系中的一个重要组成部分，是一种先进的、防范能力极强的综合系统。闭路电视监视系统可以通过遥控摄像机及其辅助设备（镜头、云台等）来直接观看被监视场所的情况，且可提供录像供事后查询和分析。闭路电视监视系统还可以与防盗报警系统、门禁系统等其他安全技术防范体系联动运行，使其防范能力更加强大。

闭路电视监视系统在城市轨道交通中发挥着重要的作用，它是保证城市轨道交通行车组织和安全的重要手段。闭路电视监视系统可以为地铁运营管理者、调度员和值班员提供一个直观、实时、真实的现场图像画面。闭路电视监视系统可监视列车运行、客流情况，是提高行车指挥透明度的辅助通信工具。

闭路电视监视系统分为模拟闭路电视监视系统、半数字闭路电视监视系统、数字闭路电视监视系统。目前模拟闭路电视监视系统已逐渐被淘汰，新建城市轨道交通线路一般采用半数字闭路电视监视系统或数字闭路电视监视系统。

第二节　闭路电视监视系统组成

闭路电视监视系统主要由视频采集设备、传输交换设备、管理控制设备、视频显示设备、音视频存储设备组成。

闭路电视监视系统主要由各车站、车辆段电视监视系统及控制中心电视监视系统构成。该系统采用二级控制方式,控制中心为一级控制,车站及车辆段值班员为二级控制,平时以车站、车辆段值班员控制为主,在紧急情况下转换为控制中心调度员控制。

一、半数字闭路电视监视系统

半数字闭路电视监视系统前端视频信号的采集采用模拟视频设备,从摄像机到编码器采用同轴电缆传输模拟视频信号,视频存储以及车站与控制中心的视频传输为数字视频信号。该系统总体架构如图 6-1 所示。

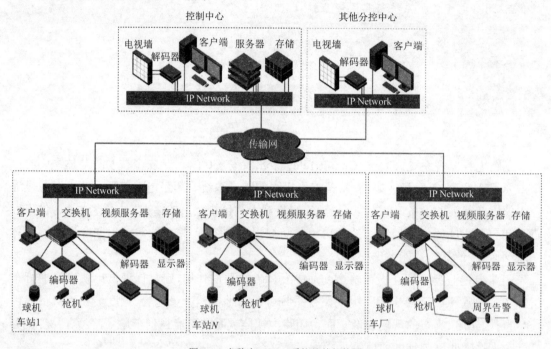

图 6-1 半数字 CCTV 系统总体架构图

半数字闭路电视监视系统主要由模拟摄像机、隔离地单元、视频均衡器、字符叠加分配器、画面处理器、云台优先级控制器、视频编/解码器、交换机、视频服务器、存储设备、视频监视终端等设备组成。下面简单介绍一下几种主要设备。

1. 模拟摄像机

模拟摄像机主要包含普通摄像机、宽动态摄像机、一体化球机等。普通摄像机一般安装在站厅、站台位置,宽动态摄像机一般安装在出入口(光线反差很大的环境),一体化球机具有云台控制功能,一般安装在站厅位置。

2. 视频编/解码器

视频编码器的作用是将模拟视频信号压缩编码为数字视频信号,方便传输和存储;视频解码器的作用是将数字视频信号还原为模拟视频信号，实现在显示器上显示摄像机图像的功能。

3. 隔离地单元

隔离地单元提供设备之间的完全隔离，以消除干扰、接地环路和 DC 偏移等造成的视频信号质量下降。

4. 视频均衡器

基带视频信号在经过较长的视频同轴电缆传输后，由于线缆的损耗和影响，信号会产生幅度衰减和相位畸变，使终端显示的图象对比度下降、清晰度降低，严重时甚至无法同步。一般情况下，当视频线缆超过 500m 时，视频信号会很难获得正常的接收效果。视频均衡器可在视频信号整个频率范围内进行多点补偿，使经过均衡器补偿还原的视频信号接近原始信号。

5. 字符叠加分配器

字符叠加分配器有两个功能，一是在显示图像上叠加字符（图像名称、时间、操作人员等），另一个是为提供一路输入多路输出的视频通道以及警用视频和画面处理器提供视频接口。

6. 云台优先级控制器

云台优先级控制器的功能是提供云台控制分级。

7. 画面处理器

画面处理器的功能是将多路模拟视频信号合成一路模拟视频信号后输出，以及将多路图像合成一路图像显示在显示器上。

8. 交换机

将摄像机视频信号汇聚到交换机，一方面存储到存储设备，另一方面通过传输系统将实时视频信号转发到控制中心。

（一）车站半数字闭路电视监视系统组成

车站半数字闭路电视监视系统主要由摄像机、站台监视器、视频监视终端、字符叠加分配器、隔离地单元、云台优先级控制器、画面处理器、视频编解码器、网络交换机、视频服务器、视频存储设备及各种软件等组成。该系统架构如图 6-2 所示。

（二）车辆段半数字闭路电视监视系统组成

车辆段半数字闭路电视监视系统主要由摄像机、字符叠加器分配器、视频均衡器、隔离地单元、云台优先级控制器、视频监视终端、视频服务器、视频编码器、网络交换机、视频存储设备、周界告警主机、红外对射及各种软件等组成。该系统架构如图 6-3 所示。

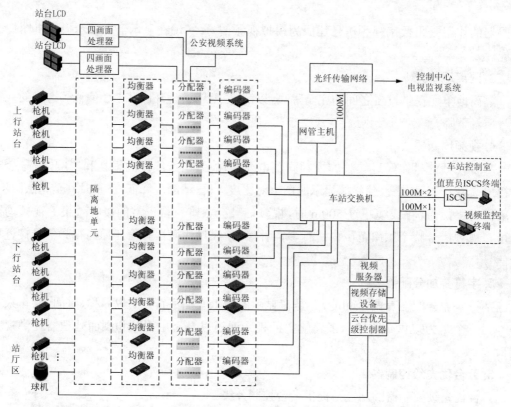

图 6-2 车站半数字 CCTV 系统架构图

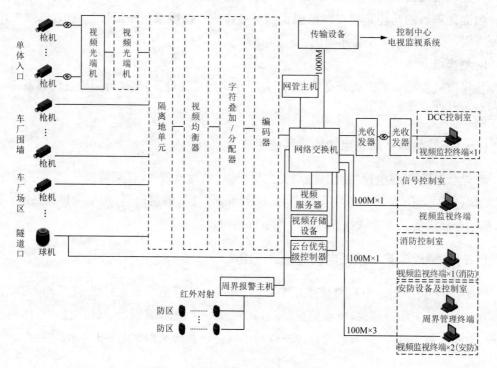

图 6-3 车辆段半数字 CCTV 系统架构图

(三)控制中心半数字闭路电视监视系统组成

控制中心半数字闭路电视监视系统主要由交换机、编解码器组、视频服务器、车载视频切换服务器、网管服务器、大屏幕显示器、视频监视终端、录像回放终端、视频存储设备、各种软件及调度员监控终端等设备组成。该系统架构如图 6-4 所示。

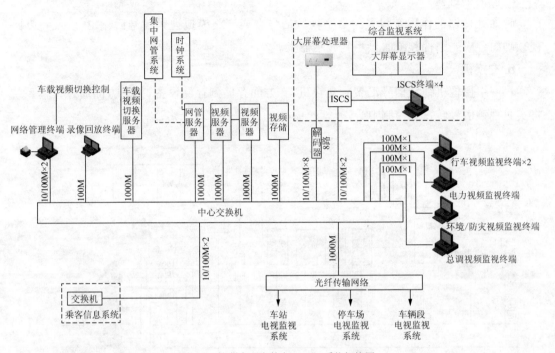

图 6-4 控制中心半数字 CCTV 系统架构图

二、数字闭路电视监视系统

数字闭路电视监视系统采用网络摄像机直接接入局域网,通过标准的网络协议进行图像的传输和存储。该系统总体架构如图 6-5 所示。

数字闭路电视监视系统主要由网络高清摄像机、光端机、画面处理器、视频解码器、交换机、视频服务器、存储设备、视频监视终端等设备组成。下面简单介绍一下几种主要设备。

1. 网络高清摄像机

网络高清摄像机主要包含网络高清枪机、网络高清半球、一体化球型网络摄像机等。网络高清枪机一般安装在站厅、站台位置,网络高清半球一般安装在室内,一体化球型网络摄像机具有云台控制功能,一般安装在站厅位置。

2. 视频解码器

视频解码器的作用为将数字视频信号转换为模拟视频信号,实现在显示器上显示摄像机图像。

3. 光端机

当网络摄像机与交换机之间距离大于 90m 的时候,就要用到光端机来延伸传输距离,延长数字视频信号的传输距离。

4. 画面处理器

画面处理器的作用是将多路数字视频信号合成一路模拟视频信号后输出,以及将多路视频画面合成一路视频画面显示到显示器上。

5. 交换机

将网络摄像机视频信号汇聚到交换机,一方面存储到存储设备,另一方面通过传输系统将实时视频信号转发到控制中心。

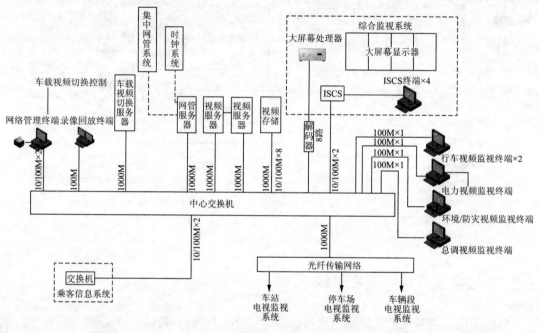

图 6-5 数字 CCTV 系统总体架构图

（一）车站数字闭路电视监视系统组成

车站数字闭路电视监视系统主要由摄像机、站台监视器、视频监视终端、光电转换器、画面处理器（解码器）、网络交换机、视频服务器、视频存储设备及各种软件、综合监控监控终端等组成。该系统架构如图 6-6 所示。

（二）车辆段数字闭路电视监视系统组成

车辆段数字闭路电视监视系统主要由视频监视终端、视频服务器、光电转换器、网络交换机、视频存储设备及各种软件等组成。该系统架构如图 6-7 所示。

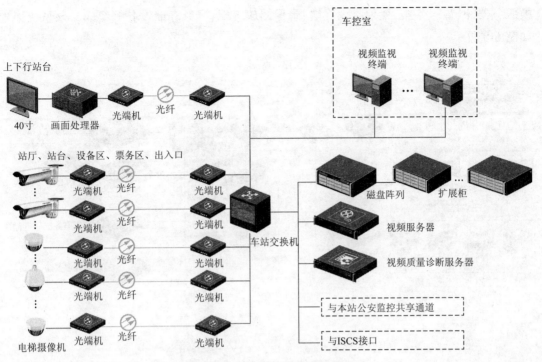

图 6-6 车站数字 CCTV 系统架构图

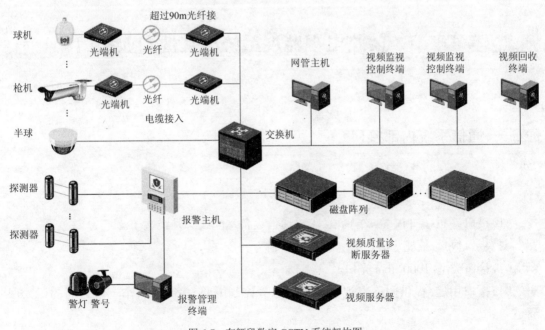

图 6-7 车辆段数字 CCTV 系统架构图

（三）控制中心数字闭路电视监视系统组成

控制中心数字闭路电视监视系统主要由交换机、解码器组、视频服务器、车载视频切换服务器、网管服务器、视频监视终端、录像回放终端、视频存储设备等组成。该系统架构如图 6-8 所示。

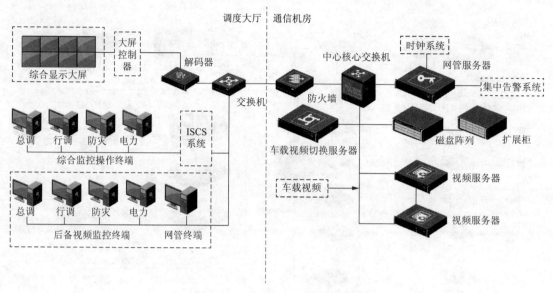

图 6-8　控制中心数字 CCTV 系统架构图

第三节　闭路电视监视系统与其他专业接口

一、通信系统内部接口

（一）与传输系统的接口

（1）接口界面：控制中心、车辆段、车站通信设备室配线架外线端子。

（2）接口数量：控制中心、车辆段、车站分别为一个。

（3）接口类型：1000Mb/s 光口。

（4）接口用途：提供闭路电视监视系统连接控制中心与各车站、车辆段之间的以太网通道。

（二）与时钟系统的接口

（1）接口界面：控制中心通信设备室配线架外线端子。

（2）接口数量：控制中心一个。

(3)接口类型:RS422。

(4)接口用途:时钟系统在控制中心为闭路电视监视系统提供标准时钟信号。

(三)与电源系统的接口

(1)接口界面:控制中心、车辆段、车站通信电源室交流配电柜输出端子。

(2)接口数量:控制中心、车辆段、车站各一个。

(3)接口类型:电源空开接线端子。

(4)接口用途:电源系统向闭路电视监视系统提供 UPS 电源。

(四)与乘客信息系统的接口

(1)接口界面:控制中心通信网络配线架的外线侧。

(2)接口数量:控制中心一个。

(3)接口类型:10M/100M 速率以太网接口。

(4)接口用途:乘客信息系统为 CCTV 系统提供两路车载视频及控制信息,实现控制中心对车载监视图像的监视。

二、通信系统外部接口

(一)与综合监控系统(ISCS)系统接口

1. 控制中心与综合监控系统接口 CCTV.ISCS.1

(1)接口界面:控制中心综合监控设备室配线架外侧。

(2)接口数量:控制中心一个。

(3)接口类型:10M/100M 速率以太网接口。

(4)接口用途:实现综合监控调度员工作站 CCTV 监视功能。

2. 控制中心与综合监控系统接口 CCTV.ISCS.2

(1)接口界面:控制中心大屏控制器视频接口外侧。

(2)接口数量:不少于 8 路视频信号。

(3)接口类型:高清视频信号。

(4)接口用途:提供不少于 8 路视频信号;视频电缆连接至控制中心大屏幕视频接口。

3. 控制中心与综合监控系统接口 CCTV.ISCS.3

(1)接口界面:车站、车辆段综合监控设备室配线架外侧。

(2)接口数量:车站、车辆段各两个。

(3)接口类型:10M/100M 速率以太网接口。

(4)接口用途:实现车站、车辆段综合监控工作站 CCTV 监视功能。

（二）与低压配电及照明系统接口

（1）接口界面：车站、车辆段和控制中心接地端子箱接地端子处。

（2）接口数量：车站、车辆段和控制中心每个机柜一个。

（3）接口类型：接地线冷压端子。

（4）接口用途：车站、车辆段和控制中心设备接地，接地电阻≤1Ω。

（三）与电梯系统接口

（1）接口界面：电梯控制视频接线箱入线端。

（2）接口数量：每部电梯一个。

（3）接口类型：10M/100M 速率以太网接口。

（4）接口用途：将垂直电梯内配置的摄像机接入 CCTV 系统，实现对车站垂直电梯的视频监控功能。

（四）与警用闭路电视监视系统接口

（1）接口界面：半数字为闭路电视监视系统机柜字符叠加分配器输出端；数字为车站通信设备室配线架外线端子。

（2）接口数量：半数字为每路图像一个；数字为每个车站一个。

（3）接口类型：半数字为模拟视频接口；数字为 10M/100M 速率以太网接口。

（4）接口用途：车站闭路电视监视系统为警用闭路电视监视系统提供视频图像。

第七章　乘客信息系统

岗位应知应会

1. 了解电视技术发展史。
2. 熟悉乘客信息系统网络架构。
3. 精通各子系统功能。

重难点

重点：乘客信息系统的网络架构。
难点：乘客信息系统各子系统的功能。

第一节　乘客信息系统概述

乘客信息系统（PIS）是轨道交通行业中一个新兴的系统，是集广播电视技术、多媒体技术、网络技术于一身，以计算机系统为核心，各类显示终端为媒介，向乘客提供信息服务的系统。PIS 系统不仅能够为乘客提供必需的乘车信息，还可以播出各类广告或电视节目供乘客观看，以消除乘客等车和乘车时的枯燥感。PIS 系统不但为轨道交通运营提供人性化的服务，提升轨道交通的品牌形象，还可以为轨道交通运营方带来一定的收益。

PIS 系统在正常情况下，提供乘车须知、列车到发时间、列车时刻表、政府公告、出行参考等实时动态的多媒体信息； 在火灾、阻塞等非正常情况下，提供动态紧急疏散提示，支持的信息媒体形式有文本信息、图片信息、视频信息、音频信息等。

一、电视技术的诞生

1925 年，贝尔德发明了世界上第一台电视机，他被称作"电视之父"。贝尔德从 1932 年开始和英国广播公司（BBC）合作，尝试进行电视播送。

1936 年，BBC 在英国伦敦亚力山大建立了世界上第一座电视台；同年 11 月 2 日，开始定期广播电视节目。1958 年，我国第一座电视台——北京电视台诞生；同年 9 月 2 日正式播送黑白电视节目。

二、电视图像的彩色化

美国是世界上最早播出彩色电视节目的国家。1954 年美国全国广播公司（NBC）首先正式播送 NTSC 制式电视节目，1956 年法国提出了 SECAM 制式，1960 年德国提出了 PAL 制式。

目前世界上采用 PAL 制式的国家最多。**1982 年我国正式决定采用 PAL-D 为彩色电视制式。**由于上述三种彩色电视的编码方式、副载波频率不同，所以在解码前要设置三种制式识别和转换电路，这些制式识别工作均在集成电路内进行。

三、视频图像标准

SDTV 又称为标清电视，清晰度达到 720×480 像素，我国的标准是 720×576/50Hz。

HDTV 又称为高清电视，目前有三种格式：1080i（1920×1080i）、720p（1280×720p）、1080p（1920×1080p），宽高比都为 16：9；我国的标准是 1920×1080i。1080p 作为高级的专业模式，普遍应用于电视台、电影制作。

高清晰度多媒体接口（High Definition Multimedia Interface，简称 HDMI）是最近才出现的接口，不仅能传输高清数字视频信号，还可以同时传输高质量的音频信号，如图 7-1 所示。

图 7-1　PIS 系统接口图

四、常用视频编码格式

现阶段广播电视常用的视频编码格式主要有 MPEG2 和 H.264 两种。

MPEG2：标清传输率在 3～10Mb/s、分辨率可达 720×480×30 或 720×576×25，它可以支持如 HDTV 等高画面解析度的视频应用，被认定为 SDTV 和 HDTV 的编码标准。目前的数字视频广播、有线电视、卫星直播均采用此编码格式。

H.264：也称为先进视频编码（Advanced Video Coding，简称 AVC），分辨率支持 1920×1080，在较低带宽上提供高质量的图像传输，适用于高误码率传输，具有很高的数据压缩比率，在同样的画质下，比 MPEG2 节约一半码流。

第二节　乘客信息系统组成

PIS 系统由中心子系统、车站子系统、车载子系统以及网络子系统构成。该系统组网方案示意如图 7-2 所示。

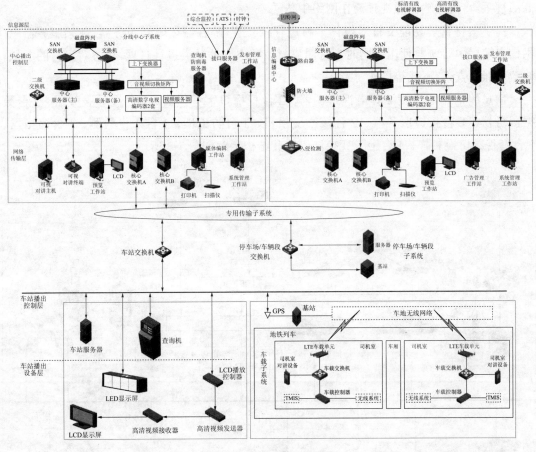

图 7-2　PIS 系统组网示意图

一、中心子系统

（一）信息编播中心

信息编播中心主要负责外部信息流的采集、视频流的转换、视频的制作编辑，对素材进行统一管理存储等工作。编播中心通过网络方式实现广告内容统一中心管理平台，建立支持可扩充的一体化内容发布平台，能够实现应急预案服务分地域、分区域、分时段进行精准投放，并通过集中管理平台实现分布式广告的发布与播放，满足后续线路 PIS 系统的调度播放。通过媒体编辑工作站编辑和存储视频文件、图片文件和文字信息，处理完毕后可通过上传功能发送到中心服务器进行存储，同时通过分发功能下发至分线中心服务器。信息编播中心具有引入两路有线电视信号的功能，满足在车站、车载 LCD 显示屏上实时播放 1 路有线电视的要求。通过视频服务器或有线电视解调器引入有线电视信号，电视信号经过编码压缩处理后，转换成 MPEG2 格式，符合数字电视有线广播标准；直播数字编码器支持 1080p

高清视频,将视频输出成视频流在网络中传送。

提供素材管理功能支持对媒体素材进行统一管理,存储在中心服务器、视频服务器中,供信息编播中心统一使用。同时支持对素材按照不同的分类进行管理,包含对素材的增加、修改、删除、查询、下载等操作。

信息编播中心设置2套电视解调器、2台直播数字编码器、1台视频服务器、2台数据服务器、1台接口服务器、2台核心交换机、1台防火墙、1台入侵检测、1台路由器、1台音视频切换矩阵、1台上下变换器等。其结构示意如图7-3所示。

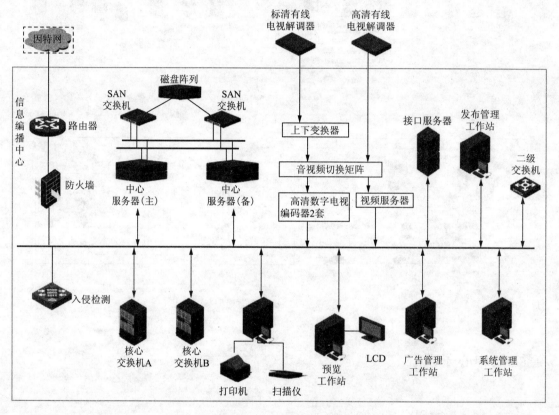

图7-3 信息编播中心示意图

(二)分线中心

分线中心负责对素材、信息流进行播放列表制作,制作完成的节目分发到车站播放控制器进行播出显示;支持分发过程监控,信息传输支持预传、直播方式,并可对播放控制器进行播出控制;支持播放状态、播出画面回传;支持对整个PIS系统设备工作状态的监控以及网络的管理。

分线中心设置2台直播数字编码器、1台视频服务器、2台数据服务器、1台接口服务器、1台查询/防病毒服务器、1台可视对讲服务器、2台核心交换机、1台音视频切换矩阵、1台上下变换器等。其组网结构如图7-4所示。

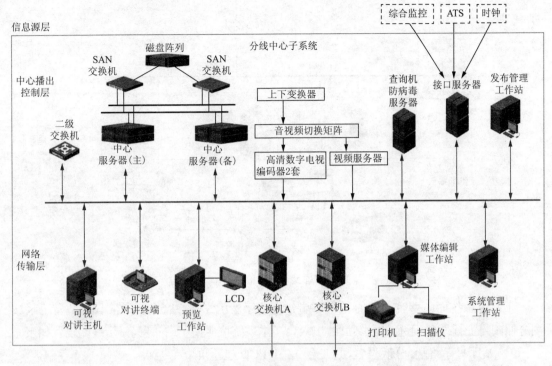

图 7-4　分线中心组网方案图

中心管理系统中的开关机是开关播放控制器,开关屏是开关 LCD 显示屏;PIS 系统支持素材审核、播出脚本审核、外部数据审核等功能及多级审核功能;可以设置多个不同权限的审核人员,对于特定的播出内容必须要通过对应级别的审核才能够进行发布,在终端系统进行播出。

二、车站子系统

车站子系统支持自动接收分线中心下发的播放列表和播放内容,并将接收到的信息集中存储在车站服务器上;同时将信息内容转发到相应 LCD 控制器,经由控制器解码合成后输出到 LCD 显示屏上播出。车站接收到的直播视频流可通过车地无线网络下发至车载 LCD 控制器上。

在紧急状态下,可显示由控制中心下发的紧急疏散信息,紧急信息的发布内容以及播放规则预先由综合监控工作站定义,并事先发布在工作站中存储备用。

车站子系统分为控制部分和现场显示部分,组网结构如图 7-5 所示。

车站子系统主要由车站服务器、LCD 控制器、车站交换机、KVM、高清视频光端机、光分路器、查询机、中继交换机、LCD 显示屏、LED 显示屏、电源时序控制器及有关软件组成,所有音视频设备均满足高清标准。

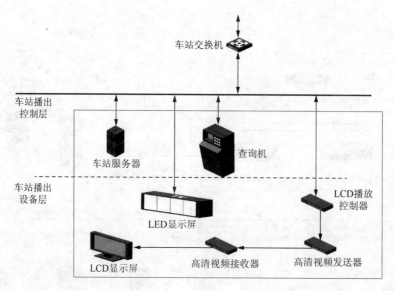

图 7-5 车站子系统组网部署图

车站子系统面向乘客设置的显示终端分为站厅显示终端、站台显示终端,车站显示区域划分原则为上行站台、下行站台、站厅、出入口。本系统按典型车站布置,显示终端设置如下。

(1)站厅显示终端:分散设置,共 4 台 42 寸 LCD 显示屏。

(2)站台显示终端:每侧站台 4 组背靠背显示屏,共 16 台 42 寸 LCD 显示屏。

(3)出入口显示终端:每个出入口 1 台 42 寸 LCD 显示屏、1 台 LED 显示屏。

(4)车站服务器:接收和下载控制中心下传命令、各类播放列表、播放信息内容、时钟信息等,并将接收到的信息集中存储在车站服务器上。车站服务器将信息内容转发到相应播放控制器,经由控制器输出给显示终端播放。

(5)LCD 控制器(图 7-6):负责从本车站服务器接收模板文件、媒体文件以及播放列表,经过合成解码后控制 LCD 显示屏的播放,可支持直播视频流。每一个 LCD 播放控制器可以控制一组 LCD 显示屏,播放控制器支持动态分屏播放模式,并按照系统预先定义的显示区域、模板格式进行合成,然后通过视频光端机传输在相应的 LCD 显示屏上播放;系统能够实现车站站厅以及站台上下行方向的 LCD 屏显示不同的非实时播放内容,每个车站播放不

图 7-6 LCD 控制器

同的非实时播放内容;播放控制器采用高清格式,信号分辨率最高支持1920×1080,信号输出接口采用 HDMI 数字接口方式实现。LCD 控制器在网络中断的情况下,可自动切换至垫播播出机制,避免 LCD 屏出现黑屏现象。

(6)LCD 显示屏:日常显示乘客向导资讯信息,在紧急时刻可显示由控制中心维调下发的地铁告警及乘客疏散信息。日常资讯信息包括:时钟信息、列车到站时刻信息、视频广告、滚动字幕等,各个信息分为多个区域,同屏播出。上下行站台、站厅、出入口的 LCD 显示屏可以设置显示不同的内容。紧急情况下播出的信息字体大、颜色对比强烈,起到有效警示的效果。

(7)LED 显示屏(图 7-7):接收控制中心的命令和素材并进行显示,显示的内容包括时间、日常通知等。

图 7-7　车站 LED 显示屏

(8)多媒体查询机:为车站实际面对乘客的信息查询设备,接收查询应用服务器的管理。多媒体查询机支持运营管理者向乘客发布的公告、乘客须知查询、列车时间表查询、天气预报查询、地铁车站周边信息查询、公交换乘信息查询、实时新闻查询、各线首末车时间查询等功能。

(9)高清视频光端机:负责将播放控制器输出的音视频信号分配至各个显示终端,并转换成显示终端可以播放的形式。高清视频光端机支持高清视频(1920×1080)并且兼容标清视频格式,不会造成视频图像分辨率的降低,在站厅或站台进行长距离传输(＞200m)后,仍能保证信号的高质量。

(10)电源时序控制器:实现 LCD 屏以及辅助设备的自动开关机。

三、车载子系统

当列车在车辆段停靠时,可以利用无线网络对车载设备进行调试,控制中心可以调用车载设备存储的车载信息,实时调取两路车载监控画面至调度大厅大屏。车辆段检修时需要同控制中心联网,查看设备运行状态。

在车辆段机房设置 1 台服务器、1 台交换机;在每列车上设置 4 台车载交换机、2 台 LCD 控制器。机房设备结构如图 7-8 所示。

车载子系统主要由车载控制器(含 LCD 播放控制器)、车载交换机构成。每个列车编组的车头和车尾分别安装有 1 台 LCD 控制器和 MPEG2 编码器,每个客室安装有 MPEG2 解码器和视频分配器,负责将网络中的视频信息传输至客室的 LCD 屏(图 7-9)。

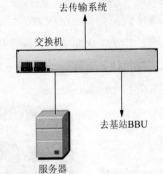

图 7-8　车辆段子系统机房设备结构图

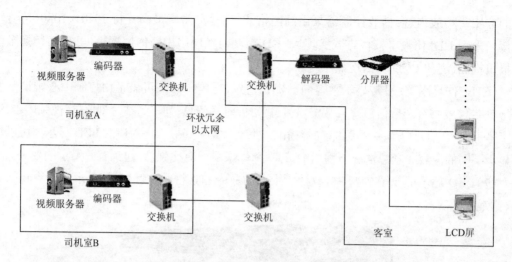

图 7-9 媒体播放系统架构示意图

PIS 系统通过车地无线网络接收实时直播视频，对接收的节目进行处理后通过编码器、内部交换机网络、解码器、分屏器传输到 LCD 显示屏上。车载控制器对接收到的信息进行解码播放合成后，按照播放列表的规则通过司机室控制机柜在 LCD 显示终端显示并有同步伴音。车载 LCD 控制器如图 7-10 所示。

图 7-10 车载 LCD 控制器

在每辆列车司机室放置 1 台 LCD 控制器，用来完成媒体播放功能。每台控制器安装有 2 块硬盘：1 块电子硬盘，用来存放系统及软件；1 块固态硬盘，用来存放垫播视频和模板文件。

在每列车的第 1 节、第 3 节、第 4 节、第 6 节客室分别放置 1 台交换机，能够确保环网在出现单点故障（链路故障、网络设备故障）的情况下，在极短的时间（小于 50ms）内恢复数据传输的能力，从而实现车载网络系统可靠、冗余的传输功能。环状以太网为网络设备提供了双备份链路，当某一线缆或某一交换机出现故障时，不影响其他设备的通信。车载交换机如图 7-11 所示。

图 7-11 车载交换机

车载交换机的连接示意如图 7-12 所示。

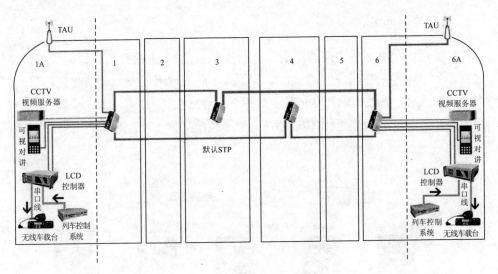

图 7-12　车厢内以太网示意图

可视对讲终端是人机信息交换的核心设备，司机可通过此设备主动连接控制中心进行可视通话以及被动地接通控制中心发起的可视通话。可视对讲终端包含摄像头、对讲扬声器、麦克风、呼叫/报警键、电源接口和网络接口，可视对讲组网方案如图 7-13 所示。

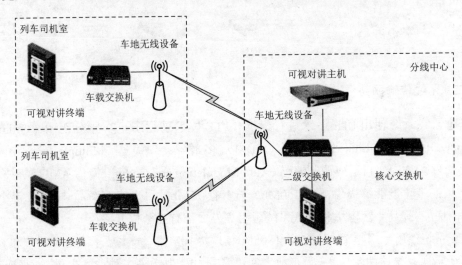

图 7-13　可视对讲组网方案图

四、网络子系统

PIS 系统信息采用有线、无线网络相结合的方式传输：信息流为信息编播中心—分线中心—车站、车辆段—列车，主要包括地面有线传输网、车载有线传输网和车地间无线传输网三个部分。

（一）有线传输网络

有线传输网络是 PIS 系统提供控制中心到各车站、车辆段的视频和数据信号传输的通道。它主要包括控制中心局域网，车站、车辆段的本地局域网以及控制中心到各车站、车辆段的光纤传输网络。有线传输网络拓扑图如图 7-14 所示。

控制中心到各车站、车辆段由传输系统为 PIS 系统提供 1000Mb/s 带宽的总线形以太网信道。

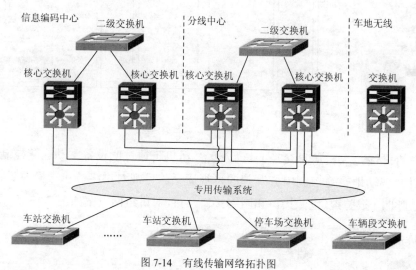

图 7-14　有线传输网络拓扑图

（二）无线传输网络

车地无线系统使用 LTE 技术进行组网。LTE 技术采用了正交频分复用（Orthogonal Frequency Division Multiplexing，简称 OFDM）、多输入多输出（Multiple-Input Multiple-Output，简称 MIMO）、自适应调制编码（Auto Modulation and Coding，简称 AMC）等技术，在 20MHz 频谱带宽下能够提供下行 150Mb/s 与上行 75Mb/s 的峰值速率，同时在改善小区边缘用户的性能、提高小区容量和降低系统延迟等方面都有显著提升。

LTE 系统使用专用频率（1795～1805MHz），共 10M 带宽，主要承载 PIS 系统和 CCTV 闭路电视监视系统这两项业务，为车地之间语音、数据、视频等多种业务提供双向、连续、高可靠性的无线传输通道。LTE 网络架构图如图 7-15 所示。

在车站站台布置 LTE 基站的远端射频模块（Remote Radio Unit，简称 RRU）和室内基带处理单元（Building Baseband Unit，简称 BBU）设备，覆盖站台周边区域。在隧道区间布置 RRU 设备延伸无线覆盖，实现与车载无线设备之间的无线数据通信。在每列车的车头、车尾各设置 1 套车载无线设备，通过车载交换机与车载控制器和 LCD 控制器相连，接收由控制中心提供的实时视频信息、向控制中心发送实时的车厢监控信息。

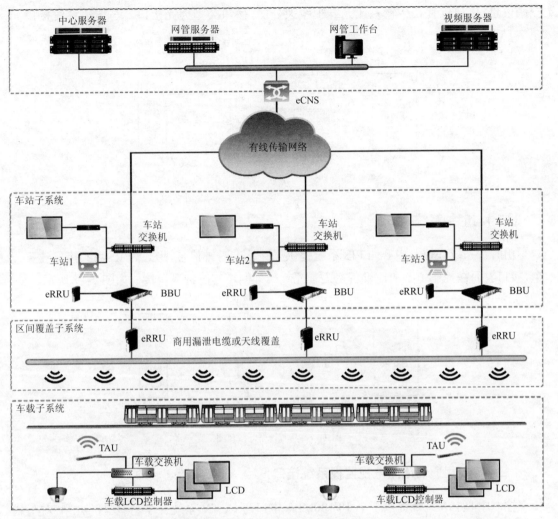

图 7-15 LTE 网络总体架构图

第三节 乘客信息系统与其他系统接口

一、通信系统内部接口

(一)与传输系统接口

传输系统为 PIS 系统提供 1000Mb/s 总线形以太网信息传输通道,用于传输数字视频及控制信息,接口位置在传输系统光纤配线架外侧,接口类型为光接口。与传输系统接口如图 7-16 所示。

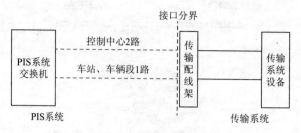

图 7-16　与传输系统接口图

(二)与时钟系统接口

由时钟系统在控制中心向 PIS 系统提供 1 路标准时钟信号,形式为 RS422,接口数量一个,接口界面在控制中心通信设备室语音配线架外侧。与时钟系统接口如图 7-17 所示。

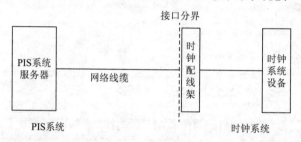

图 7-17　与时钟系统接口图

(三)与专用通信闭路电视监视系统接口

控制中心 PIS 系统提供 1 个 10/100Mb/s 电口与 CCTV 系统互联,实现控制中心对车载监视图像的监视,接口位置在控制中心通信网络配线架上,接口类型为 RJ45 以太网口。与专用通信闭路电视监视系统接口如图 7-18 所示。

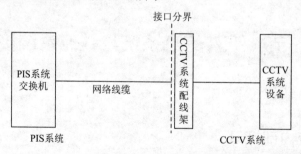

图 7-18　与专用通信闭路电视监视系统接口图

(四)与电源系统接口

在控制中心、车辆段和各车站,通信电源系统为 PIS 系统提供 220V 交流电源,接口位置在电源系统配电柜输出端。与电源系统接口如图 7-19 所示。

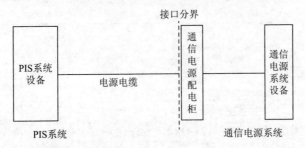

图 7-19　与电源系统接口图

二、通信系统外部接口

（一）与警用通信闭路电视监视系统接口

PIS 系统在控制中心与警务区传输系统接口，通过警用传输系统提供的传输通道与警用电视监视系统接口，实现警用电视监视系统对车载图像的调看。与警用通信闭路电视监视系统接口如图 7-20 所示。

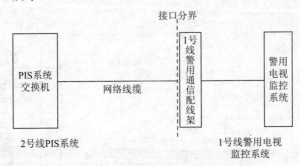

图 7-20　与警用通信闭路电视监视系统接口图

（二）与车辆专业接口

PIS 系统为车辆系统提供车地无线传输设备、车载视频监视设备、车载视频播放设备（不含 LCD 显示屏）。

车辆供应商提供客室 LCD 显示屏及防护罩、车载 PIS 系统设备集成化安装及线缆敷设，车辆供应商根据车载 PIS 系统安装要求，对车载 PIS 系统的安装及线缆敷设质量负责，并为车载 PIS 系统提供电源及接地。与车辆系统接口如图 7-21 所示。

（三）与综合监控系统接口

PIS 系统与综合监控系统在控制中心相连，PIS 系统为综合监控系统提供设备状态信息，综合监控系统向 PIS 系统发送各种控制指令及紧急信息。与综合监控系统接口如图 7-22 所示。

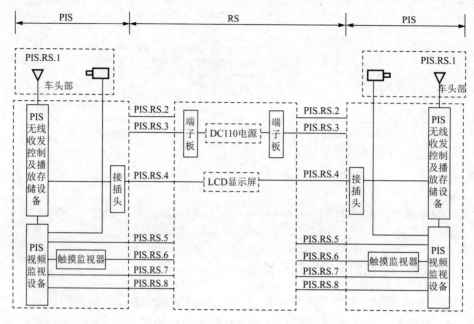

图 7-21　与车辆系统接口图

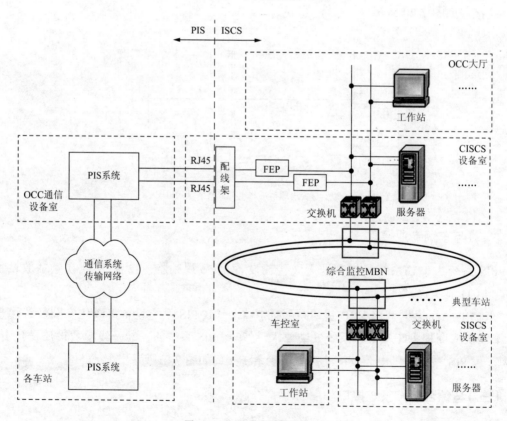

图 7-22　与综合监控系统接口图

(四)与信号系统接口

PIS 在控制中心将信号系统传来的 ATS 信息和编辑好的文本信息(分车站和列车显示两类)提供给 PIS 系统,PIS 系统负责全线车站播出画面的合成、播放控制和终端显示等功能。与信号系统接口如图 7-23 所示。

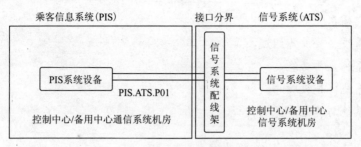

图 7-23 与信号系统接口图

第八章　广播系统

> **岗位应知应会**
>
> 1. 能够画出广播系统架构图。
> 2. 掌握广播系统主要设备组成。
> 3. 掌握广播系统主要功能。
> 4. 了解广播系统优先级顺序。
> 5. 了解广播系统与其他专业的接口。
>
> **重难点**
>
> 重点：广播系统主要功能。
> 难点：广播系统与其他专业的接口。

第一节　广播系统概述

广播系统是地铁通信系统中的一个专用子系统，在地铁行车组织、客运服务、防灾救险、设备维护等方面具有十分重要的作用。**广播系统通常在地铁车站的不同区域为售票、检票、进站、候车、乘降、出站、换乘等播报不同的服务用语和有关注意事项，为提供各项服务、维持车站秩序、有效疏导乘客乘车先下后上，缩短列车停站时间，确保列车正点创造了条件**；当发生重大活动或节假日等引起地铁客流激增时，作为实施应急客运组织的重要手段，为大客流运营组织提供了保障；当遇到事故灾害等突发事件时兼作防灾广播，对乘客进行安全疏散引导，是紧急疏导、指挥救灾的重要工具。同时在地铁作业场所，广播系统为调度指挥、车辆调试、设备检修、线路维护、设备送断电等提供安全提示及告知等广播服务。总之，广播系统在运营服务和施工作业方面都起着至关重要的作用。

第二节　广播系统组成

通常情况下，在一条地铁线路中，广播系统包括正线广播系统和车辆段广播系统两部分。

正线广播系统包括控制中心广播系统及车站广播系统,两者通过传输系统提供的以太网通道连接,网管、语音和控制数据共用 1 路 10M/100M 以太网数据通道。车站单独控制本站广播,控制中心也可通过传输系统控制车站广播。

车辆段广播系统是独立的广播系统,只接受控制中心网管的管理。在车辆段值班室设置广播控制盒,供在车辆段内发布广播信息使用。广播系统架构如图 8-1 所示。

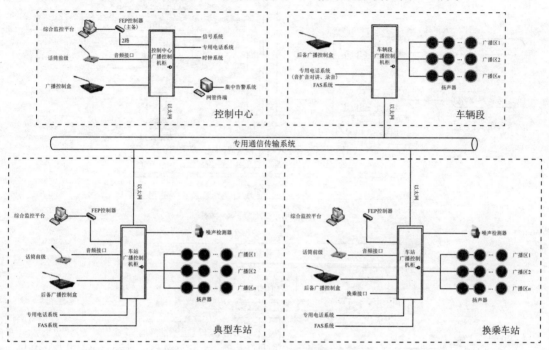

图 8-1　广播系统架构示意图

一、数字广播系统组成

(一)控制中心设备构成

控制中心设备主要包括控制中心广播机柜设备(含控制设备、对外接口设备等),网管终端,广播控制盒(含话筒),为综合监控提供的音频话筒、广播电缆等。

在控制中心,播音控制功能通常由综合监控系统相应的操作台实现,广播系统提供音频话筒,正常情况下综合监控系统通过与广播系统的接口实现对广播系统的控制功能。同时广播系统还配置了防灾控制终端,用于紧急情况下代替综合监控控制终端使用的设备,防灾控制终端与综合监控控制终端功能一致。控制中心广播设备组网如图 8-2 所示。

(二)典型车站设备构成

典型车站设备由设于车站控制室的控制终端、备用广播控制盒、与车站综合监控系统广播控制功能配套的话筒、广播机柜（主要包括电源监测器、接口控制器、主备用网络功率放大器、交换机等）、扬声器网络、噪声传感器等组成。典型车站广播设备组网如图 8-3 所示。

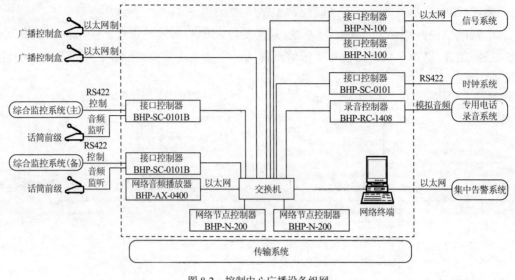

图 8-2　控制中心广播设备组网

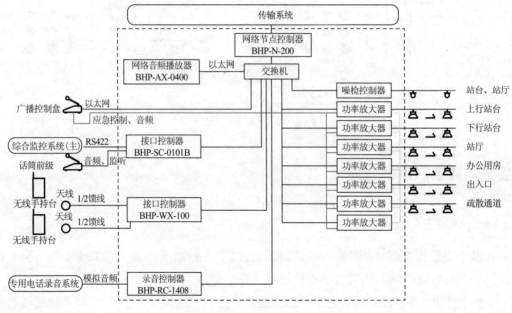

图 8-3　典型车站广播设备组网

（三）换乘车站设备构成

换乘车站设备由设于车站控制室的控制终端、备用广播控制盒、与车站综合监控系统广播控制功能配套的话筒、广播机柜（主要包括电源监测器、接口控制器、主备用网络功率放大器、交换机等）、扬声器网络、噪声传感器等组成。换乘车站与典型车站的区别在于换乘车站增加了互控接口模块,用于实现换乘车站之间的互控功能。换乘车站广播设备组网如图8-4所示。

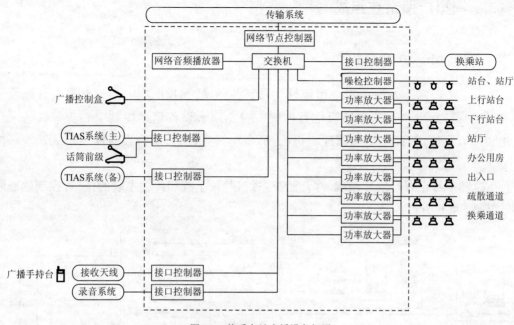

图8-4 换乘车站广播设备组网

(四)车辆段设备构成

车辆段设备由广播控制盒、广播机柜、扬声器网络等组成。车辆段广播设备组网如图8-5所示。

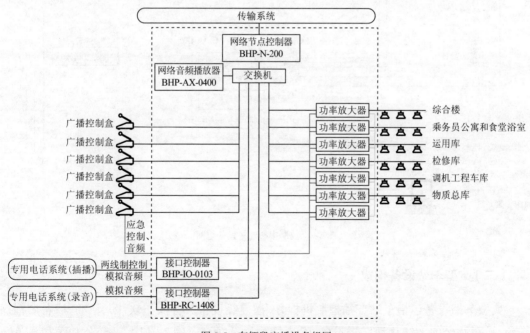

图8-5 车辆段广播设备组网

二、模拟广播系统组成

(一)控制中心设备构成

控制中心广播下发控制指令和音频信号到各车站,在控制中心还设有系统管理维护终端,集中监控全线车站、车辆段运行情况。控制中心设备包括控制中心前级设备(含操作软件)、话筒、控制中心广播控制机柜、后备广播操作台、录音设备以及系统管理维护终端。

在控制中心设有与信号系统、综合监控系统、时钟系统和传输系统的接口,控制中心原理框图如图8-6所示。

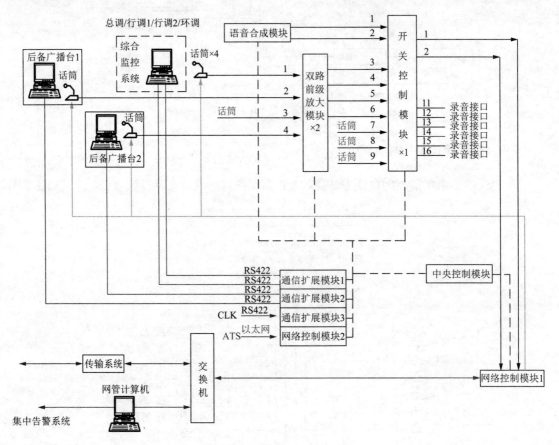

图8-6 控制中心广播设备组网

(二)典型车站设备构成

典型车站设备包括车站广播控制机柜、广播前级设备(含操作软件)、话筒、后备广播操作台、设在站台的无线移动广播设备、噪声检测器及扬声器网。站厅、站台公共区和设备区过道扬声器应支持顶棚镶嵌和吊挂的安装方式,扬声器应有外护罩;设备室为壁挂式扬声器。典型车站广播设备组网如图8-7所示。

(三)换乘车站设备构成

换乘车站设备包括车站广播控制机柜、广播前级设备(含操作软件)、话筒、后备广播操作台、设在站台的无线移动广播设备、噪声检测器及扬声器网。站厅、站台公共区和设备区过道扬声器应支持顶棚镶嵌和吊挂的安装方式,扬声器应有外护罩;设备室为壁挂式扬声器,同时还预留有与换乘车站互控操作使用的接口设备。换乘车站广播设备组网如图8-8所示。

(四)车辆段设备构成

车辆段设备由广播控制机柜(含控制设备、功率放大器、电源等)、广播操作盒和扬声器网等组成。车辆段广播设备组网如图8-9所示。

三、系统功能

(一)控制中心功能

1. 控制中心话筒广播

通过广播控制终端或防灾广播控制终端进行相应的单选、组选、全选等选站及选区操作,并对相应的车站进行话筒广播功能。

2. 控制中心语音广播

通过广播控制终端或防灾广播控制终端进行相应的单选、组选、全选等选站及选区操作,并选择相应的语音段号,将录制好的语音文件播放到各车站。语音文件的播放次数可以选择。

3. 控制中心线路广播

通过广播控制终端或防灾广播控制终端进行相应的单选、组选、全选等选站及选区操作,并选择线路广播功能,并使用外部的音源设备播放音频文件,中心便可将外部音源内的音频播放到各个车站。

4. 控制中心监听

通过广播控制终端或防灾广播控制终端进行相应的选择,监听所选择车站、广播区正在播放的声音。

5. 控制中心广播区状态查询

通过广播控制终端或防灾广播控制终端对全线车站广播区状态进行监测,查看某个车站的广播区正在进行的广播状态等。

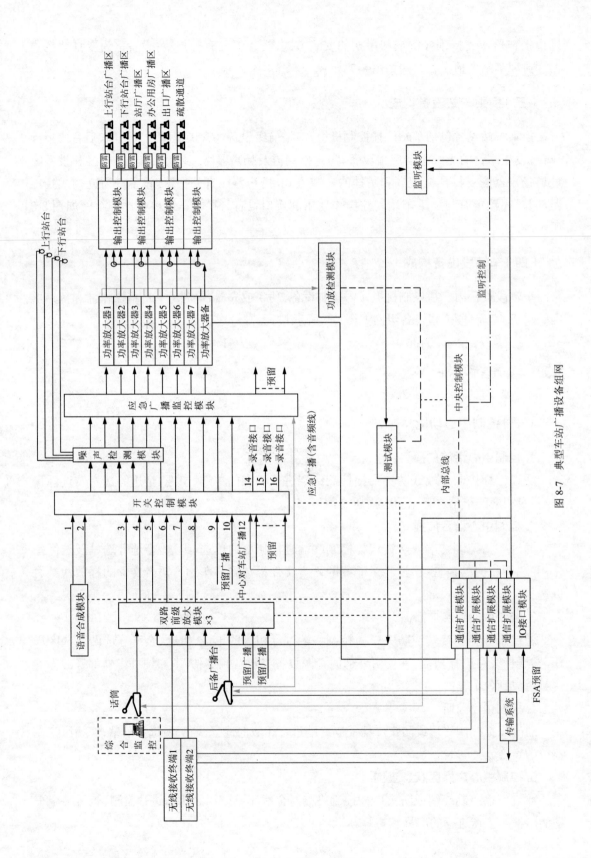

图 8-7 典型车站广播设备组网

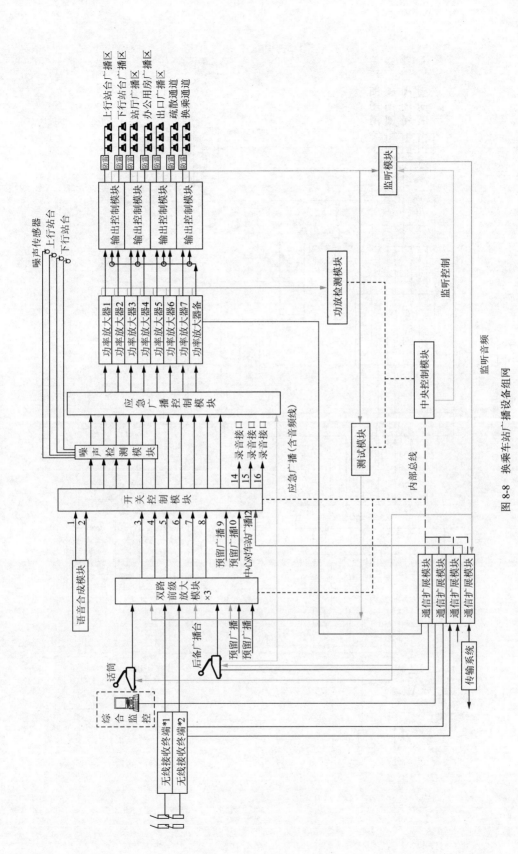

图 8-8 换乘车站广播设备组网

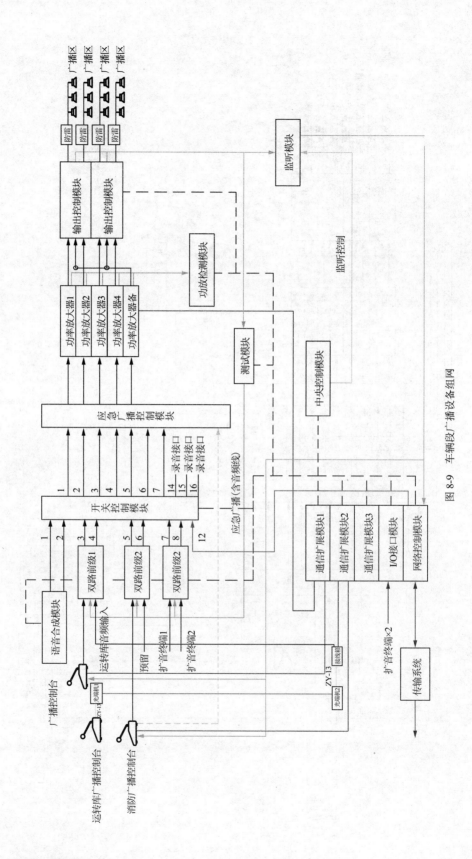

图8-9 车辆段广播设备组网

6. 控制中心网管功能

网管终端能够实时监测控制中心、各车站、车辆段设备的运行状态，并以图形及菜单方式进行显示。

（1）网管终端设备可对控制中心、各车站、车辆段广播设备进行统一监控和管理。

（2）具有自诊断功能，可进行故障管理、性能管理、配置管理、安全管理。

（3）可实时监测控制中心、各车站、车辆段广播设备的运行状态，出现故障能够发出声光报警。

（4）可完成自动检测、遥控检测、故障定位、故障报警、远端维护。

（5）可进行故障告警。出现故障时能够发出声光报警，并记录故障信息，包括故障内容、故障产生时间和恢复时间等。

（6）可进行日志记录。记录网管软件操作信息和数字广播的实时操作信息，包括每个广播区、每个设备的实时运行信息、广播状态、广播内容等，记录每个命令的开始时间、结束时间等。

（7）可设置车站的数量、各站广播区的数量、操作终端的优先级别。

（8）可对全线语音合成文件进行在线更新。

（二）车站广播功能

1. 车站话筒广播

通过广播控制终端或防灾广播控制终端进行相应的单选、组选、全选等选区操作，并对选定的车站进行话筒广播功能。

2. 车站语音广播

通过广播控制终端或防灾广播控制终端进行相应的单选、组选、全选等选区操作，并选择相应的语音段号，将录制好的语音文件播放到各广播区。语音文件的播放次数可以选择。

3. 车站线路广播

通过广播控制终端或防灾广播控制终端进行相应的单选、组选、全选等选区操作，选择线路广播功能，并使用外部的音源设备播放音频文件，便可将外部音源内的音频播放到各广播区。

4. 车站监听

通过广播控制终端或防灾广播控制终端进行相应的选择，监听所选择车站、广播区正在播放的声音。

5. 广播区状态查询

通过广播控制终端或防灾广播控制终端对车站广播区状态进行监测，查看车站的某个广播区正在进行广播的状态等。

6. 自动行车广播

在控制中心通过综合监控系统接收信号系统的列车信息,进行分析处理后通过传输通道下发至相应车站,触发并自动启动预先录制的语音信号向相应的区域进行预告广播,从而实现列车进出站自动广播。

7. 应急广播

当系统出现异常情况时,广播控制终端直接连接功率放大器进行播放,组成应急广播通道,从而实现应急广播功能。

8. 消防广播

在各车站具有与消防系统的接口,当消防系统发出信号时,广播系统可播放预录制的防灾广播内容,也可通过终端设备进行人工话筒口播。

在所有的广播项目中,消防广播优先级最高。当有火灾或紧急情况时,广播系统接收到消防广播的联动信号,会自动中断广播区正在广播的内容,同时切入消防广播;直至火灾等紧急广播结束或被取消,将恢复到正常广播。

9. 广播优先级

当高优先级广播时,能够自动打断低优先级的广播,而低优先级的广播则不能打断高优先级的广播。

10. 广播预示音

每次开始广播前,将会自动播放预示音,该预示音储存在网络音频播放器中。

11. 平行广播

在广播系统中预留外部音源接口,能够实现外部音源设备、预录制语音、话筒等多个信源在互不干扰的情况下,通过不同的播音通道播向不同的负载区域,从而实现多信源、多信道、多负载区域平行广播。

12. 功放自动检测、切换

可自动检测功放运行状态,当有功放故障时,会自动检测出故障功放,如果有广播接入,则自动切换备机,等该功放修好后自动切换至正常功放进行广播。

13. 自动延时开机

为避免突然上电造成的瞬时电流过大问题,具有延时上电功能。在系统上电时,功率放大器可逐台进行上电。

14. 音量自动调节

采用噪声探测器自动调整相应区域功率放大器的输出电平,保证信噪比的最佳输出,以达到最佳的播音效果。噪声探测器采用数字形式将噪声值回传。

(三)车辆段广播功能

1. 话筒广播

通过广播控制盒进行相应的单选、组选、全选等选区操作,并对选定的广播区进行话筒广播功能。

2. 语音广播

通过广播控制盒进行相应的单选、组选、全选等选区操作,并选择相应的语音段号,将录制好的语音文件播放到各广播区。语音文件的播放次数可以选择。

3. 线路广播

通过广播控制盒进行相应的单选、组选、全选等选区操作,选择线路广播功能,并使用外部的音源设备播放音频文件,便可将外部音源内的音频播放到各广播区。

4. 监听

通过广播控制盒进行相应的选择,监听所选择广播区正在播放的声音。

5. 广播区状态查询

通过广播控制盒对广播区状态进行监测,查看某个广播区是否正在进行广播的状态等。

6. 应急广播

当系统出现异常情况时,广播控制终端直接连接功率放大器进行播放,组成应急广播通道,从而实现应急广播功能。

7. 消防广播

在车辆段具有与消防系统的接口,当消防系统发出信号时,广播系统可播放预录制的防灾广播内容,也可通过终端设备进行人工话筒口播。

在所有的广播项目中,消防广播优先级最高。当有火灾或紧急情况时,广播系统接收到消防广播的联动信号,会自动中断广播区正在广播的内容,同时切入消防广播;直至火灾等紧急广播结束或被取消,才恢复到正常广播。

8. 广播优先级

广播系统具有优先分级广播功能。当高优先级广播时,能够自动打断低优先级的广播,而低优先级的广播则不能打断高优先级的广播。

9. 广播预示音

每次开始广播前,将会自动播放预示音,该预示音储存在网络音频播放器中。

10. 平行广播

在广播系统中预留外部音源接口,能够实现外部音源设备、预录制语音、话筒等多个信源在互不干扰的情况下,通过不同的播音通道播向不同的负载区域,从而实现多信源、多信道、多负载区域平行广播。

11. 功放自动检测、切换

可自动检测功放运行状态,当有功放故障时,会自动检测出故障功放,如果有广播接入,则自动切换备机,等该功放修好后自动切换至正常功放进行广播。

12. 自动延时开机

为避免突然上电造成的瞬时电流过大问题,具有延时上电功能。在系统上电时,功率放大器可逐台进行上电。

第三节　广播系统与其他专业接口

一、与通信系统内部接口

（一）与传输系统接口

控制中心与车站的信号传输通过传输系统来实现，广播系统音频和控制数据采用以太网的传输方式。

（1）接口类型：以太网。

（2）接口协议：TCP/IP。

（3）接口功能：传递广播系统内部以太网信息数据。

（二）与专用电话系统接口

1. 录音接口

（1）接口类型：双绞线。

（2）接口功能：实现专用电话系统录音系统对广播系统终端设备的录音功能。

2. 广播扩音接口

每路扩音接口需要 2 对双绞线：1 对接干接点，1 对接音频输出。

接口功能：实现专用电话系统扩音对讲终端对广播系统的广播扩音功能。

（三）与时钟系统接口

（1）接口类型：RS422 或以太网。

（2）接口协议：RS422 接口或 TCP/IP。

（3）接口功能：时钟系统为广播系统提供标准时间信息；广播系统接收时间信号，并根据时间信号校准系统时钟。

（四）与电源系统接口

（1）接口类型：交流 220V/50Hz。

（2）接口功能：为广播系统提供 50Hz、220V 交流电。

二、与通信系统外部接口

(一) 与综合监控系统接口

(1) 接口类型:RS422 或以太网。

(2) 接口协议:RS422 或 TCP/IP。

(3) 接口功能:广播系统中心级和车站级的功能均由综合监控系统的中心和车站操作台来实现,同时设置故障后备运行模式。

(二) 与 ATS 系统接口

(1) 接口类型:以太网。

(2) 接口协议:TCP/IP。

(3) 接口界面:列车自动监控系统(ATS)与广播系统之间进行通信,实现信息共享。ATS 向广播系统发送列车相关信息。

第九章　时钟系统

岗位应知应会

1. 能绘制时钟系统网络架构图。
2. 掌握时钟系统主要设备组成及设备功能。

重难点

重点：控制中心、车站、车辆段时钟系统主要设备组成。
难点：时钟系统与其他专业接口。

第一节　时钟系统概述

时钟系统是城市轨道交通运行的重要组成部分，其主要作用是为控制中心调度员、车站值班员、与行车相关的各部门工作人员及乘客提供统一的标准时间信息，同时还为其他系统提供统一的时间信号，从而实现全线统一的时间标准。时钟系统的设置对保证轨道交通运行计时准确、提高运营效率起到了非常重要的作用。

第二节　时钟系统组成

时钟系统采用两级组网方式，由控制中心母钟（一级母钟）、车站/车辆段母钟（二级母钟）、时间显示设备（子钟）及传输通道、接口设备、电源和时钟系统网管等组成。

控制中心一级母钟与车站、车辆段的二级母钟之间采用以太网接口形式；一级、二级母钟与各自所辖子钟接口均采用 RS422 接口点对点或共线方式连接。该系统总体架构如图 9-1 所示。

1. 一级母钟

一级母钟的作用为接收 GPS 的标准时间信号给自身校时，再将自身的标准时间信号发给子钟、接口设备和二级母钟。

2. 二级母钟

二级母钟的作用为接收一级母钟的标准时间信号给自身校时，再将自身的标准时间信号发给子钟和其他接口设备。

3. 接口设备

接口设备的作用为子钟和其他系统提供 RS422 和 NTP 标准时间接口。

4. 子钟

子钟用来给乘客和运营维护人员提供标准时间显示的设备。

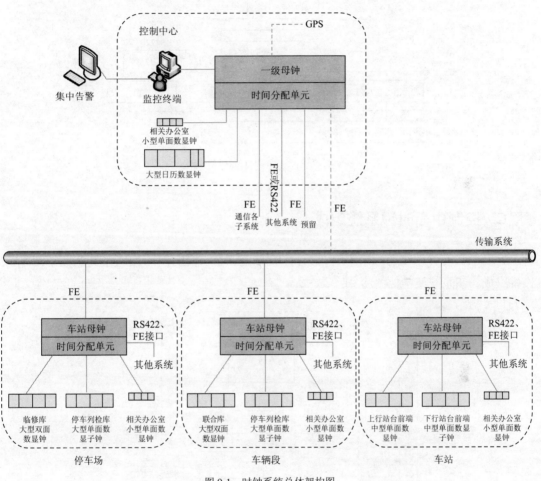

图 9-1 时钟系统总体架构图

一、车站、车辆段时钟系统组成

车站、车辆段时钟系统由二级母钟、时钟输出接口设备和子钟等设备组成。

二级母钟设于车站、车辆段设备室内，用于接收一级母钟的校时信号，并驱动车站、车辆段的子钟。该系统架构如图 9-2 所示。

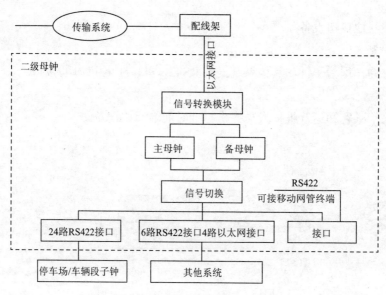

图 9-2 车站、车辆段时钟系统架构图

二、控制中心时钟系统组成

控制中心时钟系统由一级母钟、信号接收单元、时钟输出接口设备、子钟和网管终端等设备组成。该系统架构如图 9-3 所示。

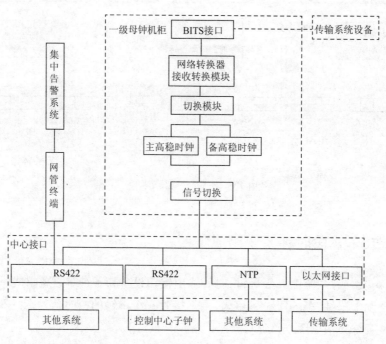

图 9-3 控制中心时钟系统架构图

第三节 时钟系统与其他专业接口

一、与通信系统内部接口

（一）与电源系统接口

（1）接口界面：控制中心 VDF 配线架外侧。
（2）接口数量：控制中心一个。
（3）接口类型：RS422 串行接口。
（4）接口用途：时钟系统为电源系统提供标准时间信号。

（二）与传输系统接口

（1）接口界面：控制中心、车辆段、车站通信设备室配线架外线端子。
（2）接口数量：控制中心、车辆段、车站分别为一个。
（3）接口类型：10/100Mb/s 电口。
（4）接口用途：提供时钟系统连接控制中心与车站、车辆段之间的以太网通道。

（三）与闭路电视监视系统接口

（1）接口界面：控制中心 VDF 配线架外侧。
（2）接口数量：控制中心一个。
（3）接口类型：RS422 串行接口。
（4）接口用途：时钟系统为闭路电视监视系统网管设备提供标准时间信号。

（四）与公务电话系统接口

（1）接口界面：控制中心 VDF 配线架外侧。
（2）接口数量：控制中心一个。
（3）接口类型：RS422 串行接口。
（4）接口用途：时钟系统为公务电话系统提供标准时间信号。

（五）与广播系统接口

（1）接口界面：控制中心 VDF 配线架外侧。
（2）接口数量：控制中心一个。

(3)接口类型:RS422 串行接口。
(4)接口用途:时钟系统为广播系统提供标准时间信号。

(六)与专用电话系统接口

(1)接口界面:控制中心 VDF 配线架外侧。
(2)接口数量:控制中心一个。
(3)接口类型:RS422 串行接口。
(4)接口用途:时钟系统为专用电话系统提供标准时间信号。

(七)与无线集群系统接口

(1)接口界面:控制中心 VDF 配线架外侧。
(2)接口数量:控制中心一个。
(3)接口类型:RS422 串行接口。
(4)接口用途:时钟系统为无线集群系统提供标准时间信号。

(八)与 PIS 系统接口

(1)接口界面:控制中心 VDF 配线架外侧。
(2)接口数量:控制中心一个。
(3)接口类型:RS422 串行接口。
(4)接口用途:时钟系统为乘客信息系统提供标准时间信号。

二、与通信系统外部接口

(一)与 ATS 系统接口

(1)接口界面:控制中心 VDF 配线架外侧。
(2)接口数量:控制中心一个。
(3)接口类型:RS422 串行接口。
(4)接口用途:时钟系统为 ATS 系统提供标准时间信号。

(二)与综合监控系统接口

(1)接口界面:控制中心 VDF 配线架外侧。
(2)接口数量:控制中心一个。
(3)接口类型:RS422 串行接口。
(4)接口用途:时钟系统为 ISCS 系统提供标准时间信号。

（三）与 AFC 系统接口

（1）接口界面：控制中心 VDF 配线架外侧。

（2）接口数量：控制中心一个。

（3）接口类型：RS422 串行接口。

（4）接口用途：时钟系统为 AFC 系统提供标准时间信号。

（四）与 FAS 系统接口

（1）接口界面：控制中心 VDF 配线架外侧。

（2）接口数量：控制中心一个。

（3）接口类型：RS422 串行接口。

（4）接口用途：时钟系统为 FAS 系统提供标准时间信号。

（五）与变电所自动化系统接口

（1）接口界面：控制中心 VDF 配线架外侧。

（2）接口数量：控制中心一个。

（3）接口类型：RS422 串行接口。

（4）接口用途：时钟系统为变电所自动化系统提供标准时间信号。

（六）与办公自动化系统接口

（1）接口界面：控制中心网络配线架外侧。

（2）接口数量：控制中心一个。

（3）接口类型：以太网接口。

（4）接口用途：时钟系统为办公自动化系统提供标准时间信号。

第二篇 实务篇

第十章　电源系统维护

> **岗位应知应会**
>
> 1. 掌握电源系统设备的检修周期、检修内容和检修标准。
> 2. 了解电源系统网管终端基本操作方法。
>
> **重难点**
> 重点：电源系统设备的检修周期、检修内容和检修标准。
> 难点：电源系统网管操作。

第一节　电源系统检修

电源系统检修分为计划检修和故障检修，其中计划检修是一种预防性检修，即在一定的检修周期内对电源系统进行检修，从而达到预防故障发生的维修活动。根据检修周期的不同，维护项目也不同。**常见检修周期有日常保养（每日）、二级保养（每月）、小修（每年）、中修（每 5 年）以及大修（每 10 年）。**

电源设备检修周期见表 10-1。

电源系统检修表　　表 10-1

设备名称	检修类别	维护内容	维修标准	检修周期
交流切换配电柜	日常保养	设备运行状态检查	设备运行指示灯显示正常（包括机柜指示灯和 ATS 指示灯），具体内容如下： 机柜 1 路工作指示灯：亮 机柜 2 路工作指示灯：灭 机柜故障告警指示灯：灭 ATS 1 路市电指示灯：亮 ATS 2 路市电指示灯：亮 ATS AUT 指示灯：亮 ATS 故障指示灯：灭 设备无告警，防雷状态正常（指示窗格为白色或绿色）	每日
		机柜外观检查	机柜方正，安装牢固，表面清洁无污迹	
	二级保养	同日常保养内容	同日常保养标准	每月
		设备表面清灰	机柜表面、柜门内侧清洁无污迹	
		系统时间校准	系统时间显示准确（以时钟系统时间为基准，至少精确到分）	

续上表

设备名称	检修类别	维护内容	维 修 标 准	检修周期
交流切换配电柜	小修	同二级保养内容	同二级保养标准	每年
		空开状态监测查看	空开状态监测与实际使用一致	
		系统运行参数测试	测量在用市电电压、电流并将测试数据与监控单元数据对比	
			测量UPS输入、UPS输出电压、电流,并将测试数据与UPS监控单元比对	
		线缆检查	监控单元连接线缆线正常无松脱、无断线	
			PLC连接线缆正常无松脱、无断线	
			ATS辅助线、各空开检测线正常无松脱、无断线	
		检查设备地线连接	地线连接紧固无松动,无锈蚀	
		ATS切换功能验证	能正常进行市电1、2路切换,切换过程中负载不掉电	
			切换过程中,有相应的声光告警产生,告警消音按钮可用;告警信息与实际一致,故障能成功上传至OCC电源网管	
		部件检查、端子紧固	设备面板完好无缺失	
			配电柜背面辅助电源板外观正常、元器件无发胀、爆裂现象	
			各空开进、出线端子以及辅助触点端子紧固无松动,ATS进出线端子紧固无松动	
		核对标签及设备台账	设备标签清晰无破损,台账清晰准确	
	中修	更换不良配件	更换不良配件	每5年
		更换不良线缆	更换不良线缆	
不间断电源(UPS)	日常保养	设备运行状态检查	设备运行指示灯显示正常(包括工作模式指示灯和防雷指示灯),具体内容如下。	每日
			整流器指示灯:绿	
			逆变器指示灯:绿	
			输出指示灯:绿	
			告警指示灯:绿	
			防雷指示灯:绿	
			其余指示灯:灭	
			设备无告警,各空开位置正确,具体内容如下。	
			维修旁路:断开	
			主路输入:闭合	
			旁路输入:闭合	
			输出:闭合	
			风扇运转正常无噪声	
		机柜外观检查	机柜方正,安装牢固,表面清洁无污迹	
	二级保养	同日常保养内容	同日常保养标准	每月
		系统时间校准	系统时间显示准确(以时钟系统时间为基准,至少精确到分)	
		设备清扫	机柜表面、柜门内侧清洁无污迹	
	小修	同二级保养内容		每年
		部件检查、紧固	监控单元主控板接线端子牢固无松动	
			各空开进、出线端子紧固无松动	
			电路板外观完整,无发胀、爆裂等现象	

续上表

设备名称	检修类别	维护内容	维 修 标 准	检修周期
不间断电源（UPS）	小修	线缆检查	各空开进出线、监控单元主控板连接线缆线正常无松脱、无断线	每年
		检查设备地线连接	地线连接紧固无松动，无锈蚀	
		UPS 的运行模式转换	UPS 从能从正常工作方式切换到维修旁路方式以及返回,此过程中负载不掉电,状态指示灯显示与实际一致,UPS 能产生相应的告警,并且能将告警信息上传到交流配电柜监控单元	
			断开市电输入能自动转到电池供电状态,负载不掉电,市电输入恢复后能自动转回正常工作方式	
		UPS 内部清洁	将 UPS 转换至维修旁路,对 UPS 表面以及风扇进行清洁	
	中修	同小修内容	同小修标准	每5年
		更换不良配件	更换不良配件	
	大修	更换 UPS	更换 UPS	每10年
高频开关电源	日常保养	设备运行状态检查	设备无告警	每日
			整流模块风扇运转正常、无噪声	
			防雷状态正常	
			设备运行指示灯显示正常绿灯常亮（包括监控单元指示灯和各整流模块指示灯）	
		机柜外观检查	设备干净、清洁、无明显灰尘、无污迹	
	二级保养	同日常保养内容	同日常保养标准	每月
		系统时间校准	系统时间显示准确(以时钟系统时间为基准,至少精确到分)	
		设备清扫	设备干净、清洁、无明显灰尘、无污迹	
	小修	同二级保养内容	同二级保养标准	每年
		部件检查、紧固	各空开进、出线端子紧固无松动	
			监控单元主控板接线端子牢固无松动	
		检查设备地线连接	地线连接紧固无松动，无锈蚀	
		线缆检查	各空开进出线、监控单元主控板连接线缆线正常无松脱、无断线	
		清洁整流模块及其导轨	对整流模块逐个拔下清灰	
			对相应的导轨进行清灰	
			有相应的声光告警产生,告警消音按钮可用;告警信息与实际一致,故障能成功上传至 OCC 电源网管	
	中修	更换不良配件	更换不良配件	每5年
		更换不良线缆	更换不良线缆	
	大修	更换设备	更换设备	每10年
UPS 蓄电池组、高频开关蓄电池组	日常保养	电池外观检查	外观正常,无变形,无裂纹,无渗液	每日
			电池极耳保护罩完整,无松动、脱落	
	二级保养	同日常保养内容	同日常保养标准	每月
		通过交流配电柜监控单元查看蓄电池的充电电压	（1）12V 电池单体浮充电压为 13.4～13.6V,均充电压为 14.1～14.4V	
			（2）2V 电池单体浮充电压为 2.20～2.27V,均充电压为 2.35～2.40V	
		清洁电池表面	电池表面无积尘、无污迹	

续上表

设备名称	检修类别	维护内容	维 修 标 准	检修周期
UPS蓄电池组、高频开关蓄电池组	小修	同二级保养内容	同二级保养标准	每年
		检查电池间的连线	检查电池端子线标,确保连线紧固、无松脱、无锈蚀	
		检查电池柜地线连接	地线连接紧固无松动,无锈蚀	
		核对性放电试验	用负载放电,放出额定容量的30%	
			放电结束后记录每节电池的电压	
			6年后,每年用智能放电仪进行一次全容量放电测试	
	中修	电池组全容量放电测试	每3年用智能放电仪进行一次全容量放电测试	每3年
		更换不良蓄电池	蓄电池实际容量低于额定容量的80%须更换	
		更换不良线缆	更换老化、损坏的电缆	
	大修	蓄电池更换	更换所有蓄电池	每10年
网管终端	日常维护	全线设备运行状态检查	网管无告警	每日
			系统输入电压、功率因数在正常范围内,具体内容如下	
			A/B/C 相电压:187～253V	
			功率因数:＞0.9	
			UPS工作在正常工作模式	
			系统运行参数在正常范围内,具体内容如下	
			A/B/C 相输入电压:187～253V	
			A/B/C 相输出电压:217.8～222.2V	
			输出频率:(50±0.05)Hz	
			电池状态:浮充	
			各整流模块输出电压在正常范围内;输出电压:-57～-42V	
	二级保养	同日常维护内容	同日常维护标准	每月
		网管外观检查及重启	网管终端清洁,无积尘,无污迹	
			网管终端断电重启	
	小修	网管备份	备份最新数据、备份成功,并保存至外接存储设备	每年
		检查终端各类连线	终端各类连线牢固,无氧化、破损和锈蚀,标识齐全、清晰	
		网管终端清洁	对网管主机内部进行断电清灰处理	
	中修	更换网管主机及显示器	更换网管主机及显示器	每5年

第二节 电源系统网管操作

一、电源系统网管介绍

电源系统网管,可将车站、控制中心、车辆段电源设备的状态信息和故障告警信息,通过传输系统送到电源集中监控中心统一集中监测。

电源集中监控系统对全线控制中心，各车站、车辆段等处的通信电源系统设备进行集中监控，能对全线各 UPS 电源参数、高频开关电源的输入输出电压、电流，交流配电屏各回路电压、电流，交流双电源切换装置的电流、电压、工作状态，静态开关、互锁开关等的状态，柜内温度等参数进行在线监测和显示。

设置三级操作权限：值班人员只具有第一级操作权限以完成日常工作，如查看实时曲线、打印告警记录、统计报表等；管理人员具有第二级操作权限，能够修改系统配置和告警阀值等；超级用户具有第三级权限，能够设置和查看每位操作人员的操作权限和口令。

存储所有被监控站的详细资料，如设备种类、个数、告警上下限，操作人员随时查阅；实时接收各个站点的运行信息，并用实时曲线等方式显示出来；存储所有运行及告警信息，存储时长不少于 15 天，以备查阅打印；可打印故障统计表、操作记录、被监控站设备清单的报表；对于监控故障，给出明显告警。

二、网管登录

打开客户端软件，出现系统登录窗口，输入账号密码，登陆网管，如图 10-1 所示。

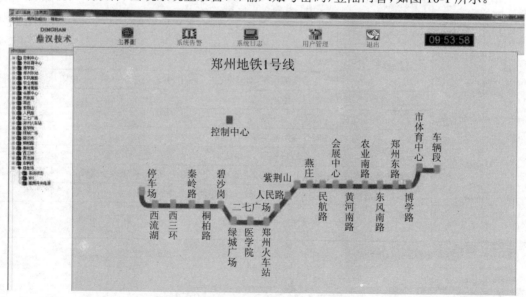

图 10-1　登录窗口

下面以控制中心为例介绍常用功能，主要涉及查看各个站点的系统工作状态、查看各站点 UPS 电源工作状态以及查看各站点高频开关电源工作状态。

1. 查看系统工作状态

点击选择控制中心"系统开关状态"，会进入控制中心电源系统工作状态界面，可以查看控制中心电源系统工作状态，如图 10-2 所示。

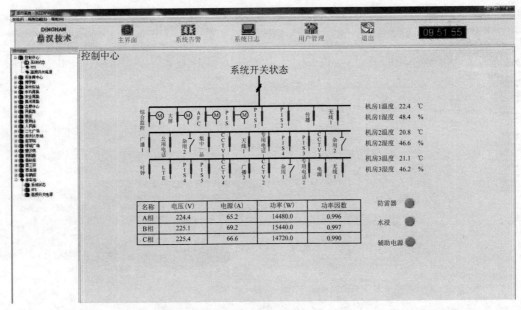

图 10-2 工作状态界面

2. 查看 UPS 工作状态

点击选择控制中心"UPS 状态",会进入控制中心 UPS 工作状态界面,可以查看控制中心 UPS 各状态参数,如图 10-3 所示。

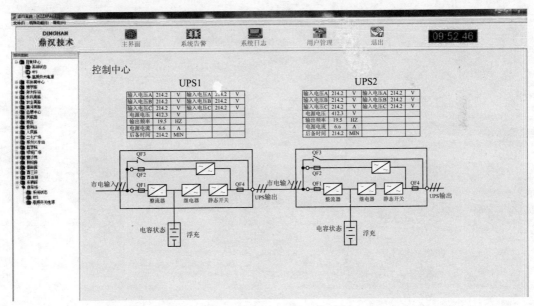

图 10-3 UPS 状态

3. 查看高频开关电源工作状态

点击选择控制中心"高频开关电源",会进入控制中心高频开关电源工作状态界面,可以查看控制中心高频开关电源各状态参数,如图 10-4 所示。

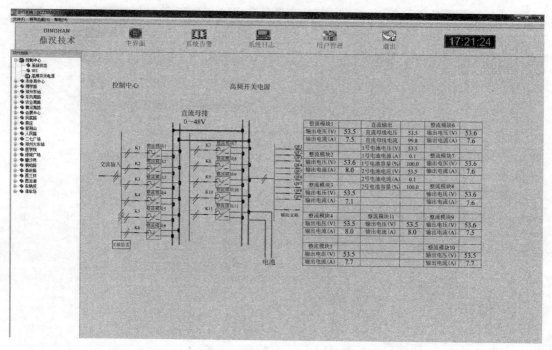

图 10-4　高频开关电源各状态参数

第十一章 传输系统维护

岗位应知应会

1. 掌握传输系统设备的检修周期、检修内容和检修标准。
2. 了解传输系统网管终端基本操作方法。

重难点

重点：传输系统设备的检修周期、检修内容和检修标准。
难点：传输系统网管操作。

第一节 传输系统检修

一、传输系统主要检修设备

（1）控制中心设备，网络管理系统。控制中心设备主要分布在控制中心通信设备室，网络管理系统分布在控制中心通信设备室、综合网管室。

（2）车站设备，主要分布在各车站弱电综合室。

（3）连接设备，包括光缆、数据配线架、网络配线架、光纤配线架。连接设备主要分布在隧道区间、通信设备室、弱电综合室。

二、传输设备检修周期

传输系统检修分为计划检修和故障检修，其中计划检修是一种预防性检修，即在一定的检修周期内对电源系统进行检修，从而达到预防故障发生的维修活动。根据检修周期的不同，维护项目也不同。常见检修周期有日常保养（每日）、二级保养（每月）、小修（每年）、中修（每5年）以及大修（每10年），见表11-1。

三、传输系统检修注意事项

（1）检修作业时，不能随意让传输机柜停电。更换单板时，必须佩戴防静电手环；需要更换的单板,必须放在防静电袋中取送。

(2)处理光接口信号时,不得将光口的尾纤端面对着眼睛,并注意尾纤端面和连接器的清洁;光纤不允许小角度弯折。

(3)传输系统设备附近有施工作业时,应及时采取防护措施,增加巡检次数,必要时派专人配合施工,减少施工危害。

传输系统检修表 表11-1

设备名称	检修类别	检修工作内容	技术要求	检修周期
传输节点设备	日常保养	运行状态查看	机柜、板卡指示灯正常,无告警	每日
		风扇状态查看	风扇运转正常、无异响	
	二级保养	同日常保养内容	同日常保养标准	每月
		设备外观清洁	机柜外观、设备表面无积尘、无污迹	
		过滤网清洁	风扇过滤网无积尘、无污迹	
	小修	同二级保养内容	同二级保养标准	每年
		风扇清洁	风扇内部无积尘、无污迹	
		勤务电话拨打测试	勤务电话通话功能正常	
	大修	更换不良板卡	更换后设备功能正常	每10~15年
传输网管设备	日常保养	运行状态查看	指示灯显示正常,无告警	每日
		检查设备线缆连接状态	线缆连接牢固,标签无破损脱落	
		检查风扇状态	风扇运转正常、无异响	
	二级保养	同日常保养内容	同日常保养标准	每月
		外观检查	网管终端、服务器外观无变形、无破损	
		基础数据备份	数据能成功备份到外存储设备	
		网管终端重启	重启后网管软件运行正常	
		光板收光功率查询	短距:-14~-5dBm,长距:-24~-7dBm	
		时钟跟踪状态查询	正常状态为锁定,其他状态异常	
	小修	同二级保养内容	同二级保养标准	每年
		整库数据库备份	数据能成功备份到外存储介质	
		网管终端内部除尘	内部无积尘	
		网元配置校核	网元数据库与网管数据库中存储的数据一致	
		网元校时	网元时间和网管时间一致	
		复用段倒换	保护倒换功能正常	
	中修	关键、主要部件更换	更换不良部件,更换后设备运行正常	每5年
	大修	设备整机更换	服务器整机更换,更换后系统运行正常	每10~15年
传输光缆	二级保养	外观检查	外观完好无损	每季度
		托架检查	托架固定牢固,无松动	
		核对台账	光缆路由与台账相符,标签清晰准确	
	小修	同二级保养内容	同二级保养标准	每年
		光缆冗余纤芯测试	在1310nm处:≤0.35dB/km	
			在1550nm处:≤0.22dB/km	
	中修	光缆不良配件更换	对破损光缆、松脱托架进行更换、紧固	每10~15年

第二节 传输系统网管操作

一、传输系统网管介绍

传输系统网管采用 NetNumen ™ U31 统一网络管理系统(简称 U31)。U31 是基于分布式、多进程、模块化设计的网络级网管系统,**主要功能有拓扑管理、告警管理、性能管理、报表管理、安全管理和日志管理。**

(一)网管登录

打开客户端软件,出现系统登录窗口,如图 11-1 所示。

图 11-1 登录窗口

输入用户名、密码,进入网管主界面,如图 11-2 所示。

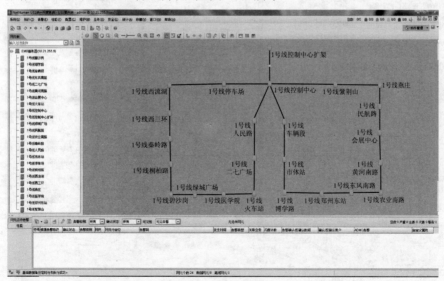

图 11-2 网管主界面

（二）主要功能

1. 拓扑管理

拓扑管理是指以拓扑图方式显示被管网元及其之间连接的状态，提供子网、视图等管理方式，如图 11-3 所示。用户可通过浏览拓扑视图来实时了解整个网络的运行情况。U31 以左树右图的方式组织整个视图，其中左导航树以树形直观地体现出网络结构的层次关系；右视图在背景图上将各对象显示在不同的坐标上，可直观了解对象部署。在拓扑图中可对网元节点进行添加、删除、移动等操作。

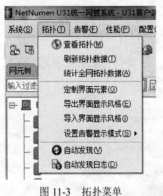

图 11-3　拓扑菜单

2. 告警管理

告警管理可帮助查看各网元的实时状态，并提供各种告警管理手段帮助网络管理员采取正确的措施来恢复网络，如告警监控、告警统计、当前告警和历史告警查询、告警同步等，如图 11-4 所示。告警按严重程度递减的顺序可以依次分为四个级别：紧急告警、主要告警、次要告警、提示告警。不同级别的告警在网管中显示的颜色也不一样，一般**红色表示紧急告警，橙色表示主要告警，黄色表示次要告警，蓝色表示提示告警**。

3. 性能管理

性能管理通过对网络运行状况的监测，保证网络有效、平稳、安全地运行；也可以通过对网络性能数据的采集与分析，及时发现设备传输质量上的劣化隐患，并在故障发生前解决掉这些隐患。

在性能管理中，可监控查询实时与历史性能数据，设置性能门限等，如图 11-5 所示。

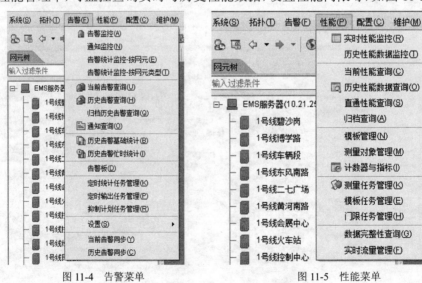

图 11-4　告警菜单　　　　　　　图 11-5　性能菜单

4. 安全管理

安全管理是网管系统的重要组成部分。通过安全管理可创建安全策略、管理角色等，从而使不同用户拥有不同的权限,可以访问和管理不同网络资源,保障网管系统正常、安全运行,如图 11-6 所示。

5. 日志管理

日志管理是跟踪系统运行状态、定位系统故障、追踪用户使用情况的有效工具;有记录日志和管理日志功能,可查询、删除、备份日志;可对操作日志、安全日志、系统日志进行查询。

二、传输系统业务配置

在拓扑管理视图中,右击待配置网元,选择"交叉连接配置",弹出交叉连接配置窗口,切换到图形时隙页面,选中"编辑"按钮,单击需要建立连接的两个单板端口,单击"确认"按钮,单击"增量应用"按钮,在弹出的确认对话框中单击"是"按钮,最后单击"确定"按钮,完成配置,如图 11-7 所示。

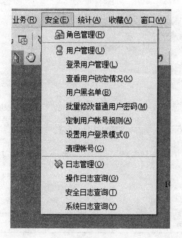
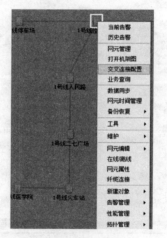

图 11-6　安全菜单　　　　图 11-7　业务配置

第十二章　无线集群系统维护

> **岗位应知应会**
>
> 1. 掌握无线集群系统检修项目、检修类型、检修周期及表格填写。
> 2. 掌握设备板卡更换步骤及注意事项。
> 3. 掌握网管系统操作并能够正常判断告警信息。
>
> **重难点**
>
> 重点：无线集群系统设备检修项目与周期、检修方法。
> 难点：设备技术指标测试。

第一节　无线集群系统检修

无线集群系统检修分为计划检修和故障检修，其中计划检修是一种预防性检修，即在一定的检修周期内对电源系统进行检修，从而达到预防故障发生的维修活动。根据检修周期的不同，维护项目也不同。常见检修周期有日常保养（每日）、二级保养（每月）、小修（每年）、中修（每5年）以及大修（每10年）。

无线集群设备检修周期见表12-1。

无线集群系统检修表　　　　　　　　　　　表12-1

设备名称	检修类别	检修工作内容	技术要求	检修周期
控制中心集群交换机	日常保养	设备运行状态检查	设备运行正常，无异常告警	每日
	二级保养	同日常保养内容	同日常保养标准	每月
		机柜外观检查	机柜完好，门锁正常	
		机柜设备外观清洁	设备无杂物；表面无积尘、无污点、无水迹	
	小修	同二级保养内容	同二级保养标准	每年
		检查电源及地线	测量交换机电源输入输出电压，地线安装牢固，接触良好，无氧化	
	小修	检查核对、清洁无线交换机出线柜线缆及标签	各线缆无损坏、接头牢固、干净无灰、标签清晰	
		交换机单元诊断	通过网管，使用相应命令对交换机单元进行单元诊断	

续上表

设备名称	检修类别	检修工作内容	技术要求	检修周期
控制中心集群交换机	中修	同小修保养内容	同小修保养标准	每5年
		整理、备份系统数据	所有数据完整、齐全、准确	
		更换性能不合格的单板,更换后重新测试无线交换机各单元	单板性能参数符合要求	
基站	日常保养	检查机柜是否完好	机柜完好,无损坏	每日
		检查基站各单板工作状态	各单板指示灯状态正常,无告警	
	二级保养	同日常保养内容	同日常保养标准	每月
		清洁基站机柜外壳及单板外表面	无积尘、无污点	
		检查控制中心、站台、站厅、车辆段内天线有无损坏、工程模式观察信号场强并在站厅呼叫测试	天线无脱落、覆盖区信号强度大于-85dBm;通话质量良好	
	小修	同二级保养内容	同二级保养标准	每年
		基站风扇清洁、除尘	风扇板无灰尘	
		测试基站风扇	测试结果正常	
	中修	同小修保养内容	同小修保养标准	每5年
		基站输出功率测试及调整	设置功率(单位 dBm),±0.1dBm	
		基站接收机灵敏度测试	接收机静态灵敏度 -115dBm	
		基站频率稳定度测试	±0.2ppm	
	大修	更换不良板件	更换后测试,指标满足要求	每10~15年
控制中心二次开发服务器	日常保养	设备工作状态检查	各指示灯工作正常,软件运行正常	每日
	二级保养	同日常保养内容	同日常保养标准	每月
		设备外表清洁	设备表面清洁、干净	
		服务器数据备份	对数据备份并标记日期	
		机柜检查	门锁正常,无积尘,地线无破损	
	小修	同二级保养内容	同二级保养标准	每年
		调度服务器内部清灰	服务器机箱内部无杂物及灰尘	
		调度服务器主备切换	主备切换后工作正常	
		核对线缆接头及标签	机柜内各设备线缆接头紧固,标签准确、清晰	
	大修	设备更换	更换后系统运行正常	每10~15年
网管	日常保养	运行状态查看	网管程序运行正常,并记录告警信息	每日
	二级保养	核对集群网管与二次开发网管告警信息	告警信息一致	每月
		检查网管设备各连线	连线紧固、无破损、清洁干净、标签清晰	
		检查网管外观	完好无破损	
		重启网管	重启后软件运行正常、功能正常	

续上表

设备名称	检修类别	检修工作内容	技 术 要 求	检修周期
网管	小修	同二级保养内容	同二级保养标准	每年
		网管主机清洁	清洁干净,无灰尘	
		备份网管数据并做日期标记	所有数据完整、齐全、准确	
	中修	同小修保养内容	同小修保养标准	每5年
		设备或设备内部板卡更换	更换存在隐患或性能不合格的板卡,更换后设备各指标正常	
	大修	设备更换	对整机进行更换,更换后设备运行正常,功能正常	每10～15年
无线调度台	日常保养	查看各调度台运行状态、使用功能	设备运行状态正常,功能正常	每日
	二级保养	向各调度员了解调度台使用情况	有问题当场检查处理	每月
		检查调度台、扬声器、PTT按键、调度台音频适配器连线及接头	连线紧固、无破损、标签清晰	
		检查各调度台外观	完好无破损	
		重启调度台	重启后软件运行正常、功能正常	
		重启M-audio	语音测试正常	
	小修	同二级保养内容	同二级保养标准	每年
		备份调度台数据并做日期标记	所有数据完整、齐全、准确	
		清洁调度台主机	清洁干净,无灰尘	
	中修	同小修保养内容	同小修保养标准	每5年
		设备或内部板卡更换	更换存在隐患或性能不合格的板卡,更换后设备各指标正常	
	大修	设备更换	对整机进行更换,更换后设备运行正常,功能正常	每10～15年
固定台	日常保养	查看各调度台运行状态、使用功能	设备运行状态正常,功能正常	每日
	二级保养	同日常保养内容	同日常保养标准	每月
		检查固定台、线缆连接及标签	固定台液晶屏显示正常,文字清晰、连线牢固、无破损、标签清晰	
		清洁固定台主机、手柄	无积尘、无污点	
		重启固定台	开机检测正常	
		使用800M手持台呼叫该被检测固定台并与其通话	呼叫正常,通话质量良好	
	中修	同小修保养内容	同小修保养标准	每5年
		更换不良配件及配线	对参数测试不合格的电台进行替换维修	
		技术参数测试	发射功率3W,接收机静态灵敏度-112dBm 接收机动态灵敏-103dBm 固定台频率稳定度±0.1ppm	
	大修	设备更换	对整机进行更换,更换后指标满足要求,功能正常	每10～15年

续上表

设备名称	检修类别	检修工作内容	技术要求	检修周期
车载台	日常保养	车载台控制盒、扬声器及话筒外观检查	车载台部件完好	每日
		工作状态检查	工作状态正常	
		通话测试	通话测试正常	
	二级保养	同日常保养内容	同日常保养标准	每月
		紧固主机、控制盒及连接线缆	各部件稳固可靠、线缆无破损	
		清洁车载台主机、控制盒、话筒	车载台部件完好,干净清洁	
	小修	同二级保养内容	同二级保养标准	每年
		检查、清洁车载台天线	天线安装牢固可靠、螺栓无松脱,无破损及其表面清洁干净	
		检查软件版本信息	如实记录软件版本	
	中修	同小修保养内容	同小修保养标准	每5年
		技术参数测试	发射功率3W;接收机静态灵敏度-112dBm;接收机动态灵敏度-103dBm;车载台频率稳定度±0.1ppm	
		更换不良配件及配线	对参数测试不合格的电台进行替换维修	
	大修	设备更换	更换后指标满足要求	每10~15年
直放站近端机	日常保养	检查近端机状态指示灯	近端机工作正常,无告警	每日
	二级保养	同日常保养内容	同日常保养标准	每月
		设备外表清洁	设备表面清洁、干净	
	小修	同二级保养内容	同二级保养标准	每年
		检查接地线	地线紧固,无脱落	
		直放站参数检查	直放站参数同原设置一致,输出功率正常	
	中修	测试直放站的性能	性能参数符合要求	每5年
	大修	设备更换	更换后指标满足要求	每10~15年
直放站远端机	小修	检查设备固定是否牢固	设备固定牢固	每年
		检查线缆接头及防水保护	线缆无损伤,防水保护正常	
		检查电源盒及连接电缆是否完好	电源盒固定牢固,电缆无损伤	
		检查接地线	地线紧固,无脱落	
	中修	清洁设备内部各模块及各连接线	设备内部整洁、内部配线破损和锈蚀,整齐牢固,线缆标识齐全、清晰	每5年
		测试直放站的性能	性能参数符合要求	
	大修	设备更换	更换后指标满足要求	每10~15年
室外天线抱杆	小修	室外天馈系统及抱杆检查	天线、馈线无破损、抱杆及支架无腐蚀,整体牢固	每季度

第十二章 无线集群系统维护

续上表

设备名称	检修类别	检修工作内容	技术要求	检修周期
泄露同轴电缆	小修	检查漏缆及漏缆吊夹有无松脱	漏缆连接头和终端无损坏及松脱	每季度
		区间信号强度测试	边缘覆盖区域信号强度>-85dBm，通话测试正常，话音清晰	

第二节 无线集群系统网管操作

无线集群系统包括原装网管和二次开发网管，通过网管操作，可对集群交换机、基站、直放站设备进行远程维护和管理。

一、原装网管

1. 集群交换机、基站工作状态检查

集群交换机、基站工作状态检查见表12-2。

集群交换机、基站工作状态检查表　　表12-2

检查项目	DXT各单元工作状态
检查周期	每天
检查网元	交换机内部各单元及总线和时钟等设备
检查流程	ZUSI:COMP ZUSI:MB ZUSI:CLS ZUSI:CLAB ZUSI:SBUS，ZUSI
预期结果	全部单元工作正常，主备用状态正常
检查结果	各单元应为WO-EX和SP-EX状态

2. 集群交换机、基站当前告警查询

集群交换机、基站当前告警查询见表12-3。

集群交换机、基站当前告警查询　　表12-3

检查项目	DXT设备当前告警
检查周期	每天
检查网元	DXT交换机
检查流程	ZAHO
预期结果	无重要告警，无不明原因的影响业务告警
检查结果	

3. 集群交换机、基站历史告警查询

集群交换机、基站历史告警查询见表12-4。

集群交换机、基站历史告警查询　　　　　　　表 12-4

检查项目	DXT 设备历史告警
检查周期	每天
检查网元	DXT 交换机
检查流程	ZAHP
预期结果	无重要告警,无不明原因的影响业务告警
检查结果	

二、二次开发网管

二次开发网管是一套运行有专用网管软件的计算机设备。二次开发网管软件采用图形式全中文操作界面,能够对无线集群系统中的集群设备、光纤直放站以及二次开发设备等设备进行监测管理,并能将这些设备的告警信息进一步转发给通信专业集中告警系统如图12-1所示。

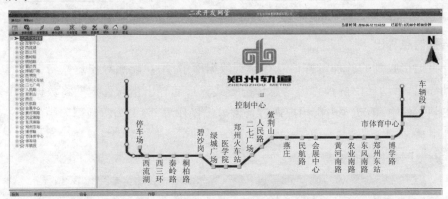

图 12-1　二次开发网管界面

二次开发网管终端一般部署在控制中心网管设备室,通过以太网及串行接口与集群交换机 DXT、二次开发调度设备、直放站设备和集中告警设备等进行互连通信,实现各种故障告警管理和转发。

三、二次开发网管操作

1. 用户登录

软件设置登录对话框,当用户在启动软件时,必须在登录对话框上输入用户名、密码,只有所有输入信息都正确,才能启动软件,如图12-2所示。

软件可提供管理员用户权限、普通用户权限两种用户权限。管理员用户具有较高的权限,它可以对系统数据库内的用户信息进行添加、修改和删除操作,而普通用户不能进行上述操作。

2. 参数设置

二次开发网管软件主要可以设置如下参数:集群系统设备的网络接口参数;数据库访问参数。

告警音播放开关:用户可根据需要确定是否播放告警声音。上报告警级别控制:用户可以设置上报告警信息的级别。

二次开发网管参数设置如图12-3所示。

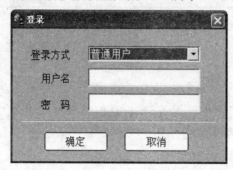

图12-2　二次开发网管登录界面

图12-3　二次开发网管参数设置

3. 告警信息导出

软件将把接收到的各种告警信息存储到数据库中,用户能够导出这些告警信息。软件支持自动导出、手动导出两种告警信息导出方式。自动导出指软件定期将数据库中的告警信息导出到文件中;手动导出指用户通过告警导出操作界面,人为将数据库中的告警信息导出到文件中。

二次开发网管告警信息导出如图12-4所示。

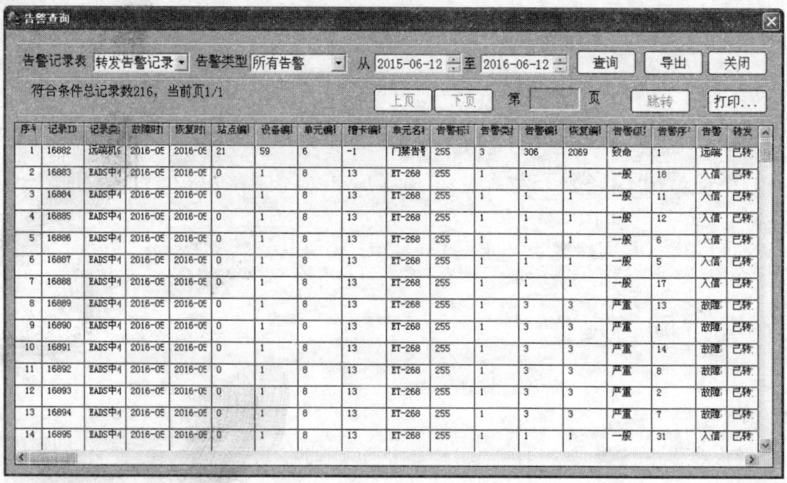

图12-4　二次开发网管告警信息导出

4. 直放站网管功能

用户能够通过软件管理和控制无线集群通信系统的光纤直放站设备,设置直放站设备工作参数,监测直放站设备运行状态。

直放站网管参数设置如图 12-5 所示。

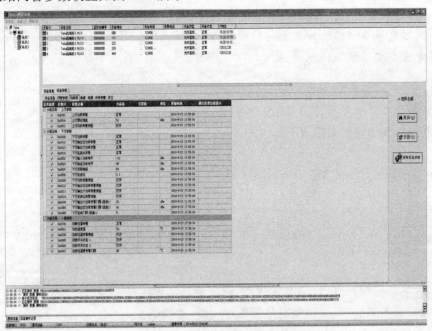

图 12-5　直放站网管参数设置

第十三章　电话交换系统维护

> **岗位应知应会**
>
> 1. 熟悉电话交换系统的检修周期与网管操作。
> 2. 掌握电话交换系统的终端操作。
>
> **重难点**
> 重点：电话交换系统的检修周期与终端操作。
> 难点：电话交换系统的网管操作。

第一节　电话交换系统检修

电话交换系统检修分为：日常保养（一级检修）、二级保养（二级检修）、小修（三级检修）、中修（四级检修）、大修（五级检修）、故障处理（故障检修）。

一、专用电话系统检修周期

专用电话系统主要设备检修周期与工作内容（以 Tadiran Coral 系统为例），见表 13-1。

专用电话系统检修表　　　　　　　　　　　表 13-1

设备名称	检修类别	检修工作内容	技术要求	检修周期
网管终端	日常保养	告警信息检查	无告警信息	每日
		各录音系统工作状态检查	各录音设备录音软件开启，各终端录音状态正常	
	二级保养	同日常保养内容	同日常保养标准	每月
		设备清灰	清洁无积尘	
		功能及指标测试并记录	分析并记录告警信息、对各车站各端录音进行试听检查	
		网管终端和网管软件重启	正常重启	
	小修	同二级保养内容	同二级保养标准	每年
		内部清洁	主机内部无积尘	
	中修	不良线缆更换	线缆接头牢固、美观	每 5 年
	大修	不良网管终端更换	网管终端运行正常	每 10～15 年

续上表

设备名称	检修类别	检修工作内容	技术要求	检修周期
交换机	日常保养	指示灯状态检查	指示灯正常	每日
	二级保养	同日常保养内容	同日常保养标准	每月
		连接线缆及标签检查	线缆紧固,标签清晰	
		机柜及设备清灰	机柜及设备表面无灰尘	
	小修	同二级保养内容	同二级保养标准	每年
		功能及指标测试并记录	调度电话拨打测试,同时查看是否正常录音	
		电源板单板测试	单电源板能够正常供电	
	中修	机框内部及板卡清洁	机框内及板卡清洁无积尘	每5年
		不良线缆和接头更换	线缆、接头无损坏	
	大修	不良设备更换	设备运行正常	每10~15年
录音设备	日常保养	设备状态检查	检查各录音通道工作情况	每日
	二级保养	同日常保养内容	同日常保养标准	每月
		连接线缆及标签检查	线缆紧固,标签清晰	
		机柜及设备清灰	机柜外部清灰	
		录音设备硬盘使用情况检查	硬盘有20%可用空间	
	小修	同二级保养内容	同二级保养标准	每年
		录音设备内外部除尘	设备内、外部清洁无灰尘	
	中修	不良线缆和接头更换	电缆无老化破损	每5年
	大修	不良录音设备更换	录音设备运行稳定	每10~15年
配线架	日常保养	外形检查	配线架稳固、无变形、配线整齐	每日
		保安器检查	保安器指示灯无红灯亮	
	二级保养	同日常保养内容	同日常保养标准	每月
		表面、线缆清洁	配线架、线缆表面无灰尘	
		配线、标签检查	配线连接紧固、标签清晰,无短接	
		台账核对	配线架资料与实物符合,并及时更新	
	小修	同二级保养内容	同二级保养标准	每年
		使用万用表测试部分端子电压	电压范围为 -57~-40V	
	中修	不良线缆、保安器更换	该路通话正常,保安器无告警灯亮	每5年
	大修	不良配线模块更换	该模块下通话正常,保安器无告警灯亮	每10~15年

续上表

设备名称	检修类别	检修工作内容	技术要求	检修周期
电话终端	小修	电话终端外观检查	无变形、损坏，手柄连接线无破损	每年
	中修	不良连接线、手柄更换	连接线、手柄无损坏	每5年
	大修	不良调度台更换	外观正常，调度通话功能正常，通话清晰	每10～15年
扩音对讲终端	小修	外观检查	外观无损坏	每年
		连接线缆及标签检查	线缆紧固，标签清晰	
		设备表面清洁	清洁无积尘	
		功能及指标测试并记录	通话状态正常	
	中修	不良设备更换	设备运行稳定	每5年
10P电缆	小修	线缆外观及标签检查	线缆无破损、下垂，标签清晰，扎带无脱落	每季
轨旁电话、插销盒	小修	外观检查	外观无损坏	每季
		连接线缆及标签检查	线缆紧固，标签清晰	
		设备清灰	清洁无积尘	
		功能及指标测试并记录	通话状态正常	
	中修	更换不良设备	设备运行稳定	每5年

二、公务电话系统检修周期

公务电话系统主要设备检修周期与工作内容（以 ZTE Softswitch 系统为例），见表13-2。

公务电话系统检修表　　　　　表13-2

设备名称	检修类别	检修工作内容	技术要求	检修周期
网管终端	日常保养	告警检查	无告警信息	每日
	二级保养	同日常保养内容	同日常保养标准	每月
		网管终端重启	正常启动	
		网管终端表面清洁	清洁无污迹	
		中继群电路检查	检查中继群电路峰值并记录	
		用户数量统计	统计各个节点下用户数量并记录	
	小修	同二级保养内容	同二级保养标准	每年
		SS1b与MSG9000数据备份	备份数据并拷贝至专用外接存储设备中	
		全线接入网关数据备份	备份数据并拷贝至专用外接存储设备中	
		网管终端内部清洁	内部清洁无积尘	
	中修	不良线缆更换	线缆接头牢固、美观	每5年
	大修	不良终端更换	终端运行正常	每10～15年

续上表

设备名称	检修类别	检修工作内容	技术要求	检修周期
软交换与中继设备	日常保养	指示灯、风扇状态检查	指示灯正常、风扇无较大噪声	每日
	二级保养	同日常保养内容	同日常保养标准	每月
		表面、风扇及连接线缆清洁	清洁无灰尘	
	小修	同二级保养内容	同二级保养标准	每年
		SS1b设备双路供电测试	SS1b正常工作,业务不受影响	
	中修	机框及板卡清洁	机框、单板清洁无灰尘	每5年
	大修	不良板卡、线缆更换	更换后设备运行正常	每10～15年
服务器	日常保养	服务器指示灯状态检查	指示灯正常,风扇无较大噪声	每日
	二级保养	同日常保养内容	同日常保养标准	每月
		服务器连接线缆、标签状态检查	连接线缆牢固、美观,标签清晰	
		服务器、KVM表面及连接线缆清洁	清洁无灰尘	
		计费文件检查	有最新计费文件生成	
	小修	同二级保养内容	同二级保养标准	每年
		服务器内部清洁	内部清洁无积尘	
	中修	不良部件、不良线缆更换	服务器运行正常	每5年
	大修	不良服务器更换	服务器运行正常	每10～15年
交换机	日常保养	指示灯、风扇状态检查	指示灯正常,风扇无较大噪声	每日
	二级保养	同日常保养内容	同日常保养标准	每月
		表面及连接线缆清洁	交换机表面及连接线缆清洁无灰尘	
	小修	同二级保养内容	同二级保养标准	每年
		交换机冗余功能测试	网络切换期间丢包数量不超过15个	
	中修	不良线缆更换	更换后线缆接头牢固、美观	每5年
	大修	不良交换机更换	更换后交换机运行正常	每10～15年
接入网关	日常保养	指示灯、风扇状态检查	指示灯正常,风扇无较大噪声	每日
	二级保养	同日常保养内容	同日常保养标准	每月
		环境电源监测设备检查	指示灯正常	
		表面、可拔插风扇及连接线缆清洁	清洁无积尘	
		连接线缆、标签状态检查	连接线缆牢固、美观,标签清晰	
		通话测试	局内、外线、无线集群通话正常	
	小修	同二级保养内容	同二级保养标准	每年
		机框及板卡清洁	机框、板卡清洁无灰尘	
		主备板倒换	主备板正常倒换	
	中修	不良线缆、板卡更换	更换后运行正常	每5年
	大修	不良接入网关更换	更换后系统运行正常	每10～15年

续上表

设备名称	检修类别	检修工作内容	技术要求	检修周期
配线架	日常保养	外观检查	配线架稳固、无变形	每日
	二级保养	同日常保养内容	同日常保养标准	每月
		表面、线缆清洁	配线架、线缆表面无灰尘	
		配线、标签检查	配线紧固、标签清晰、无短接错接、无锈蚀	
		台账核对	实际配线与台账一致	
	小修	同二级保养内容	同二级保养标准	每年
		使用测试话机测试部分端子通话情况	通话正常清晰无杂音	
	中修	不良线缆、保安器更换	该路通话正常,保安器无告警灯亮	每5年
	大修	不良配线模块更换	该模块下通话正常,保安器无告警灯亮	每10~15年

第二节　电话交换系统网管操作

一、专用电话系统

专用电话系统的网管系统(以 Tadiran Coral CFM 系统为例)设置在控制中心,用于实时监测控制中心、车辆段及各车站交换机工作状态,并根据实际需要远程登录到任意一台交换机进行远程维护管理操作。Coral CFM 网管系统操作界面如图 13-1 所示。

图 13-1　Coral CFM 网管系统操作界面

Coral CFM 网络管理系统主界面通过不同颜色显示不同的告警级别,如红色为严重告警,黄色为重要告警,蓝色为一般告警,绿色为无告警。

正常情况下,所有车站交换机(包括控制中心、车辆段)对应站点图标应显示为绿色,表示交换机设备工作正常。当出现一般告警信息时,对应站点图标颜色会从绿色变成蓝色(如板卡无响应故障时)。当出现重要告警时,对应站点图标颜色会从绿色变成黄色。如果同时有一般告警和重要告警的话,则对应图标颜色会变成高级别的颜色,即黄色。严重告警类似。

如果同时有多重告警级别信息,则对应站点图标只能变成较高级别的告警颜色。但是维护人员可以通过双击该站点图标,进入到实时告警操作界面,如图13-2所示。

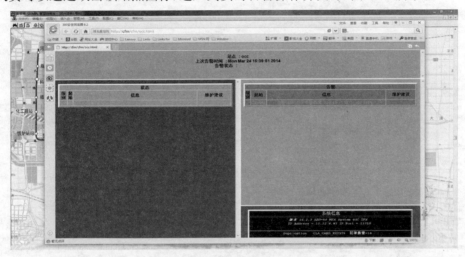

图13-2 实时告警操作界面

当双击进入实时告警界面后,可以在弹出窗口中查看到各种级别的告警信息,并且不同级别告警信息文字的颜色也会不同。一般告警文字对应为蓝色,重要告警文字对应为黄色,严重告警文字对应为红色,如图13-3所示。

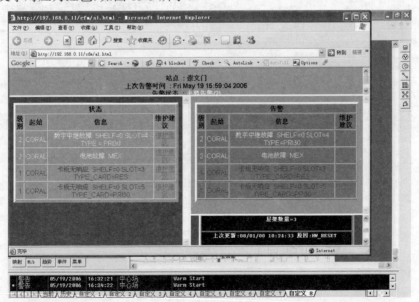

图13-3 告警信息界面

实时告警界面窗口显示的告警信息包括:最近一次告警站点、告警时间、详细告警信息、告警数量及维护建议等。维护人员可以点击告警信息右边的维护建议,进入系统给出的指导排除故障的原因分析界面,然后根据该维护建议尽快排除故障。

在网管终端操作界面上双击 CFM(网管服务器)图标,即可弹出维护窗口。选中任一选项,点击"OK"按钮,即可进入相应窗口。

选择站点列表选项,点击"OK"按钮。从弹出的窗口中可以查看到所有交换机的站点名称、IP 地址、连接的 TCP 端口等信息,如图 13-4 所示。

站点列表

站点	IP地址	连接Coral的TCP端口	连接外部设备的TCP端口
tcc	10.22.6.10	11015	
xlh	10.22.6.11	11015	
xsh	10.22.6.12	11015	
gll	10.22.6.13	11015	
tbl	10.22.6.14	11015	
bsg	10.22.6.15	11015	
lcgc	10.22.6.16	11015	
yxy	10.22.6.17	11015	
hcz	10.22.6.18	11015	
eqgc	10.22.6.19	11015	
rml	10.22.6.20	11015	
zjs	10.22.6.21	11015	
yz	10.22.6.22	11015	
mhl	10.22.6.23	11015	
hzzx	10.22.6.24	11015	
hhnl	10.22.6.25	11015	
nyn	10.22.6.26	11015	
dln	10.22.6.27	11015	
zzd	10.22.6.28	11015	
bxl	10.22.6.29	11015	
st	10.22.6.30	11015	
lcc	10.22.6.31	11015	
occ	10.22.6.97	11015	

图 13-4　维护窗口

选择故障记录,点击"OK"按钮。从弹出的窗口中可以选择某一个站点、多个站点或 ALL,选择起始日期,选择显示或打印预览,选择按照时间升序或降序排列,选择某一种告警类型或所有告警类型等,如图 13-5 所示。

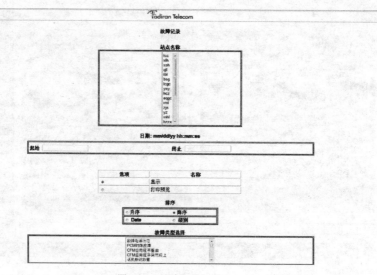

图 13-5　故障记录(一)

选择上述选项后,点击"确定"按钮,即可查看到相关告警信息内容,如图13-6所示。

故障记录

站点	故障类型	层架	卡槽/总线	卡板类型	数量	影响系统程度	告警级别	时间
CFM	Restart Application CFM					3	3	07/18/2013 13:04:29
CFM	Restart Application CFM					3	3	07/18/2013 13:07:43
tcc	网络或CORAL通信中断					3	3	07/18/2013 13:42:46
Supervisor	CRASH APPLICATION CFM					3	3	07/18/2013 13:43:26
CFM	CFM应用程序重启					3	3	07/18/2013 13:43:38
CFM	CFM应用程序重启					3	3	07/18/2013 13:51:19
st	NO FAULT CORAL					0	0	07/18/2013 14:15:30
st	数字中继故障	SHELF=0	SLOT=4			2	2	07/18/2013 14:15:31
st	告警清除:数字中继故障	SHELF=0	SLOT=4			0	2	07/18/2013 14:15:31
st	告警清除:数字中继故障	SHELF=0	SLOT=4			0	0	07/18/2013 14:15:31
st	数字中继故障	SHELF=0	SLOT=4			2	2	07/18/2013 14:15:32
st	告警清除:数字中继故障	SHELF=0	SLOT=4			0	2	07/18/2013 14:15:32
st	告警清除:数字中继故障	SHELF=0	SLOT=4			0	0	07/18/2013 14:15:32
st	数字中继故障	SHELF=0	SLOT=4			2	2	07/18/2013 14:15:32
st	告警清除:数字中继故障	SHELF=0	SLOT=4			0	2	07/18/2013 14:15:32
st	告警清除:数字中继故障	SHELF=0	SLOT=4			0	0	07/18/2013 14:15:32

图13-6 故障记录(二)

二、公务电话系统

公务电话系统的网管系统(以 ZTE NetNumen U31 系统为例)设置在控制中心,用于实时监测控制中心、车辆段及各车站设备工作状态,并根据实际需要远程登录到任意一台设备上进行远程维护管理操作。下面介绍网管系统新增号码的操作流程。

(一)号码属性配置

(1)右击 SS1b,选择配置管理,如图 13-7 所示。

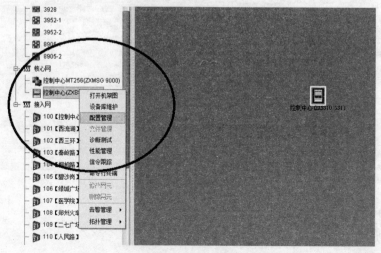

图13-7 网管界面

（2）在配置管理中，依次选择"业务管理配置"→"用户配置"→"本局用户配置"，本局用户配置界面如图13-8所示。

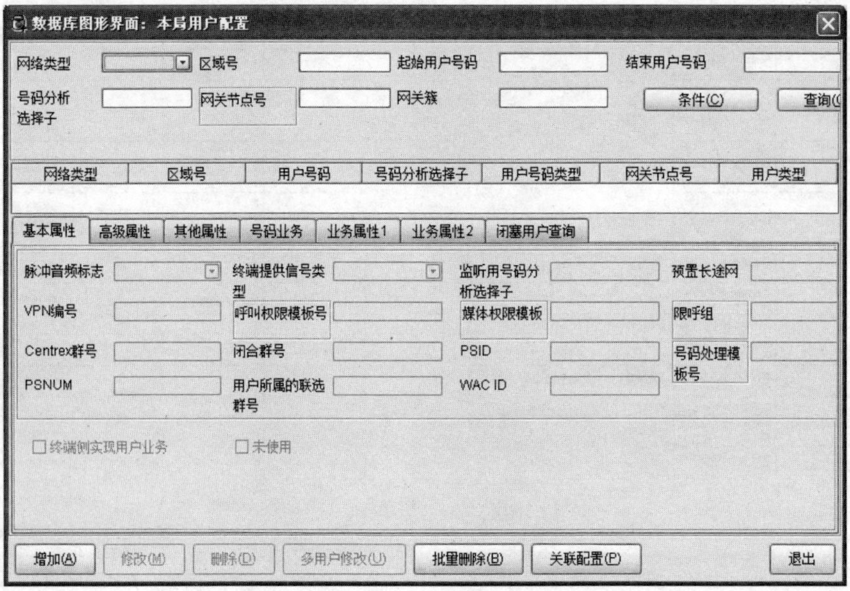

图13-8 本局用户配置界面

在图13-8中单击"增加"按钮，给网关节点配置用户号码。增加本局用户界面如图13-9所示。

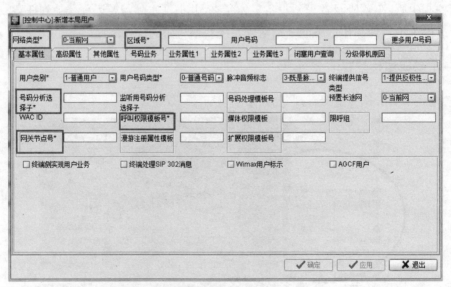

图13-9 增加本局用户—基本属性界面

（3）在图中需要配置的数据如下。

① 网络类型：选择"1-郑州地铁"。

② 区域号：所在区域区号，郑州为371。

③起始用户号码和结束用户号码：可以同时增加多个用户号码，这些用户号码为起始用户号码和结束用户号码中间的已经分配好局码和百号的用户号码。

④用户号码类型：选择"0-普通号码"。

⑤脉冲音频标志：表示用户使用脉冲拨号还是音频拨号，选择"3-既是脉冲型也是音频型"。

⑥号码分析选择子：填入用户号码分析子的编号，否则用户无法正常呼叫，当前填写"1"。

⑦网关节点号：填入配置用户所在的节点号，即网管界面上所对应的AG节点号，如图13-10所示。

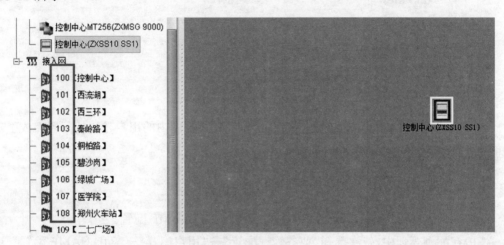

图13-10　AG节点号

⑧预置长途网：应和网络类型一致。

⑨呼叫权限模板号：填入用户的呼叫权限模板号，可点击"呼叫权限模板号"进入呼叫权限模板配置，当前配置如图13-11所示。

图13-11　浏览呼叫权限模板配置界面

(4)用户属性输入完后，选择"业务属性1"，根据需要添加业务，一般只选择"主叫号码显示"，如图13-12所示。

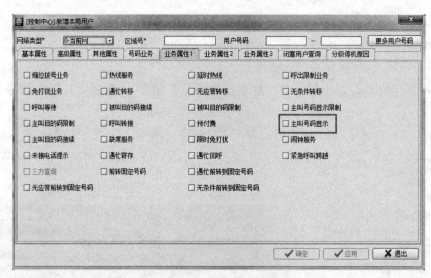

图 13-12　业务属性 1 配置界面

（5）全部配置完成后，按"确定"按钮，起始和结束范围内的用户号码就配置完成了。增加的用户号码将在用户属性界面列表中显示。

（二）绑定端口

将新增号码与对应 AG 上板卡端口绑定，通过 TID NAME 配置。

（1）在配置管理中，依次选择"业务管理配置"→"用户配置"→"TID NAME 配置"，进入 TID NAME 配置。选择"增加"→"新增 TID NAME"，如图 13-13 所示。

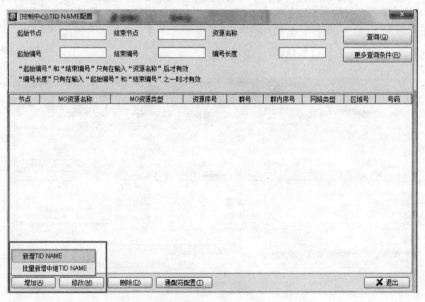

图 13-13　新增 TID NAME 界面

（2）进入 TID NAME 配置界面，如图 13-14 所示。

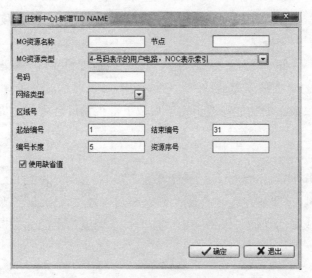

图 13-14　TID NAME 配置界面

①MG 资源名称代表将号码与 AG 板卡绑定位置，格式为 USER00100300005，其中"001"代表 1 框，"003"代表 3 槽，"00005"代表第 6 口。

②节点代表对应号码所发节点号。

③MG 资源类型选"4"。

④号码输入之前所放号码。

⑤网络类型与之前所放号码对应。

⑥区域号输入"371"。

⑦起始编号、结束编号和编号长度决定 MG 资源名称后面的序号。如果之前 MG 资源名称已经填写，此处不使用缺省值。

⑧最后点确定即可完成新增号码。

第三节　电话交换系统终端操作

专用电话终端包含调度台、扩音对讲终端、轨旁电话等。公务电话系统终端即普通话机，此处不再赘述。

一、调度台

1. 单呼

调度员直接点击行车调度台上任意一个"车站"对应按键，即可直接呼叫该车站行车调度分机,实现双方通话。通话完毕后按下行车调度台上的免提按键,行车调度台恢复空闲状态。

2. 单呼叠加

调度员依次点击行车调度台上多个"车站"对应按键,即可实现单呼叠加功能,依次呼叫多个车站行车调度分机,实现多方通话。通话过程中,可以通过点击任一"车站"对应按键来实现添加或删除会议成员的功能。通话完毕后按下行车调度台上的免提按键,行车调度台恢复空闲状态。

3. 组呼

调度员直接点击行车调度台上任意一个"组呼"对应按键,即可直接呼叫该组呼内的所有车站行车调度分机,实现多方通话。通话过程中,可以通过点击任一"车站"对应按键来实现添加或删除会议成员的功能。通话完毕后按下行车调度台上的免提按键,行车调度台恢复空闲状态。

4. 组呼叠加

调度员依次点击行车调度台上多个"组呼"对应按键,即可实现组呼叠加功能,依次呼叫组呼内的所有车站行车调度分机,实现多方通话。通话过程中,可以通过点击任一"车站"对应按键来实现添加或删除会议成员的功能。通话完毕后按下行车调度台上的免提按键,行车调度台恢复空闲状态。

5. 群呼

调度员直接点击行车调度台上的"群呼"按键,即可直接呼叫所有车站行车调度分机,实现多方通话。通话过程中,可以通过点击任一"车站"对应按键来实现添加或删除会议成员的功能。通话完毕后按下行车调度台上的免提按键,行车调度台恢复空闲状态。(注:进行群呼前,必须确保行车调度台处于空闲状态,即调度台上没有任何指示灯亮。)

二、值班台

1. 呼叫相邻站

车站控制室值班人员只要按下值班操作台上的对应车站按键,即可立即接通该车站值班操作台,接通后双方开始通话。通话完毕后,双方挂机即可结束通话。

2. 与站内直通分机互通

车站控制室值班人员只要按下值班操作台上的对应站内直通分机按键,即可立即接通该站内直通分机,接通后双方开始通话。通话完毕后,双方挂机即可结束通话。

三、车站调度分机

车站控制室值班人员只要拿起调度分机手柄,即可立即呼叫至对应调度台,无须任何其他操作,方便快捷。

四、轨旁电话

轨旁电话可呼叫上下相邻站车站控制室值班操作台以及公务电话。

1. 呼叫上下相邻站

把拨号开关拨至站内电话,并在轨旁电话上拨 2 呼叫上邻站车站控制室值班操作台,拨 3 可到下邻站车站控制室值班操作台。

2. 呼叫公务电话

把拨号开关拨至公务电话,按照公务电话拨号规则拨号即可。

五、扩音对讲终端

扩音对讲终端是安装在车辆段内部使用的。每个扩音对讲终端面板上均有 3 个按键,分别对应直通、广播、备用。操作人员只需按下任意一个按键并且不松手,即可呼叫到对应分机。在通话过程中不能松开按键,否则通话将结束。

第十四章　闭路电视监视系统维护

> **岗位应知应会**
>
> 1. 掌握闭路电视监视系统设备的检修周期、检修内容和检修标准。
> 2. 了解闭路电视监视系统网管终端基本操作方法。
>
> **重难点**
> 重点：闭路电视监视系统设备的检修周期、检修内容和检修标准。
> 难点：闭路电视监视系统网管操作。

第一节　闭路电视监视系统检修

闭路电视监视系统检修分为：日常保养（一级检修）、二级保养（二级检修）、小修（三级检修）、中修（四级检修）、大修（五级检修）、故障处理（故障检修）。

闭路电视监视设备检修周期见表14-1。

闭路电视监视系统检修表　　表14-1

设备名称	检修类别	检修工作内容	技术要求	检修周期
网管终端	日常保养	运行状态查看	网管软件运行正常，记录告警信息	每天
	二级保养	同日常保养内容	同日常保养标准	每月
		外观清洁	外观无积尘、无污迹	
		终端重启	重启之后网管软件运行正常	
	小修	同二级保养内容	同二级保养标准	每年
		内部清洁	主机内部无积尘，线缆连接牢固	
		数据备	数据备份至指定位置	
	中修	关键、主要部件更换	更换不良部件，更换后设备运行正常	每5年
		不良线缆更换	更换不良线缆，更换后设备运行正常	
	大修	设备整机更换	终端整机更换，更换后系统运行正常	每10～15年
视频监视终端	日常保养	运行状态查看	图像调取、回放功能正常	每天
	二级保养	同日常保养内容	同日常保养标准	每月
		外观清洁	外观无积尘、无污迹	
		终端重启	重启之后视频监视图像能正常调取、控制、回放	

续上表

设备名称	检修类别	检修工作内容	技 术 要 求	检修周期
视频监视终端	小修	同二级保养内容	同二级保养标准	每年
		内部清洁	主机内部无积尘,线缆连接牢固	
		数据备份	数据备份至指定位置	
	中修	关键、主要部件更换	更换不良部件,更换后设备运行正常	每5年
		不良线缆更换	更换不良线缆,更换后设备运行正常	
	大修	设备整机更换	终端整机更换,更换后系统运行正常	每10～15年
站台监视器	日常保养	运行状态查看	监视器能正常显示图像	每天
	二级保养	同日常保养内容	同日常保养标准	每月
		外观清洁	外观无破损、无积尘、无污迹、无外界环境影响	
		连接线缆检查	线缆连接牢固	
	小修	同二级保养内容	同二级保养标准	每年
		支架检查	安装支架无腐蚀、断裂等情况	
	中修	关键、主要部件更换	更换不良部件,更换后设备运行正常	每5年
		不良线缆更换	更换不良线缆,更换后设备运行正常	
	大修	设备整机更换	终端整机更换,更换后系统运行正常	每10～15年
枪型摄像机	二级保养	外观检查	外观完好无损坏	每月
	小修	同二级保养内容	同二级保养标准	每年
		外观清洁	外观无积尘、无污迹、无外界环境影响	
		支架检查	支架安装牢固,无晃动、腐蚀、断裂等情况	
	中修	关键、主要部件更换	更换不良部件,更换后设备运行正常	每5年
		不良线缆更换	更换不良线缆,更换后设备运行正常	
	大修	设备整机更换	终端整机更换,更换后系统运行正常	每10～15年
半球型摄像机	二级保养	外观检查	外观完好无损坏	每月
	小修	同二级保养内容	同二级保养标准	每年
		外观检查	外观无积尘、无污迹、无外界环境影响,安装牢固	
	中修	关键、主要部件更换	更换不良部件,更换后设备运行正常	每5年
		不良线缆更换	更换不良线缆,更换后设备运行正常	
	大修	设备整机更换	终端整机更换,更换后系统运行正常	每10～15年
一体化球形摄像机	二级保养	外观检查	外观完好无损坏	每月
	小修	同二级保养内容	同二级保养标准	每年
		外观清洁	外观无积尘、无污迹、无外界环境影响	
		支架检查	支架安装牢固,无晃动、腐蚀、断裂等情况	

续上表

设备名称	检修类别	检修工作内容	技 术 要 求	检修周期
一体化球形摄像机	中修	关键、主要部件更换	更换不良部件,更换后设备运行正常	每5年
		不良线缆更换	更换不良线缆,更换后设备运行正常	
	大修	设备整机更换	终端整机更换,更换后系统运行正常	每10～15年
视频服务器	日常保养	运行状态查看	指示灯显示正常、无告警	每天
	二级保养	同日常保养内容	同日常保养标准	每月
		外观清洁	外观无积尘、无污迹	
	小修	同二级保养内容	同二级保养标准	每年
		数据备份	数据备份至指定位置	
		内部清洁	设备内部及各模块无积尘,线缆连接牢固	
	中修	关键、主要部件更换	更换不良部件,更换后设备运行正常	每5年
		不良线缆更换	更换不良线缆,更换后设备运行正常	
	大修	设备整机更换	终端整机更换,更换后系统运行正常	每10～15年
车载视频切换服务器	日常保养	运行状态查看	指示灯显示正常、无告警	每天
	二级保养	同日常保养内容	同二级保养标准	每月
		外观清洁	外观无积尘、无污迹	
	小修	同二级保养内容	同二级保养标准	每年
		数据备份	数据备份至指定位置	
		内部清洁	设备内部及各模块无积尘,线缆连接牢固	
	中修	关键、主要部件更换	更换不良部件,更换后设备运行正常	每5年
		不良线缆更换	更换不良线缆,更换后设备运行正常	
	大修	设备整机更换	终端整机更换,更换后系统运行正常	每10～15年
网管服务器	日常保养	运行状态查看	指示灯显示正常、无告警	每天
	二级保养	同日常保养内容	同日常保养标准	每月
		外观清洁	外观无积尘、无污迹	
	小修	同二级保养内容	同二级保养标准	每年
		数据备份	数据备份至指定位置	
		内部清洁	设备内部及各模块无积尘,线缆连接牢固	
	中修	关键、主要部件更换	更换不良部件,更换后设备运行正常	每5年
		不良线缆更换	更换不良线缆,更换后设备运行正常	
	大修	设备整机更换	终端整机更换,更换后系统运行正常	每10～15年
网管主机	日常保养	运行状态查看	指示灯显示正常、无告警	每天
	二级保养	同日常保养内容	同日常保养标准	每月
		外观清洁	外观无积尘、无污迹	
	小修	同二级保养内容	同二级保养标准	每年
		内部清洁	设备内部及各模块无积尘,线缆连接牢固	
	中修	关键、主要部件更换	更换不良部件,更换后设备运行正常	每5年
		不良线缆更换	更换不良线缆,更换后设备运行正常	

续上表

设备名称	检修类别	检修工作内容	技 术 要 求	检修周期
网管主机	大修	设备整机更换	终端整机更换,更换后系统运行正常	每10～15年
存储主机及阵列	日常保养	运行状态查看	指示灯显示正常、无告警	每天
	二级保养	同日常保养内容	同日常保养标准	每月
		外观清洁	外观无积尘、无污迹	
	小修	同二级保养内容	同二级保养标准	每年
		连接线缆检查	线缆连接牢固、标签准确清晰	
	中修	关键、主要部件更换	更换不良部件,更换后设备运行正常	每5年
		不良线缆更换	更换不良线缆,更换后设备运行正常	
	大修	设备整机更换	终端整机更换,更换后系统运行正常	每10～15年
		数据备份	数据备份至指定位置	
		内部清洁	设备内部及各模块无积尘,线缆连接牢固	
隔离地单元	日常保养	运行状态查看	指示灯显示正常、无告警	每天
	二级保养	同日常保养内容	同日常保养标准	每月
		外观清洁	外观无积尘、无污迹	
		连接线缆检查	线缆连接牢固、标签准确清晰	
	小修	同二级保养内容	同二级保养标准	每年
	中修	关键、主要部件更换	更换不良部件,更换后设备运行正常	每5年
		不良线缆更换	更换不良线缆,更换后设备运行正常	
	大修	设备整机更换	终端整机更换,更换后系统运行正常	每10～15年
视频均衡器	日常保养	运行状态查看	指示灯显示正常、无告警	每天
	二级保养	同日常保养内容	同日常保养标准	每月
		外观清洁	外观无积尘、无污迹	
		连接线缆检查	线缆连接牢固、标签准确清晰	
	小修	同二级保养内容	同二级保养标准	每年
	中修	关键、主要部件更换	更换不良部件,更换后设备运行正常	每5年
		不良线缆更换	更换不良线缆,更换后设备运行正常	
	大修	设备整机更换	终端整机更换,更换后系统运行正常	每10～15年
视频字符叠加/分配器	日常保养	运行状态查看	指示灯显示正常、无告警	每天
	二级保养	同日常保养内容	同日常保养标准	每月
		外观清洁	外观无积尘、无污迹	
		连接线缆检查	线缆连接牢固、标签准确清晰	
	小修	同二级保养内容	同二级保养标准	每年
	中修	关键、主要部件更换	更换不良部件,更换后设备运行正常	每5年
		不良线缆更换	更换不良线缆,更换后设备运行正常	
	大修	设备整机更换	终端整机更换,更换后系统运行正常	每10～15年

续上表

设备名称	检修类别	检修工作内容	技术要求	检修周期
画面分割器	日常保养	运行状态查看	指示灯显示正常、无告警	每天
	二级保养	同日常保养内容	同日常保养标准	每月
		外观清洁	外观无积尘、无污迹	
		连接线缆检查	线缆连接牢固、标签准确清晰	
	小修	同二级保养内容	同二级保养标准	每年
	中修	关键、主要部件更换	更换不良部件,更换后设备运行正常	每5年
		不良线缆更换	更换不良线缆,更换后设备运行正常	
	大修	设备整机更换	终端整机更换,更换后系统运行正常	每10～15年
视频编码器	日常保养	运行状态查看	指示灯显示正常、无告警	每天
	二级保养	同日常保养内容	同日常保养标准	每月
		外观清洁	外观无积尘、无污迹	
		连接线缆检查	线缆连接牢固、标签准确清晰	
		设备重启	重启之后视频实时监视图像能正常显示	
	小修	同二级保养内容	同二级保养标准	每年
	中修	关键、主要部件更换	更换不良部件,更换后设备运行正常	每5年
		不良线缆更换	更换不良线缆,更换后设备运行正常	
	大修	设备整机更换	终端整机更换,更换后系统运行正常	每10～15年
视频解码器	日常保养	运行状态查看	指示灯显示正常、无告警	每天
	二级保养	同日常保养内容	同日常保养标准	每月
		外观清洁	外观无积尘、无污迹	
		连接线缆检查	线缆连接牢固、标签准确清晰	
	小修	同二级保养内容	同二级保养标准	每年
	中修	关键、主要部件更换	更换不良部件,更换后设备运行正常	每5年
		不良线缆更换	更换不良线缆,更换后设备运行正常	
	大修	设备整机更换	终端整机更换,更换后系统运行正常	每10～15年
云台优先级控制器	日常保养	运行状态查看	指示灯显示正常、无告警	每天
	二级保养	同日常保养内容	同日常保养标准	每月
		外观清洁	外观无积尘、无污迹	
		连接线缆检查	线缆检查,标签准确清晰	
	小修	同二级保养内容	同二级保养标准	每年
	中修	关键、主要部件更换	更换不良部件,更换后设备运行正常	每5年
		不良线缆更换	更换不良线缆,更换后设备运行正常	
	大修	设备整机更换	终端整机更换,更换后系统运行正常	每10～15年

第二节　闭路电视监视系统网管操作

　　CCTV 系统网管终端实现对 CCTV 系统的设备进行集中监控管理,包括配置管理、状态监视、故障管理、统计分析、安全管理等功能。管理员在控制中心的网管终端上即可对各车站的 CCTV 设备运行状态进行远程实时监视,发生故障后可第一时间接收告警通知,迅速处理故障,为运维人员的日常维护工作提供了帮助。下面以郑州地铁 1 号线 CCTV 系统网管为例介绍网管基本操作。

一、状态查看

(一)用户登录

在 IE 地址栏输入本系统地址,进入系统登录页面,如图 14-1 所示。

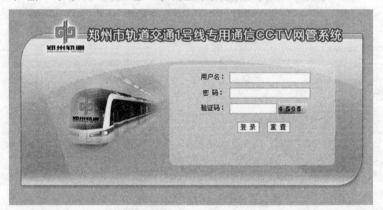

图 14-1　登录窗口

输入登录账号和密码,点击登录进入系统首页,如图 14-2 所示。

图 14-2　系统首页

(二)日常巡检

点击登录页面底部的 ![icon] 打开日常巡检,如图 14-3 所示。

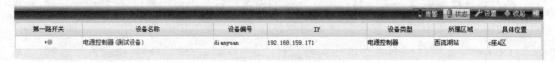

图 14-3 日常巡检

![告警][状态]这两个标签显示了不同的监视内容,下面分开进行说明。

1. 状态标签

状态标签的内容即设备状态列表,列表显示了设备的当前状态信息,点击状态标签进行查看,如图 14-4 所示。

图 14-4 设备状态信息

可通过前边的状态图标判断该设备当前是否存在告警。其中▶●(红色)代表存在严重告警,▶●(黄色)代表存在重要告警或一般告警,▶●(绿色)代表正常,▶●(灰色)代表设置配置失败。

2. 告警标签

告警标签的内容显示告警信息,点击告警信息可查看告警详细内容,如图 14-5 所示。

告警等级	类别	设备名称	设备编号	设备IP	设备类型	所属区域	具体位置	告警信息	确认人	确认说明	确认时间
严重	设备告警	服务器(测试设备2)	fuwuqi	192.168.143.23	服务器	西流湖站	vcomtest	从设备管理服务器192.168.164.72连接不上192.168.143.23上MasterAgent进程的171端口			2012-11-02 15:25:36
严重	设备告警	服务器h3c(测试设备)	fuwuqi-h3c	192.168.164.61	服务器	西流湖站		从设备管理服务器192.168.164.72连接不上192.168.164.61上MasterAgent并释的171端口			2012-11-02 15:25:36

图 14-5 设备告警信息

二、系统状态监视

1. 状态监视

状态监视是指对所有设备的状态进行实时监视。它可以通过所属区域、具体位置等查询条件搜索出要监控的设备列表,例如:监控××站的设备,区域项选择"××站",点击"查询",页面右边将显示出相应的设备列表,如图 14-6 所示。

2. 设备性能监控

如果要具体查看一个设备当前实际的运行情况,可以选择设备后点击"性能监控",就能打开这个设备的性能监控页面。图 14-7 所示是一台服务器的性能监控界面。

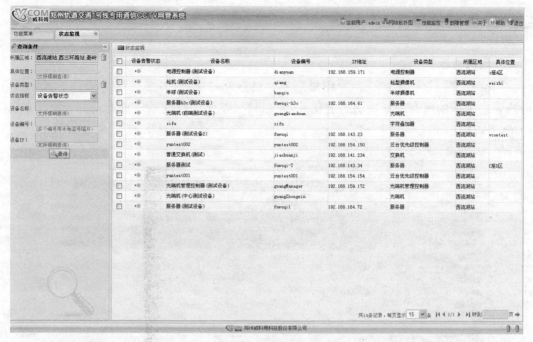

图 14-6 设备状态列表

▶●（红色）- 存在严重告警；▶●（黄色）- 存在重要告警或一般告警；▶●（绿色）- 正常；▶●（灰色）- 统一配置失败

图 14-7 设备性能监控界面

三、系统故障管理

1. 查询列表

当前告警列表即未解决告警信息列表。进入该功能界面，系统默认列出了属于当前用户管理区域的所有未解决的告警信息，可以通过左侧的查询条件查询设备告警信息，如图14-8所示。

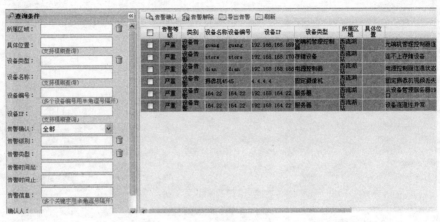

图14-8　当前告警列表

2. 告警确认

点击功能操作区的"告警确认"，系统打开告警确认窗口，如图14-9所示。

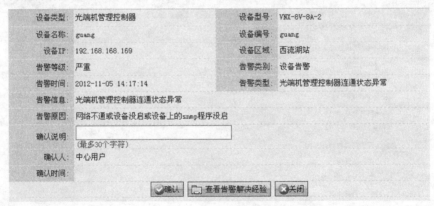

图14-9　告警确认

3. 告警解除

告警解除即是对告警信息进行手工解除操作。对于系统中告警级别低的告警信息（一般告警、重要告警），当告警解除后，网管系统会自动将告警信息从当前告警列表移至历史告警列表；而对于级别严重的告警信息需要进行手工解除。当严重告警不存在后，进入网管系统当前告警列表，选择告警，点击"告警解除"，即可将告警信息从当前告警列表移至历史告警。

第十五章 乘客信息系统维护

> **岗位应知应会**
>
> 1. 掌握乘客信息系统设备的检修周期、检修内容和检修标准。
> 2. 了解乘客信息系统网管终端基本操作方法。
>
> **重难点**
>
> 重点：乘客信息系统设备的检修周期、检修内容和检修标准。
> 难点：乘客信息系统网管操作。

第一节 乘客信息系统检修

乘客信息系统检修有日检、月检、年检三种形式，检修周期与工作内容见表15-1。

乘客信息系统检修表   表15-1

设备名称	检修类别	检修工作内容	技术要求	检修周期
编播中心机柜	日常保养	检查柜内各设备状态灯指示	各模块指示灯显示正常、无告警指示	每日
		检查各设备散热风扇	风扇转动稳定，无较大噪声	
	二级保养	检查柜内各设备状态灯指示	各模块指示灯显示正常、无告警指示	每月
		检查设备散热风扇	风扇转动稳定，无较大噪声	
		清洁机柜内外表面、设备表面	机柜内外表面清洁无污迹、设备表面清洁无污迹	
		检查线缆接头及标签	线缆接头紧固无污迹、标签齐全字体清晰	
	小修	检查柜内各设备状态灯指示	各模块指示灯显示正常、无告警指示	每年
		检查散热风扇	风扇转动稳定，无较大噪声	
		拆下各设备及模块，对设备内部清洁除尘并检测	更换后检查设备功能正常并用干布擦拭	
		清洁机柜内外表面	机柜内外表面清洁无污迹	
		检查设备软件运行状态	各设备软件运行正常、无报错	
		对软件及数据库进行备份	对软件及数据库进行备份、刻录光盘保存	
		测试中心交换机、数据服务器主备冗余功能	切换正常无报错	
		检查线缆接头及标签	线缆接头紧固无污迹、标签齐全字体清晰	

续上表

设备名称	检修类别	检修工作内容	技术要求	检修周期
编播中心机柜	中修	对关键、主要部件进行更换	拆卸各设备模块并更换不良部件,更换后检查设备功能正常	每5年
		对不良线缆进行更换	更换不良配线,线缆接头牢固,设备功能正常	
	大修	更换设备	更换设备,系统运行正常	每10~15年
分线中心机柜	日常保养	检查柜内各设备状态灯指示	各模块指示灯显示正常、无告警指示	每日
		检查各设备散热风扇	风扇转动稳定,无较大噪声	
	二级保养	检查柜内各设备状态灯指示	各模块指示灯显示正常、无告警指示	每月
		设备运行状态及测试	各设备软件运行正常、无报错,测试功能正常	
		检查设备散热风扇	风扇转动稳定,无较大噪声	
		清洁机柜内外表面、设备表面	机柜内外表面清洁无污迹、设备表面清洁无污迹	
		检查线缆接头及标签	线缆接头紧固无污迹、标签齐全字体清晰	
	小修	检查柜内各设备状态灯指示	各模块指示灯显示正常、无告警指示	每年
		检查散热风扇	风扇转动稳定,无较大噪声	
		拆下各设备及模块,对设备内部清洁除尘并检测	更换后检查设备功能正常并用干布擦拭	
		清洁机柜内外表面	机柜内外表面清洁无污迹	
		设备运行状态及测试	各设备软件运行正常、无报错,测试功能正常	
		清理各设备过期文件	清理过期内容、截图文件	
		对软件及数据库进行备份	对软件及数据库进行备份、刻录光盘保存	
		测试中心交换机、数据服务器主备冗余功能	切换正常无报错	
		检查线缆接头及标签	线缆接头紧固无污迹、标签齐全字体清晰	
	中修	对关键、主要部件进行更换	拆卸各设备模块并更换不良部件,更换后检查设备功能正常	每5年
		对不良线缆进行更换	更换不良配线,线缆接头牢固,设备功能正常	
	大修	更换设备	更换设备,系统运行正常	每10~15年
网管终端	二级保养	设备运行是否正常	指示灯正常无告警	每月
		清洁设备表面	设备表面清洁无污迹	
		检查软件运行状态	打开各终端软件,运行正常无报错	

续上表

设备名称	检修类别	检修工作内容	技术要求	检修周期
网管终端	小修	设备运行是否正常	指示灯正常无告警	每年
		清洁设备表面	设备表面清洁无污迹	
		拆下盖板,对设备内部除尘	除尘并用干布擦拭、上电检查设备功能正常	
		检查接头及标签	各连线稳固、无污迹,标签清晰、无脱落	
	中修	对工作站进行更换	更换工作站,更换后检查设备功能正常	每5年
	大修	更换设备	更换设备,系统运行正常	每10～15年
服务器机柜	日常保养	检查柜内各设备状态灯指示	各模块指示灯显示正常、无告警指示	每日
		检查散热风扇	风扇转动稳定,无较大噪声	
	二级保养	检查柜内各设备状态灯指示	各模块指示灯显示正常、无告警指示	每月
		检查散热风扇	风扇转动稳定,无较大噪声	
		设备运行状态及测试	各设备软件运行正常、无报错,测试功能正常	
		检查KVM	KVM各终端切换正常	
		对LCD控制器关机散热	软件关机等待5min后开机,软件运行正常无报错	
		清理过期文件	手动清理D盘过期文件	
		清洁机柜内外表面	机柜内外表面清洁无污迹	
		检查线缆接头及标签	线缆接头紧固无污迹、标签齐全字体清晰无松脱	
		检查机柜内部封堵情况	内部封堵完好	
	小修	检查柜内各设备状态灯指示	各模块指示灯显示正常、无告警指示	每年
		检查散热风扇	风扇转动稳定,无较大噪声	
		设备运行状态及测试	各设备软件运行正常、无报错,测试功能正常	
		检查KVM	KVM各终端切换正常	
		清理过期文件	清除D盘过期文件	
		拆下机柜内各设备模块,清洁并检测模块	更换后检查设备功能正常并用干布擦拭	
		备份服务器数据库	对服务器数据库进行备份	
	小修	清洁机柜内外表面	机柜内外表面清洁无污迹	每年
		检查线缆接头及标签	线缆接头紧固无污迹、标签齐全字体清晰无松脱	
		检查机柜内部封堵情况	内部封堵完好	
	中修	对关键、主要部件进行更换	拆卸各模块并更换不良部件,更换后检查设备功能正常	每3年
		对视频传输器进行更换	更换不良视频传输器,更换后检查设备功能正常	
		对线缆进行更换	更换不良配线,线缆接头牢固,设备功能正常	

续上表

设备名称	检修类别	检修工作内容	技术要求	检修周期
	大修	更换设备	更换设备,系统运行正常	每10～15年
LCD显示屏	日常保养	查看各终端屏状态	各屏颜色显示正常、直播画面与声音同步	每日
	二级保养	查看各终端屏状态	各屏颜色显示正常	每月
		检查各终端屏连线	检查各终端屏连线稳固	
		清洁各终端屏	各屏外表面清洁无污渍	
		检查吊箱支架	支架无变形歪斜、断裂锈蚀、线缆裸露等现象	
	小修	查看各终端屏状态	各屏颜色显示正常	每年
		检查各终端屏连线	检查各终端屏连线稳固	
		清洁各终端屏	各屏外表面清洁无污渍	
		检查吊箱支架及电源接线端子	支架无变形歪斜、断裂锈蚀、螺栓无松动,挂件锁扣已锁紧,电源线接头无松动	
	中修	对不良显示屏更换整机	对不良显示屏进行整机更换,更换后显示正常	每3年
		对屏幕吊架整修	对屏幕吊架及螺栓紧固、除锈	
	大修	更换设备	更换设备,系统运行正常	每10～15年
LED显示屏	日常保养	查看各终端屏状态	各屏颜色显示正常、显示内容与中心下发相符	每日
	二级保养	查看各终端屏状态	各屏颜色显示正常、显示内容与中心下发相符	每月
		清洁各终端屏	各屏外表面清洁无污渍	
	小修	查看各终端屏状态	各屏颜色显示正常、显示内容与中心下发相符	每年
		检查各终端屏连线	检查各终端屏连线稳固	
		清洁各终端屏	各屏外表面清洁无污渍	
		检查支架	支架无变形歪斜、断裂锈蚀	
	中修	同小修内容	同小修标准	每3年
		对不良部件进行更换	对不良部件进行更换,更换后检查设备功能正常	
	大修	更换设备	更换设备,系统运行正常	每10～15年
查询机	日常保养	查看各终端屏状态	各屏颜色显示正常、显示内容与中心下发相符	每日
	二级保养	查看各终端屏状态	各屏颜色显示正常、显示内容与中心下发相符	每月
		检查触摸屏	触摸屏响应灵敏,触摸屏偏移<10mm	
		清洁各终端屏	各屏外表面清洁无污渍	

续上表

设备名称	检修类别	检修工作内容	技术要求	检修周期
查询机	小修	查看各终端屏状态	各屏颜色显示正常、显示内容与中心下发相符	每年
		检查各终端屏连线	检查各终端屏连线稳固	
		清洁各终端屏	各屏外表面清洁无污渍	
	中修	对关键、主要部件进行更换	拆卸各模块并更换不良部件,更换后检查设备功能正常	每3年
	大修	更换设备	更换设备,系统运行正常	每10～15年
车载交换机	二级保养	检查设备状态灯指示	指示灯显示正常、无告警指示	每月
		检查散热风扇	风扇转动稳定,无较大噪声	
		清洁设备表面	设备表面清洁无污迹	
		检查线缆接头及标签	线缆接头紧固无污迹、标签齐全字体清晰无松脱	
		测试交换机连通性	各交换机功能测试正常	
	小修	检查设备状态灯指示	指示灯显示正常、无告警指示	每年
		检查散热风扇	风扇转动稳定,无较大噪声	
		清洁设备表面	设备表面清洁无污迹	
		检查线缆接头及标签	线缆接头紧固无污迹、标签齐全字体清晰无松脱	
		测试交换机连通性	各交换机功能测试正常	
	中修	对不良设备更换整机	对不良设备更换整机,更换后检查设备功能正常	每3年
	大修	更换设备	更换设备,系统运行正常	每10～15年

正线月检时需要对 LCD 控制器进行关机散热,提高设备使用寿命;年检时需要对各服务器(含控制中心、车辆段)、LCD 控制器(含车载)、查询机内部板件进行除尘。

第二节 乘客信息系统网管操作

一、网管终端介绍

PIS 系统在综合网管室对编播中心和分线中心各设置 4 台网管工作站:广告管理工作站、媒体编辑工作站、发布管理工作站、预览工作站。

3i-Author 软件安装在分线中心发布管理工作站上,用以制作播放器播放的节目表、引用序列、及模板编排的工具。节目（预案模板）是播放器播放的一张画面,是由多种区域（如图片,视频,音频,Flash 动画、数字时钟、动态内容等）组成,而节目表是为每一张节目设置了播放顺序和播放时长的时间表单。

登录 3i-Author 系统,主页面如图 15-1 所示。

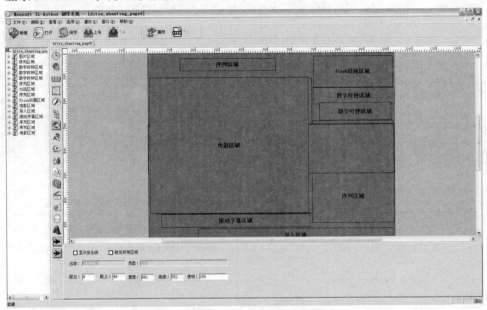

图 15-1　3i-Author 模板制作软件

3i-DSN 是 PIS 系统核心管理平台,采用 B/S 架构,在 PIS 系统任何一台网管用浏览器打开即可登录,管理地址是 http://10.30.253.60:8080/DSN,如图 15-2 所示。

图 15-2　3i-DSN 管理软件

3i-DSN可对全线LCD控制器、LED屏、查询机在线状态实时统一网管监控,存储和管理素材文件,对素材及下发信息进行审核、控制节目播出。3i-DSN包括运行模式、设备状态、报警、显示屏状态、在播节目、音量等信息,支持播放器工作状态监视和输出内容画面监视;还支持GIS的线路图、车站图方式全局监控;数据下载传输监控,包含下载的设备名称,总任务大小、下载进度、剩余时间、当前状态。

二、LED信息发布教程

（1）在LED节目中,单击LED脚本管理,打开LED节目管理面板,如图15-3所示。

图15-3 LED节目管理面板

（2）点击增加按钮,打开LED节目管理页面,添加LED节目,输入LED节目名称,并选择分辨率为480×32,其他属性默认即可,如图15-4所示。

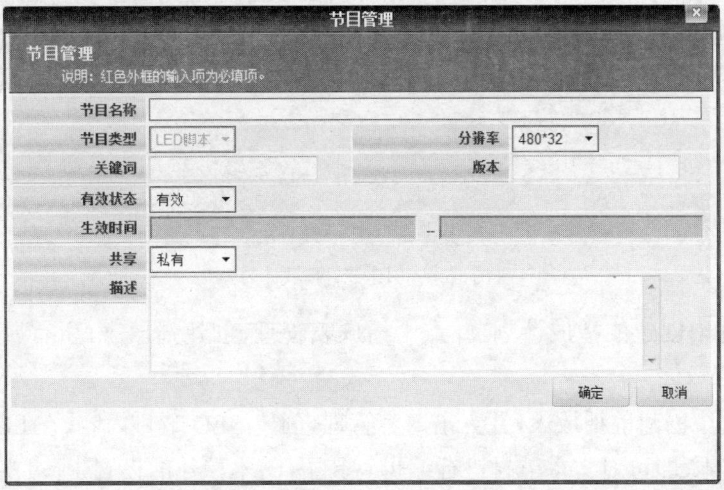

图15-4 LED节目管理页面

（3）选中新建的节目,点击编辑按钮,打开LED节目编辑页面,如图15-5所示。

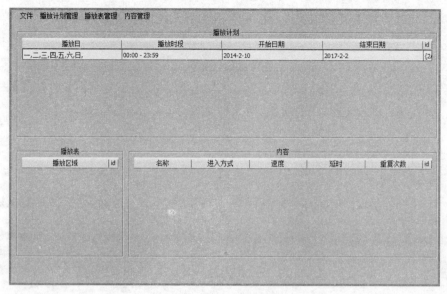

图 15-5　LED 节目编辑页面

(4)点击播放计划管理,创建节目播放计划,如图 15-6 所示。

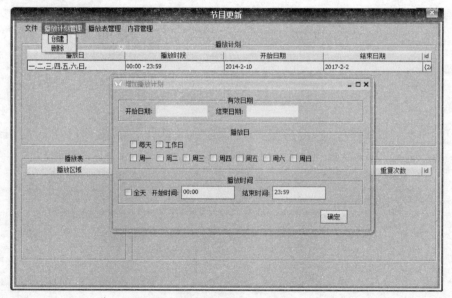

图 15-6　创建节目播放计划

(5)单击选中创建的播放计划,并点击播放表管理,创建播放表,所有属性为默认值即可,如图 15-7 所示。

(6)单击选中创建的播放表,并点击内容管理,创建 LED 节目内容,在 LED 节目内容编辑页面,选择文本,即可对文本节目进行编辑。其中,文本参数的设置中,对齐方式选择"居中",字体大小为"24",字体为"宋体",输入需要显示的文本内容即可。动画参数中,显示方式选择"左移",动画速度选择"7",其他值默认即可。维护播放表如图 15-8 所示。

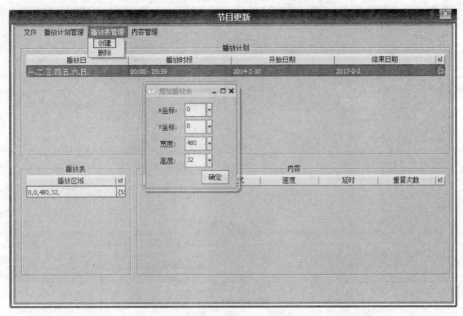

图 15-7 增加播放表

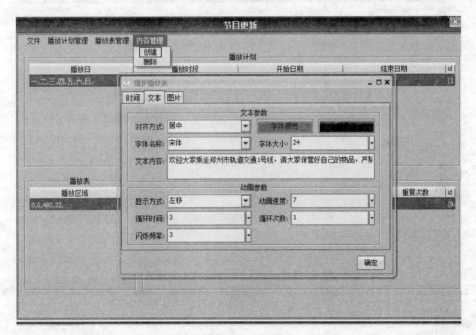

图 15-8 维护播放表

(7)完成以上操作后,点击文件,保存,即可对编辑的 LED 节目进行保存,如图 15-9 所示。

(8)在 LED 节目列表中选中编辑完成的 LED 节目,点击"提交审核"按钮,并在 LED 节目脚本审核中审核通过,然后在节目发布管理页面中对该节目进行下发播出即可,如图 15-10 ~ 图 15-12 所示。

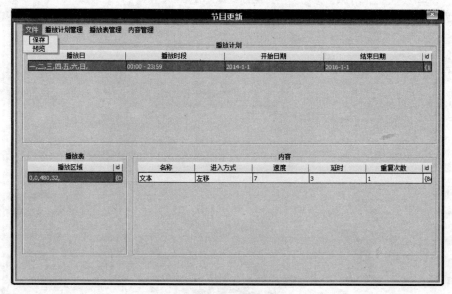

图 15-9 保存 LED 节目

图 15-10 提交审核

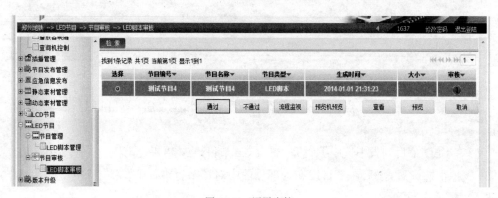

图 15-11 通过审核

图 15-12　发布 LED 节目

三、LCD 滚动信息（天气预报）发布教程

（1）打开网管页面，如图 15-13 所示。

图 15-13　网管页面

（2）登录系统后，点击菜单栏"插播字幕"，再点击导航栏"快速检索"，勾选"所有出入口通道"、"所有下行"、"所有上行"，单击"确定"按钮，如图 15-14 所示。

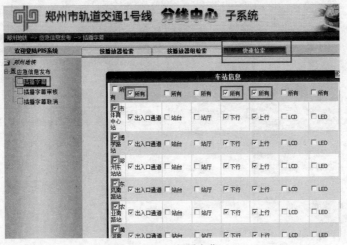

图 15-14　插播字幕

(3)勾选"全选",点击"控制所有"按钮,如图15-15所示。

图15-15 点击"控制所有"按钮

(4)打开紧急字幕页面,如图15-16所示。

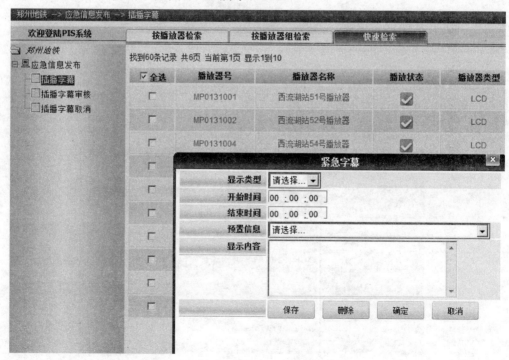

图15-16 打开紧急字幕页面

(5)显示类型选择"滚动",填写"开始时间"和"结束时间",如图15-17所示。

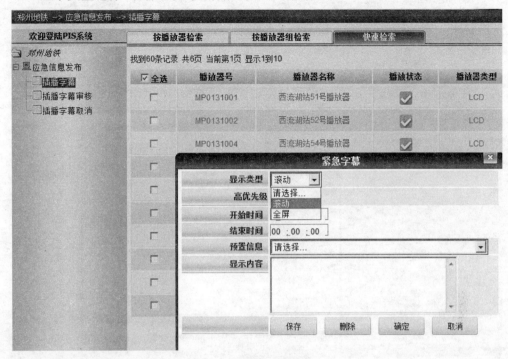

图 15-17　设置字幕类型

(6)将气象信息填入"显示内容"一栏,点"确定"按钮,如图15-18所示。

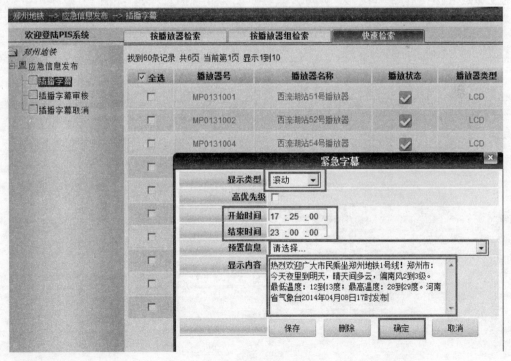

图 15-18　填写显示内容

(7)点"确定"按钮,本条信息进入审核状态,如图15-19所示。

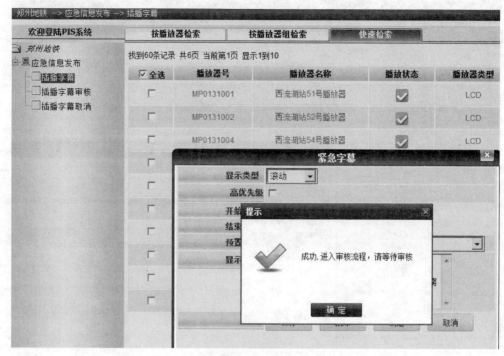

图 15-19　进入审核状态

(8)点击"插播字幕审核"菜单,勾选本条信息,点击"通过"按钮,如图15-20所示。

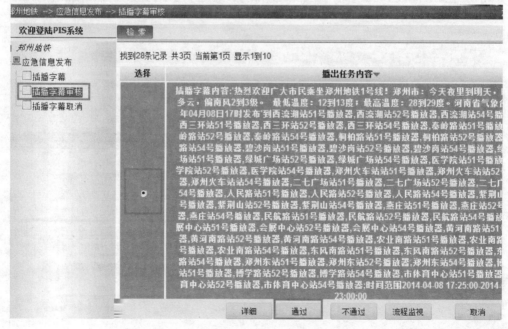

图 15-20　通过审核

（9）下一步审核流程选择"归档"，点击"确定"按钮，如图15-21所示。

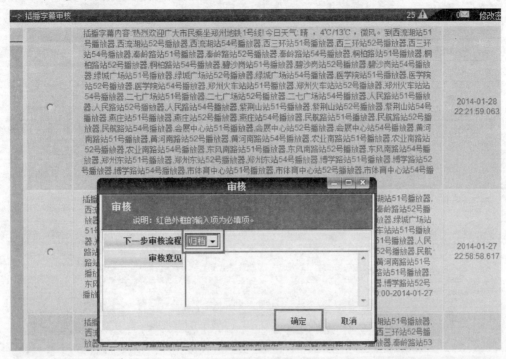

图 15-21　流程归档

（10）点击"确定"，本条信息成功下发至各车站LCD显示屏上，如图15-22所示。

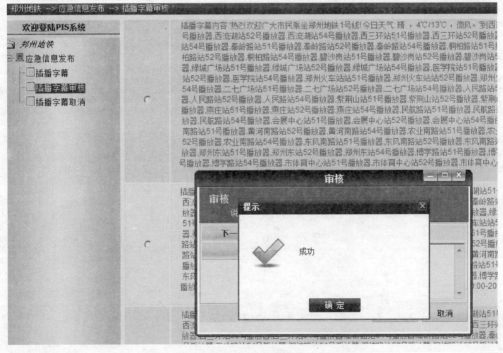

图 15-22　审核通过

（11）取消已发布信息：点击"插播字幕取消"菜单，勾选本条信息，点击"取消播出"即可，如图 15-23 所示。

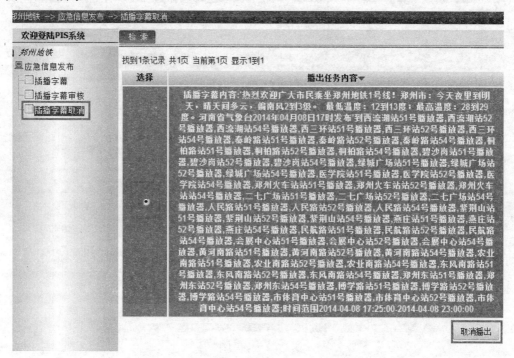

图 15-23　插播字幕取消

第十六章　广播系统维护

> **岗位应知应会**
>
> 1. 掌握广播系统设备的检修周期、检修内容和检修标准。
> 2. 熟悉广播系统网管终端、广播控制盒的基本操作方法。
>
> **重难点**
>
> 重点：广播系统设备的检修周期、检修内容和检修标准。
> 难点：广播系统网管操作、广播控制盒的基本操作方法。

第一节　广播系统检修

广播系统检修分为计划检修和故障检修，其中计划检修是一种预防性检修，即在一定的检修周期内对广播系统进行检修，从而达到预防故障发生的维修活动。检修周期不同，维护项目也不同。常见检修周期有日常保养（每日）、二级保养（每月）、小修（每年）、中修（每5年）以及大修（每10年）。

广播系统设备检修周期见表16-1。

广播系统检修表　　　　　　　　　　　　表16-1

设备名称	检修类别	工作内容	技术要求	检修周期
网管终端	日常保养	运行状态查看	网管程序运行正常，无异常告警信息	每天
	二级保养	同日常保养内容	同日常保养标准	每月
		外观清洁	外观无积尘、无污迹	
		数据备份	数据能成功备份到外存储设备	
		终端重启	重启之后网管程序运行正常，无异常告警信息	
	小修	同二级保养内容	同二级保养标准	每年
		内部清洁	设备内部及各模块无积尘	
	中修	对网管终端进行更换	网管终端整机更换后，运行正常	每5年
机箱设备	日常保养	机柜外观检查	外观无变形、门锁良好	每天
		各模块运行状态查看	各模块指示灯显示正常	

续上表

设备名称	检修类别	工作内容	技术要求	检修周期
机箱设备	二级保养	同日常保养内容	同日常保养标准	每月
		外观清洁	外观无积尘、无污迹	
		连接线缆检查	线缆连接牢固、标签清晰准确	
	小修	同二级保养内容	同二级保养标准	每年
		机箱内各模块外观清洁	机箱内、外部及各模块表面无污迹、无积尘	
	中修	对关键、主要部件进行更换	更换不良部件,更换后设备功能正常	每5年
		对不良线缆进行更换	更换不良线缆,更换后设备功能正常	
	大修	设备整机更换	整机更换设备,系统运行正常	每10～15年
电源监测器	日常保养	运行状态查看	电压显示数值为(220±5)V	每天
	二级保养	同日常保养内容	同日常保养标准	每月
		外观清洁	外观无积尘、无污迹	
		连接线缆检查	线缆连接牢固、标签清晰准确	
	小修	同二级保养内容	同二级保养标准	每年
	中修	对关键、主要部件进行更换	更换不良部件,更换后设备功能正常	每5年
		对不良线缆进行更换	更换不良线缆,更换后设备功能正常	
	大修	设备整机更换	整机更换设备,系统运行正常	每10～15年
功率放大器	日常保养	运行状态查看	网管程序运行正常,并记录告警信息	每天
	二级保养	同日常保养内容	同日常保养标准	每月
		外观清洁	外观无积尘、无污迹	
		连接线缆检查	线缆连接牢固、标签清晰准确	
		功放主备功能测试	任意一台主用功放关机,能自动切换到备用功放	
	小修	同二级保养内容	同二级保养标准	每年
	中修	对关键、主要部件进行更换	更换不良部件,更换后设备功能正常	每5年
		对不良线缆进行更换	更换不良线缆,更换后设备功能正常	
	大修	设备整机更换	整机更换设备,系统运行正常	每10～15年
无线接口控制器	日常保养	运行状态查看	指示灯显示正常、无告警	每天
	二级保养	同日常保养内容	同日常保养标准	每月
		外观清洁	外观无积尘、无污迹	
		连接线缆检查	线缆连接牢固、标签清晰准确	
		功能测试	广播无线手持台能对上、下行站台进行广播,声音清晰	

续上表

设备名称	检修类别	工作内容	技术要求	检修周期
无线接口控制器	小修	同二级保养内容	同二级保养标准	每年
	中修	关键、主要部件更换	更换不良部件,更换后设备运行正常	每5年
		不良线缆更换	更换不良线缆,更换后设备运行正常	
	大修	设备整机更换	终端整机更换,更换后系统运行正常	每10～15年
后备广播控制台	二级保养	外观检查	外观完好无破损	每月
		连接线缆检查	线缆连接牢固	
		功能测试	测试口播、播放预示音、监听功能、平行广播、日志记录、应急广播功能,功能测试正常	
	小修	同二级保养内容	同二级保养标准	每年
	中修	设备更换	性能不良的设备整体更换	每5年
音频话筒	二级保养	外观检查	外观完好无破损	每月
		连接线缆检查	线缆连接牢固	
		功能测试	测试口播功能,功能测试正常	
	小修	同二级保养内容	同二级保养标准	每年
	中修	设备更换	性能不良的设备整体更换	每5年
扬声器	小修	广播区阻抗测试	各广播区的阻抗值大于 50Ω	每年
	中修	不良线缆更换	更换不良线缆,更换后设备运行正常	每5年
	大修	终端整机更换	更换后系统运行正常	每10～15年

第二节 广播系统网管操作

一、网管登录

点击桌面图标,进入网管界面,如图 16-1 所示。

当用户登录网管系统时,系统会提示操作人员输入用户名和密码。首先检查用户是否存在,如存在,再校验该密码是否正确。只有成功通过鉴权的用户才会看到登录成功的欢迎语并进入系统。

图 16-1　网管登录界面

二、日常巡检

（一）登录主界面

进入软件后，主界面默认显示全线电子地图，如图 16-2 所示。

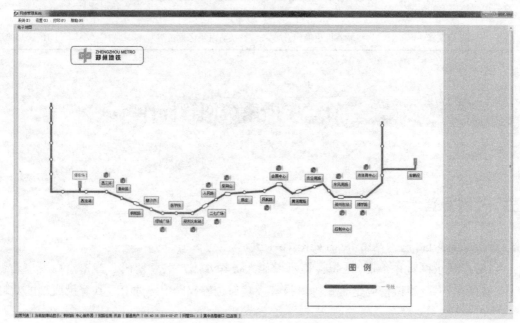

图 16-2　网管主界面

（二）设备状态查询

电子地图标记有线路中各个车站的站名按钮，点击车站按钮可以主动请求对应车站的设备状态。**车站设备状态发生变化时，车站按钮的背景颜色会发生变化，红色表示故障。**

点击主界面左下角的"故障列表"，故障列表能够显示全线所有车站当前的故障信息、恢复信息等，包括时间、站名、设备名称等。当有故障时的显示如图16-3所示。

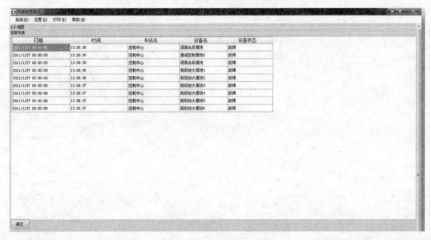

图16-3 网管故障列表显示

故障列表底部左侧的"清空"按钮可以清除当前显示的内容。此操作不影响数据库对故障及故障恢复信息的记录。再次点击"故障列表"按钮，故障列表窗口将收起。

（三）故障查询和导出

点击"系统"菜单下的"故障记录"，选择想要查询的日期时间段或者是站名，点击"查询"即可，如图16-4所示。

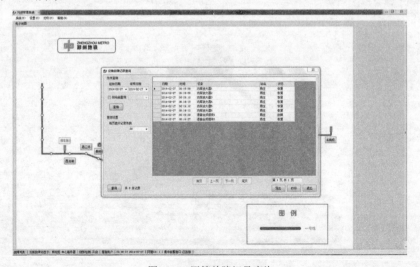

图16-4 网管故障记录查询

若要导出故障记录,点击右下角"导出"按钮,出现如图16-5所示界面,即导出成功。

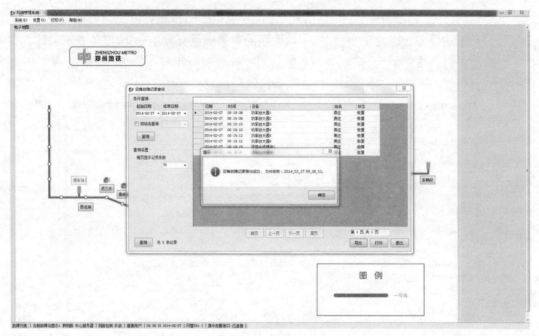

图 16-5　网管故障记录导出

第三节　广播系统终端操作

以天津北海 TBA-3834C 广播控制盒为例,简单说明广播系统终端的日常操作。广播控制盒实物与控制盒面板分别如图 16-6、图 16-7 所示。

图 16-6　广播控制盒实物图

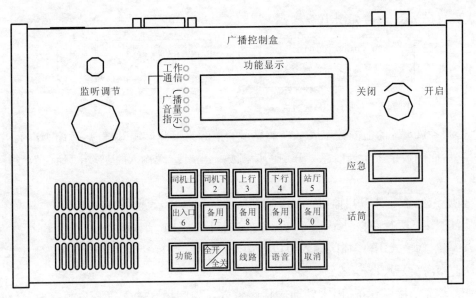

图 16-7 广播控制盒面板图

一、按键及功能

(1)"功能键":待机状态下,激活参数设置功能;其他情况下,确认语音播放或确认参数设置。

(2)"全开/全关键":广播区的全开全关操作。

(3)"线路键":待机状态下,切换当前已开启的信源;其他情况下,选择线路广播。

(4)"语音键":待机状态下,开启或关闭监听功能;其他情况下,选择语音广播。

(5)"取消键":取消当前操作、关闭当前信源、放弃参数修改。

(6)"数字(0~9)键":广播区输入、参数输入。

(7)"话筒键":选择话筒广播。

(8)"应急键":开启应急广播。

(9)"关闭/开启锁":在关闭状态下,屏蔽除应急键之外的任何按键。

(10)"音量调节旋钮":按动此钮,选择话筒、线路或监听音量,旋转此钮改变音量。

二、操作说明

(1)处于关闭状态时,屏幕显示如图 16-8 所示。

"2014-03-06 00:00:00":表示当前时间,时间的同步需要来自通信接口的数据。

"使用请开启":用来提示在当前状态下,任何按键均不响应;如需使用,请将锁旋至开启状态。

（2）待机状态，屏幕如图 16-9 所示。

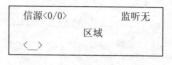

2014-03-06　00:00:00

使用请开启

图 16-8　广播控制盒关闭状态

信源〈0/0〉　　监听无

区域

〈__〉

图 16-9　广播控制盒待机状态

“信源 <0/0>”：前面的数字表示当前显示的信源为第几信源（以开启顺序为准）。

“/”后面的数字表示当前总共开启的信源数。当有信源输入时，显示“话筒”“线路”或“语音”。

“监听无”：表示未开启监听。当开启监听 01 区时，显示“监听 01”。

“区域”：下两行空白处显示可以操作的广播区。在单播模式下，广播区输入为两位数字输入；在组播模式下，广播区输入为按组输入，共可进行 8 组输入。组信息需预先设置，设置方法请参考“参数设置 - 编组”。

“<__>”：单播模式下，用来辅助广播区输入。当广播区输入第一位数字时，此处显示“<×+>”，表示输入的是十位数字。在组播模式时，此处显示“组播”。

三、参数设置

按下“功能键”，进入参数设置功能，分别通过“数字键 1”～“数字键 5”选择相应的参数选项设置，如图 16-10 所示。

参数设置

1. 地址　2. 模式　3. 编组

4. 单播/组播　5. 广播区

图 16-10　广播控制盒参数设置

其中各参数表示含义如下。

“1. 地址”：设置本设备地址序号。在参数设置状态下，按下“数字键 1”，进入参数设置 - 地址。地址范围为 1 ～ 9，分别按下相应的数字键即可修改。按动“功能键”确认修改。

“2. 模式”：设置工作模式。参数设置状态下，按下“数字键 2”，进入参数设置 - 模式，只在车站使用此设备，故只支持车站模式。

“3. 编组”：对组播选区进行设置。在参数设置状态下，按下“数字键 3”，进入参数设置 - 编组。按下“数字键 0 ～ 8”选择编组号，按下“功能键”确认编组号。

“4. 单播 / 组播”：选择选区方式为单播或者组播。在参数设置状态下，按下“数字键 4”，进入参数设置 - 单播 / 组播，按下“数字键 1”或“数字键 2”选择单播或组播，按下“功能键”确认设置。

“5. 广播区”：广播区数量设置。在参数设置状态下，按下“数字键 5”，进入参数设置 - 广播区按下“数字键 0 ～ 9”选择本站需使用的广播区数量，最大支持 32 个广播区选择，按下“功能键”确认数量。

第十七章 时钟系统维护

> **岗位应知应会**
>
> 1. 掌握时钟系统设备的检修周期、检修内容和检修标准。
> 2. 了解时钟系统网管终端基本操作方法。
>
> **重难点**
>
> 重点：时钟系统设备的检修周期、检修内容和检修标准。
> 难点：时钟系统网管操作。

第一节 时钟系统检修

时钟系统检修分为日常保养（一级检修）、二级保养（二级检修）、小修（三级检修）、中修（四级检修）、大修（五级检修）、故障处理（故障检修）。

时钟设备检修周期见表17-1。

时钟系统检修表　　　　　　　　　　　表17-1

设备名称	检修类别	检修工作内容	技术要求	检修周期
母钟	日常保养	机柜外观检查	外观无变形、门锁良好	每日
		运行状态查看	主母钟面板显示时间正确、备母钟面板显示日期正确；指示灯显示正常	
	二级保养	同日常保养内容	同日常保养标准	每月
		外观清洁	外观无积尘、无污迹	
		主备母钟手动切换测试	主备母钟能正常切换	
		连接线缆检查	线缆连接牢固、标签清晰准确	
	小修	同二级保养内容	同二级保养标准	每年
	中修	对关键、主要部件进行更换	更换不良部件，更换后设备功能正常	每5年
		对不良线缆进行更换	更换不良线缆，更换后设备功能正常	
	大修	设备整机更换	整机更换，更换后系统运行正常	每10~15年
网管终端	日常保养	运行状态查看	网管软件运行正常，无告警信息	每日
	二级保养	同日常保养内容	同日常保养标准	每月
		外观清洁	外观无积尘、无污迹	
		终端重启	重启之后网管软件运行正常，无告警信息	

续上表

设备名称	检修类别	检修工作内容	技术要求	检修周期
网管终端	小修	同二级保养内容	同二级保养标准	每年
		数据备份	数据能成功备份到外存储设备	
		内部清洁	主机内部无积尘	
	中修	关键、主要部件更换	更换不良部件,更换后设备运行正常	每5年
		不良线缆更换	更换不良线缆,更换后设备运行正常	
	大修	设备整机更换	终端整机更换,更换后系统运行正常	每10~15年
网络接口箱	日常保养	运行状态查看	指示灯显示正常	每日
	二级保养	同日常保养内容	同日常保养标准	每月
		外观清洁	外观无积尘、无污迹	
		连接线缆检查	线缆连接牢固、标签清晰准确	
	小修	同二级保养内容	同二级保养标准	每年
	中修	对关键、主要部件进行更换	更换不良部件,更换后设备功能正常	每5年
		对不良线缆进行更换	更换不良线缆,更换后设备功能正常	
	大修	更换设备	更换设备,系统运行正常	每10~15年
RS422扩展箱	日常保养	运行状态查看	指示灯显示正常	每日
	二级保养	同日常保养内容	同日常保养标准	每月
		外观清洁	外观无积尘、无污迹	
		连接线缆检查	线缆连接牢固、标签清晰准确	
	小修	同二级保养内容	同二级保养标准	每年
	中修	对关键、主要部件进行更换	更换不良部件,更换后设备功能正常	每5年
		对不良线缆进行更换	更换不良线缆,更换后设备功能正常	
	大修	更换设备	更换设备,系统运行正常	每10~15年
NTP接口箱	日常保养	运行状态查看	指示灯显示正常	每日
	二级保养	同日常保养内容	同日常保养标准	每月
		外观清洁	外观无积尘、无污迹	
		连接线缆检查	线缆连接牢固、标签清晰准确	
	小修	同二级保养内容	同二级保养标准	每年
	中修	对关键、主要部件进行更换	更换不良部件,更换后设备功能正常	每5年
		对不良线缆进行更换	更换不良线缆,更换后设备功能正常	
	大修	更换设备	更换设备,系统运行正常	每10~15年
子钟	二级保养	检查子钟状态	子钟显示正常,子钟与母钟时间一致	每月
	小修	同二级保养内容	同二级保养标准	每年
		安装支架检查	安装牢固、无歪斜	
	中修	关键、主要部件更换	更换不良部件,更换后设备运行正常	每5年
		不良线缆更换	更换不良线缆,更换后设备运行正常	
	大修	终端整机更换	终端整机更换,更换后系统运行正常	每10~15年

第二节　时钟系统网管操作

时钟系统网管终端实现对时钟系统的设备进行集中监控管理,包括配置管理、状态监视、故障管理、统计分析、安全管理等功能,管理员在控制中心的网管终端上即可对各车站的时钟系统设备运行状态进行远程实时监视,发生故障后可第一时间接收告警通知,迅速处理故障,为运维人员的日常维护工作提供了帮助。下面以郑州地铁1号线时钟系统网管为例,介绍网管基本操作。

一、界面元素

(一)登录界面

时钟网管登录界面如图17-1所示。

图17-1　时钟网管登录界面

(二)主界面组成

时钟网管主界面如图17-2所示。

图17-2　网管主界面

(三)主界面介绍

1. 常用工具栏

(1) 状态或时间设置。
(2) 资源管理(设备的添加或删除)。
(3) 网络管理(集中告警或校时间隔配置)。
(4) 用户操作记录(添加或查看用户操作记录),历史故障记录(查看历史故障记录)。
(5) 倒计时管理(可设置或查看倒计时区间、子钟)。

2. 所有节点通信状态标示

当监控与母钟通信故障时,所有节点图标显示为灰色。

(1) 表示监控获取不到某区状态。
(2) 表示监控获取不到某设备状态。
(3) 表示某区中无设备告警。
(4) 表示某设备状态正常节点有告警时将会标示为警告状态。
(5) 表示某区中有设备告警。
(6) 表示某设备告警。

二、视图方式

可以通过各种视图方式,更加方便地监控设备。

(一)地图示意

通过地图可以方便清楚地看到各个站点对应的位置,如图 17-3 所示。

图 17-3　地图示意

(二)设备视图

设备视图详细列出站点的具体设备状态,如图17-4所示。

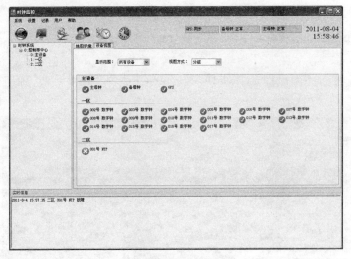

图17-4 设备视图

三、故障记录

登录监控系统,单击"故障记录"图标或从菜单中找到"故障记录"选项,打开对话框。

(一)故障记录查询

根据查询的内容选择筛选条件,输入查询的开始时间、结束时间,单击查询。故障记录查询可以查询设备的故障时间、故障状态、故障描述等,还可以根据故障名称、设备类型、设备号等进行条件查询;单击"打印"按钮可打印查询内容。故障记录查询如图17-5所示。

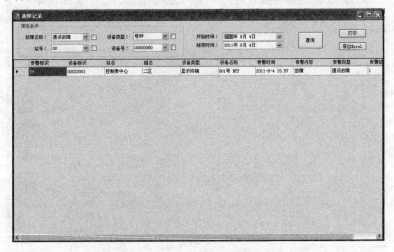

图17-5 故障记录查询

(二)导出及打印

单击"导出 Excel"按钮,可将数据导出 Excel 表格。点击"打印"按钮打印筛选的所有数据。

四、操作记录

登录监控系统,单击"日志记录"图标或从菜单中找到"值班记录"选项,打开对话框,如图 17-6 所示。

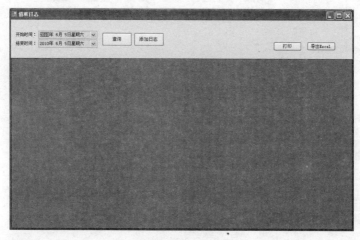

图 17-6 操作记录

(一)操作记录查询

根据查询的内容选择筛选条件,输入查询的开始时间、结束时间,单击"查询"按钮,如图 17-7 所示。

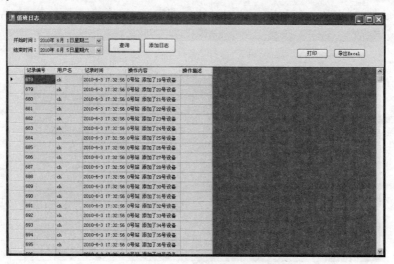

图 17-7 操作记录查询

(二)导出及打印

单击"导出 Excel"按钮,可将数据导出 Excel 表格。点击"打印"按钮打印筛选的所有数据。

第十八章　通信系统故障处理

> **岗位应知应会**
>
> 1. 掌握故障处理的基本思路。
> 2. 了解故障处理的常见步骤。
>
> **重难点**
> 重点：闭路电视监视系统、乘客信息系统的故障处理。
> 难点：电源系统故障处理。

第一节　电源系统故障处理

一、交流切换配电柜常见故障处理

交流切换配电柜常见故障及处理方法见表 18-1。

交流切换配电柜常见故障处理　　　　　　　　　　表 18-1

故障描述	处理方法
市电 1、2 路工作指示灯显示异常	检查指示灯两端接线是否松动；指示灯若损坏，则更换故障指示灯
防雷故障	检查防雷器状态采集线是否正常，防雷器是否故障，如果防雷器出现故障，更换防雷器
输入、输出空开断	查看是否是人为正常断开，如果不是则检查空开是否损坏、输出侧是否有短路；如果损坏正常更换
不间断电源 UPS（或高频开关电源）通信中断	检查 UPS（或高频开关电源）与 PLC 的通信线是否连接正常，接口是否松动，监控单元与 UPS（或高频开关电源）相关设置是否更改
UPS 或高频开关电源电池电压异常	测量电池电压是否正常，检查电池检测线连接是否松动

二、不间断电源 UPS 常见故障处理

不间断电源 UPS 常见故障及处理方法见表 18-2。

不间断电源 UPS 常见故障处理　　　　　　　　表 18-2

故障描述	处理方法
电池无	检查电池及电池连接线路,若电池及连线无问题,则是电池检测板故障,需要更换
整流风扇故障	风扇接线端子松动,紧固端子;或风扇故障则更换风扇
旁路超出跟踪	检查旁路输入电压与频率
逆变不同步	逆变未跟踪上旁路,检查旁路输入是否正常

三、高频开关电源常见故障处理

高频开关电源常见故障及处理方法见表 18-3。

高频开关电源常见故障处理　　　　　　　　表 18-3

故障描述	处理方法
防雷器故障	检查防雷器情况,如防雷器损坏,请更换
直流过压告警	(1)检查直流输出电压和监控模块"直流过压告警"设定值,若设定值不合理请更改。 (2)找出引起过压告警的整流模块。在确保蓄电池能正常供电的情况下,断开所有整流模块的交流输入开关;然后,逐一接通模块的交流输入开关;当接通某一模块的交流输入开关时;系统再次出现过压告警,则该模块过压,请更换
负载支路断/电池支路断	检查该支路空开或熔断器是否断开(检查空开手柄位置,或测量熔丝两端电压,电压接近 0V 则熔丝正常)。如果断开,查找原因并排除故障
模块故障	此时,整流模块面板上的红色发光二极管点亮。切断该整流模块交流输入,一段时间后再重新启动该模块。倘若仍然告警,请更换该模块
模块风扇故障	检查整流模块的风扇是否运行。如果风扇不运行,检查风扇是否被堵住,如被堵住,请清理;如未被堵住或清理后仍无法消除风扇故障,则更换风扇

第二节　传输系统故障处理

一、故障处理的基本思路

(一)掌握线路、设备及仪表情况

SDH 系统的维护主要是对设备和光缆的维护,维护人员必须了解系统的各方面情况才能做好维护工作。

(1)设备情况:主要包括设备的型号、配置情况、板卡功能、接口、各种指示灯的显示情况;各种指标,如收发光功率等;光纤配线架、数字配线架、网络配线架的端子占用情况。

(2)光缆线路情况：包括光缆的长度、芯数、跳纤及光纤的衰耗值、备用纤芯等各方面情况。

(3)仪表情况：包括光源、光功率计、光时域反射仪、光纤熔接机等。

(二)故障定位的基本思路

故障定位一般应遵循"先外部,后传输;先单站,后单板;先线路,后支路;先高级,后低级"的原则。

(1)先外部,后传输：在定位故障时,应首先排除外部的可能因素,如断纤、业务侧故障。

(2)先单站,后单板：在定位故障时,首先要尽可能准确地定位出是哪站,然后再定位出是该站的哪块板卡。

(3)先线路,后支路：线路板的故障常常会引起支路板的异常告警,因此在进行故障定位时,应遵循"先线路,后支路"的原则。

(4)先高级,后低级：首先处理高级别的告警,如紧急告警、主要告警,然后再处理低级别的告警,如次要告警和一般告警。

二、故障处理的常用方法

(一)常见故障分类

(1)板卡故障：包括线路板、2M板、时钟板、交叉板、主控板等板卡损坏。

(2)光缆线路故障：包括光缆线路中断、光缆线路衰耗过大等。

(3)尾纤故障：包括尾纤折断、尾纤头脏、法兰盘接头有灰尘等。

(4)电缆故障：包括2M电缆中断、数字配线架2M接头故障等。

(5)网管系统故障：包括网管与设备间的网线故障、网管系统死机等。

(二)故障处理的常用方法

1.告警性能分析法

通过网管获取告警和性能信息,可以全面翔实地了解设备的当前告警或历史告警;也可通过机柜顶部指示灯和单板告警指示灯来获取告警信息,进行故障定位。告警灯常有红、黄、绿三种颜色,红色表示紧急告警及重要告警,黄色表示次要告警及一般告警,绿色表示系统正常运行。

2.环回法

环回法是传输设备定位故障最常用、最有效的一种方法。环回有多种方式,如内环回与外环回,远端环回与本地环回,线路环回与支路环回等。进行环回操作时,首先从多个有故障的站点中选择其中的一个站点,从所选站点的多个有问题的业务通道中选择其中的一个业务通道;然后画出业务的一个方向的路径图,图中要标出该业务的源和宿及所经过的站点、所占用的时隙等;最后逐段环回,定位故障站点及单板。

3. 替换法

替换法就是用一个工作正常的物体去替换一个工作不正常的物体,从而达到定位故障、排除故障的目的。物件可以是一段线缆、一套设备、一块单板。

4. 配置数据分析法

查询、分析设备当前的配置数据,例如时隙配置、复用段的节点参数、线路板和支路板通道的环回设置等,分析配置数据是否正常来定位故障。若配置的数据有错误,须进行重新配置。

5. 仪表测试法

采用各种仪表,如光源、光功率计、光时域反射仪、2M 误码仪等来定位传输故障。例如用光功率计测试收发光功率;用 2M 误码仪测试 2M 业务通断、误码;用万用表测试电压;用光时域反射仪测试光缆衰耗。

第三节 无线集群系统故障处理

结合无线集群交换机常见的告警信息,分析故障原因和操作指南。

一、输入信号丢失(INCOMING SIGNAL MISSING)

1. 告警原因

中继端口的入局信号丢失。

2. 故障处理指南

(1)查询集群交换机告警手册。
(2)检查信号丢失原因,排查传输故障。

二、收到 AIS 告警(AIS RECEIVED)

1. 告警原因

交换中继端口丢失帧同步信号,并接收到 AIS 信号。

2. 故障处理指南

(1)查询集群交换机告警手册。
(2)检查信号丢失原因,排查传输故障。

三、监视到错误速率(FAULT RATE MONITORING)

1. 告警原因

主干网络监控系统检测到 E1(2Mb/s)链路,以及 ET(S)管理系统连接出现错误。主干网络电路监控系统清除通过该 ET(S)的来电并把新来电转到新的顺序电路上。

如果错误的时延或频率超出了限定数值,系统在发布 FRM 告警之前将生成一个明确故障的告警。

2. 故障处理指南

(1)使用 AHO 命令查看是否有其他告警产生于相同的 ET(S),通常会有明确故障的告警产生 FRM。

(2)如果没有其他告警产生,FRM 是由主干电路的大量瞬时错误引起的,使用 YMO 命令查看错误的类型和数量。错误很可能是由主干电路 PCM 的远端或 ET 和 ECU 之间的设备导致的。

(3)使用 YEO 命令查看故障率和产生门限并用 YEM 修改。

四、TBC-TTRX 连接失败

1. 告警原因

(1)基站控制器(TBC)向 TTRX 发出状态请求后没有收到 TTRX 的响应。TTRX 或者 TBC 与 TTRX 之间的消息总线故障,或者 TTRX 被从框架上移走了。

(2)基站收发器单元(TTRX)在软硬件或射频配置参数方面有致命错误。该单元无法使用。

2. 故障处理指南

(1)检查 TTRX 的连接。

(2)如有必要,更换 TTRX 或者 TBC 单元。

五、发射天线反射功率过高

1. 告警原因

(1)发射天线合路器上的反射功率等级已经增至可以接受的水平之上。

(2)合路器的调谐可能不精确或者发射天线可能被毁。

2. 故障处理指南

(1)检查合路器的调谐。

(2)如果重新调谐不能使反射功率降至告警级别以下,检查发射天线接头、电缆和天线本身的状况。

六、自动调谐合路器单元失败

1. 告警原因

（1）自动调谐合路器单元失败。

（2）对应的收发信机（TTRX）单元的发送射频功率被关闭。

（3）故障单元不能发送任何话务。

2. 故障处理指南

（1）检查天线的连线。

（2）如果连线正常，更换该自动调谐合路器单元。

第四节　电话交换系统故障处理

一、专用电话系统故障处理

（一）用户部分

在日常维护工作中，用户部分是最容易出现故障的环节。故障可分为外线故障和交换机板卡故障，常见的外线故障有断线、短路、接地、话机故障等，可通过在交换机至用户终端之间逐段检查配线的方法确定故障部位；由交换机板卡造成的用户故障，可通过拔插板卡或更换备件的办法逐步排除和定位。

常见故障处理方法如下。

（1）普通用户板的个别用户故障，可通过更换用户板解决，也可通过应急方法处理，如更改用户对应的电路号码，并将外线改接到对应的用户电路上。另外，还可以检查单个用户的数据是否正确，或是重新做数据。

（2）连续的用户故障，更换损坏的普通用户板。

（3）整个用户模块故障，检查外围接口控制板及 -48V 馈电。

（4）所有用户都无法拨打某个号段，检查路由表是否有此号段的数据或是检查号码分析表里是否有此号段的数据。

（二）中继部分

与中继部分相关的有中继板故障、中继线故障及中继数据配置故障等。

常见故障处理方法如下：

(1)中继线缆松动,重新插拔或紧固,观察告警信息。

(2)所有的用户都无法打出外线,可检查中继线、中继端口、中继群、节点、路由、呼叫等级限制等相关的设置。

(3)个别用户打不出外线,可检查中继板及分机限制等级。

(4)只有部分用户组打不出外线,则检查中继线及路由设置。

(三)维护注意事项

1. 硬件维护

(1)程控交换机在正常运行过程中,其电路板、软件卡、针脚、插箱等部件不能随意触动。

(2)程控交换机的主要板卡应有备件,一旦出现故障要及时进行更换,以缩短故障处理时间。根据告警信息的提示,及时对可疑部件进行检测和维修,并更换。

(3)定期检查交换机的进出线,更换老化和破损线。

(4)交换机定时进行除尘。清理交换机硬件灰尘前,先在板卡、连线上贴好位置标签,并记录。停电后,拔出电路板,用专用清洗剂或防静电毛刷除去硬件灰尘。除尘完成后,根据记录插好板卡与连线,加电后恢复正常运行。

2. 软件维护

(1)保管好软件磁盘,系统瘫痪后及时恢复。

(2)正确设置操作员操作权限,以免误操作引起系统故障。

(3)增删和修改用户数据、局数据前做好备份,操作不成功则及时恢复。

(4)定期测试软硬件功能,定时备份局、用户数据。

(5)定时对服务器、维护终端进行杀毒,保护主机和软件的安全。

(四)故障预防

(1)加强日常维护管理。维护人员每天应检查:机房环境温度及湿度情况;通过终端显示系统各部分工作状况;系统有无告警及告警系统是否正常;测试系统的各种音源信号,如拨号、忙音、回铃音及铃流等。

(2)预防软硬件故障。操作人员严格按照操作手册使用终端,避免错误的命令或数据;保持备份的磁盘信息与系统内存一致;对用户做好话机使用方法的宣传工作,避免误操作。

二、公务电话系统故障处理

软交换系统和传统程控交换系统有很大的不同,作为建立在网络包交换上的系统,软交换系统的众多故障,很多都与网络有关。

（一）故障分类

1. 硬件故障
硬件故障主要有单板故障、系统电源故障、风扇故障、硬盘存取故障等。

2. 软件故障
软件故障主要有操作系统故障、数据库故障、程序或软件故障等。

3. 环境告警
系统运行对环境有严格的要求，如温湿度越限、烟雾、水浸时，系统会发生告警。

4. 配置故障
设置问题：设备相互之间的接口设置、系统的权限、文件或目录设置等。

配置问题：配置错误或不合理导致的系统性能、容量下降；当报警的阈值是由用户自己配置时，尤其需要考虑其设置的合理性。

命令错误：输入了错误的命令，或执行有错误脚本的程序等。

5. 网络故障
本地无法连接：板卡插错或没插好，网口接触不良，IP地址、子网掩码、缺省网关、路由设置等错误等。

网络设备故障：局部的网络设备故障，网络上各种路由、交换设备或中间链路出现故障。

网络应用问题：软交换需要的FTP、NTP等服务不可用、网络安全引起的问题、网络风暴引起的拥塞和语音质量问题等。

（二）故障处理

1. 硬件或设备故障
当硬件或设备发生故障时，可修复的修复，不可修复的更换。对于"硬件不满足"一类的故障，可以通过增加硬件或更换硬件低性能部件，使其变为"硬件可满足"来解决。对于存储空间不够的问题，可以通过删除不必要的数据或冗余数据来解决。

2. 软件或系统故障
操作系统或数据库问题：可以使用系统或文件命令，查看文件路径、脚本配置、查看系统进程和状态等。对于操作系统的安全问题，及时给系统打版本补丁，或杀毒、增强系统密码等。对于系统软件或版本问题，需要对软件或版本进行升级来解决。

3. 环境告警
根据报警现象和信息，及时地排查并解决该故障，避免或尽力减少环境问题给设备带来的直接损坏或物理损坏。

4. 配置故障
设置或配置问题：查看相关数据配置，检查是否有错配、漏配或者配置不合理项。对于输入错误命令引起的告警，查看联机命令帮助或参考相关手册，修改命令错误，重新执行。

5. 网络故障

使用网络命令,帮助问题分析。如:ping,telnet,netstat,ipconfig/ifconfig,route,trace/tracert 等。

根据问题可以采取修改错误的网络配置、将单板和网线重新接插好、更换或维修损坏的局方设备、重启 FTP 服务、重新指定系统 NTP 服务等措施。对于网络故障,可以尝试采用其他的中继或路由来解决。

6. 其他疑难故障

使用协议跟踪和分析工具,进行数据抓包或其他疑难故障的分析。

第五节　闭路电视监视系统故障处理

闭路电视监视系统常见故障现象有监视器黑屏或蓝屏、云台不能控制等。下面介绍几种常见故障处理思路。

一、监视器上某单路视频信号黑屏或蓝屏故障处理

1. 故障现象和原因

(1)故障现象:监视器某一路视频图像黑屏或蓝屏,其他显示正常。

(2)故障原因:电源故障;摄像机本身故障;视频头虚接及线路故障(半数字);网线头或线路故障(数字)。

2. 故障分析与处理

(1)电源故障

测量对应摄像机电源是否符合设备供电要求,不符合时检查供电电源设备是否有输出。如果输出正常则检查电源线路及相关节点;如果输出不正常则检查供电设备及连接端子(此现象仅为摄像机独立供电时才可能发生,多个摄像机并联共用一根电源线时不会出现此问题)。

(2)摄像机本身故障

测量对应摄像机无信号输出,电源正常,可判定为摄像机本身故障。

(3)视频头虚接或线路故障(半数字)

逐段测量视频头及线路,重新焊接视频头或更换线路。

(4)网线头或线路故障(数字)

逐段检查网线接头及线路,重新压接网线头或更换线路。

二、车站监视器上所有图像均黑屏或蓝屏故障处理

1. 故障现象和原因

（1）故障现象：车站监视器上显示的所有图像均是黑屏或蓝屏。

（2）故障原因：电源故障；视频交换机故障；视频服务器故障。

2. 故障分析与处理

（1）电源故障：看系统中其他设备供电是否正常，均无电则测量系统接入电压，无电压则是供电故障，有电压则是电源设备故障。

（2）视频交换机故障：看交换机指示灯是否正常，如果不正常则视频交换机故障。

（3）视频服务器故障：视频服务器损坏可能导致此类故障，需要进行重启或更换。

三、单路云台图像不能控制故障处理

1. 故障现象和原因

（1）故障现象：某一路云台在本地不能控制。

（2）故障原因：云台控制线接触不良；云台控制器菜单设置不正确；云台本身故障。

2. 故障分析与处理

首先检查接云台的控制线是否接触牢靠，再检查此云台在云台控制器中设置的参数和操作员代码是否正常，或者用万用表测量它的电压，用鼠标控制云台时来测量它的电压是否有跳变。若电压有跳变，说明云台控制的设定正常。以上确定无误则是云台本身故障，需要更换云台。

四、中心监视器上所有图像均黑屏或蓝屏故障处理

1. 故障现象和原因

（1）故障现象：车站设备正常，中心监视器上显示的所有图像均是黑屏或蓝屏。

（2）故障原因：中心电源故障；视频交换机故障；视频服务器故障；传输线路故障。

2. 故障分析与处理

（1）电源故障：检查系统设备供电是否正常，外电正常情况下，则是中心设备电源故障。

（2）视频交换机故障：检查中心交换机指示灯是否正常，如果不正常则视频交换机故障。

（3）视频服务器故障：当切换终端无法控制时，视频图像突然黑屏，视频服务器故障，需要重启。

（4）传输线路或设备故障：检查中心设备无异常，测量光纤指标，有问题则是光纤路由故障或传输设备故障。

五、视频服务器故障处理

1. 故障现象和原因
（1）故障现象：控制中心视频服务器不能调用车站视频。
（2）故障原因：系统死机、电源不稳、CPU 风扇损坏、系统损坏。

2. 故障分析与处理
由于机房室温过高，导致系统死机；打开机柜，查看机柜内部的风扇是否损坏；检查编码器的 CPU 风扇是否损坏。若风扇故障，更换风扇，让设备降温半小时，再重新开机。若还不能正常启动，可能是服务器内部板卡故障，需更换板卡或整台服务器。

六、某路视频录像丢失故障处理

1. 故障现象和原因
（1）故障现象：某路视频录像丢失，视频录像调取时没有此路的录像信息。
（2）故障原因：接头或连线故障；此摄像机存储配置丢失。

2. 故障分析与处理
调取此图像，检查图像能否实时调取，如不能实时调取，则接头或线路故障；如能实时调取，则检查此摄像机是否进行了存储配置或配置是否丢失。

第六节　乘客信息系统故障处理

PIS 系统常见故障现象及处理方法见表 18-4。

PIS 系统故障处理细则　　　　表 18-4

系统/设备	故障现象	故障原因	处理指南	故障影响
PIS/LCD 屏	单个 LCD 屏花屏/闪烁（站台）	HDMI 线缆松动	（1）检查吊箱内高清视频光端机（接收端）与 LCD 屏幕 HDMI 线缆连接是否紧固，如有异常更换新的 HDMI 线缆； （2）检查 LCD 屏幕侧 HDMI 端口是否松动，发现问题及时更换端口	影响屏幕正常显示
	一对 LCD 屏幕花屏/闪烁（站台）	HDMI 线缆松动或光纤衰耗大	（1）检查机房光分路器与光纤配线架对应链路上法兰盘，光纤接头是否紧固、清洁； （2）检查吊箱内高清视频光端机（接收端）与 LCD 屏幕 HDMI 线缆连接是否紧固； （3）检查 LCD 屏幕侧 HDMI 端口是否松动，发现问题及时更换端口	

续上表

系统/设备	故障现象	故障原因	处理指南	故障影响
PIS/LCD 屏	一对 LCD 屏幕花屏/闪烁（站台）	HDMI 线缆松动或光纤衰耗大	（4）检查高清视频光端机（接收端）工作状态是否正常，如有异常，更换新的光端机	影响屏幕正常显示
	单个 LCD 屏幕花屏/闪烁（站厅）	HDMI 线缆松动或光纤衰耗大	（1）检查机房光分路器与光纤配线架对应链路上法兰盘，光纤接头是否紧固、清洁； （2）检查吊箱内高清视频光端机（接收端）与 LCD 屏幕 HDMI 线缆连接是否紧固； （3）检查 LCD 屏幕侧 HDMI 端口是否松动，发现问题及时更换端口； （4）检查高清视频光端机（接收端）工作状态是否正常，如有异常，更换新的光端机	
	上行/下行/站厅/出入口全部 LCD 屏花屏/闪烁	HDMI 线缆松动或光纤衰耗大	（1）检查对应 LCD 控制器播放软件工作状态是否正常； （2）检查 LCD 控制器与高清视频光端机（发送端）HDMI 线缆连接是否紧固，接口是否松动，如有异常更换新的 HDMI 线缆； （3）检查高清视频光端机（发送端）与光分路器对应链路上法兰盘，光纤接头是否紧固、清洁； （4）检查光分路器工作状态是否正常； （5）检查光分路器与光纤配线架与光缆接头盒对应链路上法兰盘，光纤接头是否紧固、清洁； （6）检查吊箱内高清视频光端机（接收端）—LCD 屏幕 HDMI 线缆连接是否紧固、接口是否松动； （7）检查 LCD 屏幕侧 HDMI 端口是否松动，发现问题及时更换端口； （8）检查高清视频光端机（接收端）工作状态是否正常，如有异常，更换新的光端机	
	单个 LCD 屏黑屏	被人为关闭	黑屏且没有"无信号"提示，请尝试使用遥控器打开电源	
		电源线松脱	检查电源线是否松脱	
		HDMI 接口接触不良	黑屏显示"无信号"，请检查高清线是否损坏、HDMI 接口是否接触不良	
		显示屏故障	当前 HDMI 信号源是否正确，以上方法都不行，请更换显示屏	
	全线 LCD 显示屏 ATS 到站时间异常	信号系统故障、ATS_sender 软件运行异常、RS422 接口转换模块故障	（1）联系信号 ATS 工班，查看是否为信号系统故障； （2）检查接口服务器 ATS_sender 程序是否退出或卡死； （3）检查接口服务器 RS422 接口转换模块是否故障； （4）检查接口服务器 RS422 线缆是否松动	

续上表

系统/设备	故障现象	故障原因	处理指南	故障影响
PIS/LCD屏	全线LCD显示屏视频图像异常	电视台视频源问题、数字直播编码器编码器网线问题、故障、编码器故障	(1)检查是否电视台信号问题； (2)使用VLC软件查看网络视频流是否异常； (3)检查数字直播编码器网线是否松动； (4)检查数字直播编码器是否故障	影响屏幕正常显示
PIS/电源时序控制器	全站所有PIS设备未按时启动/关闭	定时软件运行不正常或电源时序控制器硬件故障	(1)检查定时软件是否运行正常，不正常请重新设置并连接； (2)复位电源时序控制器空开，重新设置并连接软件； (3)更换电源时序控制器	全站所有PIS屏不亮
PIS/LED屏	中心网管显示车站LED屏离线，LED屏无法接收中心下发信息	LEDHOST软件运行异常	检查车站服务器LEDHOST软件是否运行	LED屏无法接收中心下发信息
		网线水晶头、中继续交换机故障	Ping车站LED屏IP，检查通信是否正常，检查网线水晶头、中继续交换机是否正常，不正常更换	
		开关电源故障	检查开关电源输入和输出端是否有电，异常请更换	
		LED控制卡故障	更换LED控制卡	
PIS/LED屏	显示亮线或字体显示不全	排线故障或模组故障	(1)检查模组之间排线是否松脱，否则更换排线； (2)更换模组	影响屏幕正常显示
PIS/查询机	显示花屏或黑屏	视频线或屏故障	(1)检查视频连接线是否松脱，否则更换； (2)更换查询机屏	影响屏幕正常显示
	中心网管显示查询机离线	网线水晶头或中继交换机故障	(1)更换网线水晶头； (2)更换中继交换机	查询机无法接收中心下发信息
车载PIS/LCD屏	电客车整列LCD屏显示蓝屏，列车折返后恢复正常显示	车载LCD控制器播放系统问题	重新安装并配置播放软件	
	电客车所有LCD屏显示蓝屏	车载CCTV监控主机故障、车辆编码器故障、车载LCD控制器故障	(1)检查视频连接线缆是否松动； (2)配合车辆人员检查车载CCTV监控主机或软件是否启动； (3)将控制器输出视频线缆接至触摸监控屏上观察是否为车辆编码器故障； (4)检查车载LCD控制器系统（DOM）盘是否故障	影响屏幕正常显示
	电客车PIS屏全车白屏，屏幕显示无法显示网页，或提示D盘数据丢失	硬盘故障	更换车载控制器硬盘。操作步骤请参阅"更换车载硬盘操作步骤"	
PIS/LCD屏	上行/下行/站厅/出入口全部LCD屏显示异常，提示找不到引导盘信息	硬盘故障	更换硬盘并对系统进行设置。操作步骤请参阅"更换车站硬盘操作步骤"	

（1）更换车站 LCD 控制器硬盘操作步骤如下。

①关闭控制器电源。

②将控制器拆除，打开机箱盖板。

③拆除故障硬盘。

④更换硬盘后，上电测试并安装好控制器。

⑤用启动盘还原系统，将相邻站点软件拷贝至 D 盘，按照《LCD 控制器配置教程》进行配置。

（2）更换车载 LCD 控制器硬盘操作步骤如下。

①关闭控制器电源。

②将控制器拆除，打开机箱盖板。

③拆除故障硬盘。

④更换硬盘后，上电测试并安装好控制器。

⑤用启动盘还原系统，替换 C 盘文件 ZhengZhou No1 Subway 文件夹，D 盘文件 Displayfiles 文件夹和 movies 文件夹。

⑥新装主机仅设置单网卡：10.31.252.××网段，BH_configplayer.ini 配置文件中 LocalIP=192.168.1.61 修改为主机外网地址。

⑦设置主机显示分辨率 1024×768，取消屏保设置、休眠模式、关闭防火墙。

第七节　广播系统故障处理

（1）中心防灾控制终端无法正常使用，故障排查方法如下：

①检查串口连接器线缆是否脱落、线缆是否连接正确，若脱落，加固拧紧。

②检查与此防灾终端连接的通信扩展模块是否工作正常，若不正常更换此模块。

③检查串口收发器 RS422 是否正常，如果 RS422 不正常更换 RS422。

④若故障依旧，则需对操作终端软件进行分析。

（2）综合监控、广播盒点击播放预录制音无音频输出，故障排查方法如下：

①将控制机箱断电，然后将语音合成模块取出。

②将语音板卡中的 SD 卡取出，然后再插回，然后再将语音板卡插回控制机箱，并加电。

③若故障依旧，则需更新新的语音合成模块。

（3）广播控制盒或综合监控话筒对广播区无音频输出，故障排查方法如下：

①查看相对应的前级放大模块的音量设置是否被改到最小值。

②若没有，则查看相对应的前级放大模块是否有问题，更换一块然后开区尝试。

③查看相对应的话筒音频线是否正确连接。

④查看机房侧以及车站控制室侧两接头内是否有线路脱落。

(4) 上下行无 ATS 报站广播,故障排查方法如下:

①查看上下行广播区是否被占用状态。

②检查传输线是否正确连接。

③以太网到交换机线是否连通。

④查看上下行相对应功放是否有音频输入,以及相对应的广播区端子开区时是否有电压输出,查看是否是功放问题。

⑤查看相对应的音频线是否插牢。

⑥上下行 ATS 报站正常,恢复正常。

(5) 广播控制盒或者综合监控音频话筒无监听,故障排查方法如下:

①查看接线箱上的监听 2 音频线是否正确连接,卡的位置是否有松动。

②打开监听时,查看监听模块是否打开,若未打开,查看监听控制网线是否有问题,是否插牢,是否连通。

③查看 PI、PO、GND 线路是否连通。

④若单个区域无监听,查看相对应的功放是否有音频输出,更换无监听的区域相对应的输出控制模块。

⑤查看连接两个盒的线缆接头内是否有线脱落。

第八节　时钟系统故障处理

时钟系统常见故障现象为子钟无显示、走时不准,母钟时间显示不准确等。下面介绍常见故障处理思路。

一、母钟不工作,无任何显示故障处理

1. 故障原因

(1) 无交流供电或接线不牢。

(2) 电源模块故障。

2. 故障分析与处理

(1) 恢复交流供电,排查电源线故障。

(2) 更换电源模块。

二、母钟走时不准故障处理

1. 故障原因

没收到 GPS 标准时间信号。

2. 故障分析与处理

（1）检查 GPS 接收机供电是否正常。
（2）检测 GPS 天线及信号传输线。
（3）检修 GPS 接收机。

三、主备母钟不能切换故障处理

1. 故障原因

主母钟出现故障。

2. 故障分析与处理

依据监控终端提示,对主母钟进行板件级更换。

四、监控系统声光报警故障处理

1. 故障原因

系统有关环节出现问题。

2. 故障分析与处理

依据监控终端提示,对相关部件进行检查更换。

五、数字式子钟不显示故障处理

1. 故障原因

（1）无交流供电或接线不牢。
（2）电源模块损坏。

2. 故障分析与处理

（1）恢复交流供电,排查电源线故障。
（2）更换电源模块。

六、数字式子钟走时不准故障处理

1. 故障原因

（1）没收到上级母钟发来的标准时间信号。

(2)控制板出现故障。

2. 故障分析与处理

(1)检查上级母钟有无故障告警模块。

(2)更换故障模块。

(3)更换数字式子钟。

(4)如故障仍未恢复则检查 RS422 接口及传输线是否连接可靠。

七、数码显示块缺划或多划

1. 故障原因

(1)对应驱动电路故障。

(2)对应的数码管故障。

2. 故障分析与处理

(1)更换控制板。

(2)更换显示数码管。

八、数码显示块亮度不均匀

1. 故障原因

对应的数码块故障(受过压或过流损伤)。

2. 故障分析与处理

更换显示数码块。

九、本站所有子钟通信故障,母钟正常

1. 故障原因

通信线短路或子钟故障引起短路。

2. 故障分析与处理

依次排查各通信线路和对应的子钟是否正常。

第十九章 通信仪表的使用

> **岗位应知应会**
>
> 1. 熟悉仪表面板和按钮,可以熟练进行仪表参数设置。
> 2. 使用仪表进行数据的测试,利用仪表辅助进行通信系统常见故障的处理。
>
> **重难点**
> 重点:万用表、绝缘测试仪的使用。
> 难点:驻波测试仪的使用。

第一节 光源、光功率计

一、概述

光源、光功率计采用精确的软件校准技术,可测量不同波长的光功率,是光电器件、光无源器件、光纤、光缆、光纤通信设备的测量以及光纤通信系统工程建设和维护的必备测量工具。以武汉光谷所生产的光源、光功率计为例,介绍其常见的维护使用。

二、技术条件

(一)性能指标

(1)光波长范围:850～1550nm。
(2)光功率测量范围:-70～+10dBm。
(3)显示分辨率:0.01dB。
(4)准确度:±5%(-70～+3dBm)。
(5)环境条件:工作温度0～55℃;工作湿度≤85%。

(二)基本功能

(1)显示方式:线性(mw/μw/nw)、对数(dBm)、相对测量(dB)。

（2）自动功能：自动量程，自动调零，量程保持，平均处理，相对测量处理，波长校准。

三、面板说明

光源光功率计面板如图19-1所示。

（1）DET 删除数据键：删除测量过的数据。

（2）dBm/W REL 键：测量结果的单位转换，每按一次此键，显示方式在"W"和"dBm"之间切换。

（3）λ_{LD} 键：作为光源模式时，1310mm 和 1550mm 波长转换，常用 1310mm。

（4）$\lambda/+$ 键：6个基准校准点切换，有6个基本波长校准点：850nm、1300nm、1310nm、1490nm、1550nm 和 1625nm。

（5）SAVE/- 键：储存测量数据。

（6）LD 键：光功率计与光源模式转换。

（7）POWER 键：电源开关。

图19-1　光源光功率计面板图

四、基本操作

（一）开机

先将电源开关置"ON"，仪器开始自检，点亮所有的发光器件，然后进入初始状态。仪器的初始状态如下。

（1）测量方式：dBm。

(2)测量波长:1310nm。
(3)量程(RH):自动方式。
(4)调零(ZERO):关。
(5)平均(AVG):关。

(二)设定波长

开机后,仪器自动设定波长为1310nm。要改变测量波长,按"λ SET"键,其上方指示器发光,此时,"数码显示窗"显示其对应的波长数(单位:nm),每按一次该键,改变一个选定波长,同时在"数码显示窗"显示出来,其值可以在850nm、980nm、1300nm、1310nm、1480nm和1550nm之间循环,按"MEAS"键后便选定了最后显示的波长,同时转入测量状态。

(三)测量

1. 一般测量

仪器在测量状态下,可以根据使用者的习惯和测试特点选择测量数据的显示方式为"dBm"或"W",用按"dBm/W"键来完成,每按一次键,显示方式在"dBm"和"W"之前交换一次。这两种方式都是显示数据的绝对值,"dBm"是以1mW为基准的对数表示值。

2. 相对测量"dB(REL)"

若希望得到相对测量数据,如损耗测量等,可用按"dB(REL)"键来实现。先按一般测量方式(dBm)测量(得到初始值),接着按一次"dB(REL)"键(就以按键时的当前测量值为参考点),再去测量变化了的光功率数据,则显示数据是以上一次测量的初始值为参考点的相对"dB"数。

3. 量程选择及保持

"RH"键上方指示器不发光时为自动量程状态,即仪器根据被测光功率的大小自动切换适合的量程。按一次"RH"键,其上方的指示器发光,表明仪器处于量程保持状态,并保持在按此键时的量程,在超量程和欠量程时,"OR"或"UR"指示器将相应发光,而且"数码显示窗"的显示数字不断闪烁,提醒使用者应当改变适当的量程。在自动量程状态下,输入光功率超过最大量程时也出现这种现象。

(四)使用说明

光功率计的IN口代表输入口,在光功率计的接受模式下使用此口;光功率计的OUT口代表输出口,在光源模式下使用此口,详见图19-2。

图19-2左边为光源设置:使用LD键设置为光源模式,波长为1310mm,使用输出OUT口。

图19-2右边为光功率计设置:使用LD键设置为接受模式(光功率模式),用"dBm/W

REL"键切换单位查看结果,并用"SAVE/-"键储存测量结果。

图 19-2　线缆连接示意图

五、注意事项

任何情况下避免眼睛直视光功率计的激光输出口,对端接入光传输设备时,同样避免用眼睛直视光源,否则会造成永久性视觉烧伤。

装电池的光功率计长期不用时须取出电池,可充电的光功率计每个月须充放电一次。

光源光功率计使用时,保护好仪表输入和输出口,每 3 个月用酒精棉清洁一次。

第二节　万　用　表

本教材以常用的福禄克 17B 型万用表为例,介绍万用表的常见使用方法。

一、仪表概述

(一)接线端介绍

万用表接线端子示意图及介绍分别见图 19-3、表 19-1。

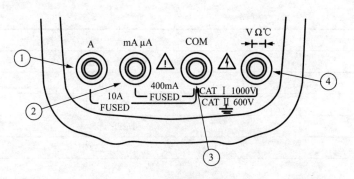

图 19-3 万用表接线端子

万用表接线端子介绍　　　　　　　　　　　　　　　表 19-1

项　目	说　明
①	用于交流电和直流电电流测量（最高可测量 10A）和频率测量的输入端子
②	用于交流电和直流电的微安以及毫安测量（最高可测量 400mA）和频率测量的输入端子
③	适用于所有测量的公共接线端
④	电阻、通断性、电容、频率和温度测量的输入端子

注："项目"一列的序号与图 19-3 中的序号相对应。

（二）显示屏介绍

万用表显示屏示意图及介绍分别见图 19-4、表 19-2。

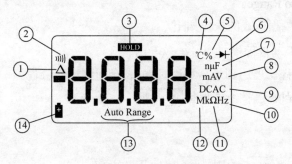

图 19-4 万用表显示屏

万用表显示屏介绍　　　　　　　　　　　　　　　表 19-2

项　目	说　明
①	已激活相对模式
②	已选中通断性
③	已启用数据保持
④	已选中温度
⑤	已选中占空比
⑥	已选中二极管测量

续上表

项　目	说　明
⑦	F:电容点位法拉第
⑧	A，V:安培或福特
⑨	直流、交流
⑩	Hz:已选频率
⑪	Ω:已选欧姆
⑫	m，M，k:十进制前缀
⑬	自动量程
⑭	电池电量不足

注:"项目"一列的序号与图 19-4 中的序号相对应。

二、常用测量

（一）手动量程及自动量程

电表有手动及自动量程两个选择。在自动量程模式内,电表会为检测到输入选择的最佳量程,也可以手动选择量程来改变自动量程。

在有超出一个量程的测量功能中,电表的默认值为自动量程模式。当电表处于自动量程模式时,显示为 Auto Range。

进入及退出手动量程模式的操作如下。

(1)按 RANGE 进入手动量程模式。

按下 RANGE 增加量程。当达到最高量程时,电表会回到最低量程。

(2)退出手动量程模式,按下并保持 RANGE 2s。

（二）数据保持

保持当前阅数,按下 HOLD 。再按 HOLD 恢复正常操作。

（三）测量交流或直流电压

首先选择电表上的交流电功能,同时留意记下产生正确测量结果所在的交流量程。然后手动选择直流电压功能,使直流量程等于或高于前面的交流量程。该过程可最大限度降低交流瞬变所带来的影响,确保准确直流测量。电压测量如图 19-5 所示。

(1)调节旋钮至 $\widetilde{V}$、$\overline{V}$,或 $\overline{mV}$ 以选择交流或直流。

(2)将红表笔连接至 VΩ 端子,黑表笔连接至 COM 端子。

(3)将探针接触想要的电路测测点,测量电压。

(4)阅读显示屏上测出的电压。

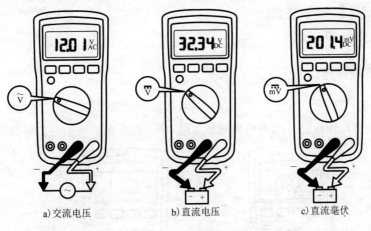

a) 交流电压　　　　b) 直流电压　　　　c) 直流毫伏

图 19-5　电压测量

(四) 测量交流或直流电流

为了防止可能发生的电击、火灾或人身伤害,测量电流时,先断开电路电源,然后再将电表连接到电路中,使仪表与电路串联连接。电流测量如图 19-6 所示。

(1) 调节旋钮至 $\widetilde{\overline{A}}$、$\widetilde{\overline{mA}}$,或 $\widetilde{\overline{\mu A}}$。
(2) 按下"黄色"按钮,在交流或直流电流测量间切换。
(3) 根据要测量的电流将红表笔连接至 A 或 mA 端子,并将黑表笔连接至 COM 端子。
(4) 断开待测的电路路径,然后将测试表笔衔接断口并施用电源。
(5) 阅读显示屏上的电流值。

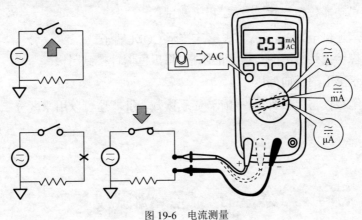

图 19-6　电流测量

(五) 测量电阻

(1) 将旋转开关转至 Ω,确保已切断待测电路的电源。
(2) 将红表笔连接至 VΩ 端子,黑表笔连接至 COM 端子。
(3) 将探针接触想要的电路测试点,测量电阻。

(4)阅读显示屏上的电阻值。

电阻测量如图 19-7 所示。

(六)测量通断性

选择电阻模式,按下"黄色"按钮两次,以激活通断性蜂鸣器。如果电阻低于 50Ω,蜂鸣器将持续发声,表明出现短路。如果电表阅数为 OL,则电路断路。通断性测量如图 19-8 所示。

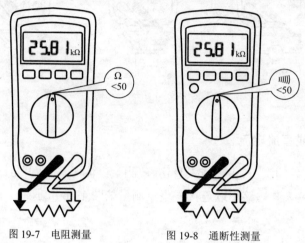

图 19-7　电阻测量　　　图 19-8　通断性测量

(七)测量二极管

(1)将旋转开关转至 ![]。

(2)按"黄色"功能按钮一次,启动二极管测试。

(3)将红表笔连接至 VΩ℃ 端子,黑表笔连接至 COM 端子。

(4)将红色探针接到待测的二极管的阳极,将黑色探针接到阴极。

(5)阅取显示屏上的正向偏压。

(6)如果表笔极性与二极管极性相反,显示读数为 OL。这可以用来区分二极管的阳极和阴极。

第三节　绝缘测试仪

一、仪表概述

以福禄克 1508 型仪表为代表介绍绝缘测试仪的常见使用方法。该测试仪可用于测量或测试下列参数：交流/直流电压，接地耦合电阻，绝缘电阻。

(一)旋转开关位置

选择任意测量功能挡即可启动测试仪。测试仪为该功能挡提供了一个标准显示屏（量程、测量单位、组合键等）。用蓝色按钮选择其他任何旋转开关功能挡（用蓝色字母标记）。旋转开关的选择如图 19-9 所示，开关挡位介绍见表 19-3。

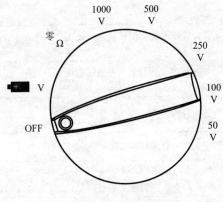

图 19-9 选择开关

开关挡位介绍　　　　　　　　　　　　　　表 19-3

开关位置	测量功能
▬ V	交流(交流)或 直流(直流)电压，0.1～600 V
零 Ω	ohms（欧姆），0.01～20.00 kΩ
1000V 500V 250V 100V 50V	ohms（欧姆），0.01 MΩ～10.0 GΩ。利用 50V、100V、250V、500V 和 1000V 执行绝缘测试

(二)按钮和指示灯

使用按钮来激活可扩充旋转开关所选功能的特性。测试仪的前侧还有两个指示灯，当使用此功能时，它们会亮起。按钮和指示灯如图 19-10 所示，按钮和指示灯含义见表 19-4。

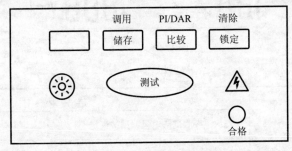

图 19-10 按钮和指示灯

按钮和指示灯含义　　　　　　　　　表 19-4

按钮/指示灯	说　明
□	按蓝色按钮来选择其他测量功能挡
调用／储存	保存上一次绝缘电阻或接地耦合电阻测量结果
调用／储存	第二功能。检索保存在内存中的测量值
PI/DAR 比较	给绝缘测试设定通过/失败极限
PI/DAR 比较	第二功能。按此按钮来配置测试仪进行极化指数或介电吸收比测试。按 (测试) 测试按钮开始测试
清除／锁定	测试锁定。如在按测试按钮之前按下此 (测试) 按钮,则再次按下锁定或测试按钮解除锁定之前,测试将保持在活动状态
清除／锁定	清除所有内存内容
⊛	打开或关闭背光灯。背光灯在 2 min 后熄灭
(测试)	当旋转开关处于 INSULATION（绝缘）位置时,启动绝缘测试。使测试仪供应(输出)高电压并测量绝缘电阻。当旋转开关处于 ohms（欧姆）位置时,启动电阻测试
⚡	危险电压警告。表示在输入端检测到 30 V 或更高电压（交流或直流取决于旋转开关的位置）。当在 ━ v 开关位置上,显示屏中显示 OL,以及 batt 显示在显示屏上时,也会出现该指示符。当绝缘测试正在进行时,⚡ 符号也会出现
○	通过指示灯。指示绝缘电阻测量值大于所选的比较限值

（三）显示屏

显示屏如图 19-11 所示,显示屏说明见表 19-5。

图 19-11　显示屏

显示屏说明　　　　　　　　　表 19-5

指　示　符	说　明
锁定	表示绝缘测试或电阻测试被锁定
>	负号,或大于符号

续上表

指 示 符	说 明
⚡	危险电压警告
▬➕▬	电池低电量。指示何时应更换电池。当显示 ▬➕▬ 符号时，背光灯按钮被禁用以延长电池寿命。 为了避免因读数出错导致触电或人身伤害，当显示电池低电量指示符时，应尽快更换电池
PI　DAR	极化指数或介电吸收比测试被选中
∅零	导线零电阻功能启用
VAC, VDC, Ω, kΩ, MΩ, GΩ	测量单位
88.8.8	主显示
测试	绝缘测试指示符。当施加绝缘测试电压时，该符号显示
V_{DC}	伏特（V）
1888	辅助显示
比较	表示所选的通过/失败比较值
18 储存号	储存位置
batt	出现在主显示位置，表示电池电量过低，不足以可靠运行。更换电池之前测试仪不能使用。当主显示位置出现符号时，也会显示
>	表示超出量程范围的值
CAL Err	校准数据无效；请校准测试仪

（四）输入端子

输入端子如图 19-12 所示，输入端子说明见表 19-6。

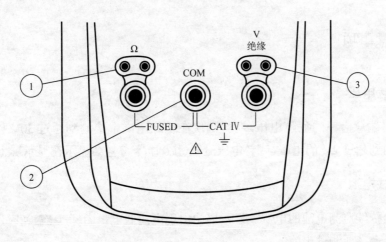

图 19-12　输入端子

输入端子说明 表19-6

项 目	说 明
①	用于电阻测量的输入端子
②	所有测量的公共（返回）端子
③	所有测量的公共（返回）端子

注："项目"一列的序号与图19-12中的序号相对应。

（五）开机通电选项

测试仪开机时，同时按住一个按键将激活开机通电选项。开机通电选项被激活后能够使用测试仪的附加特点和功能。要选择开机通电选项，在将测试仪从OFF（关闭）位置转至任何开关位置时，同时按住所指示的适当按钮。当将测试仪转至OFF（关闭）时，开机通电选项被取消。开机通电选项说明见表19-7。

按 钮 说 明 表19-7

按 钮	说 明
	V 开关位置打开所有 LCD 条形段 零Ω 开关位置显示软件的版本号 1000V 开关位置显示测试仪型号
清除 锁定	启动 Calibration（校准）模式。当释放按钮时，测试仪显示 [AL 并进入 Calibration（校准）模式

（六）测试导线

在将测试导线与电路或设备连接时，在连接带电导线之前先连接公共（COM）测试导线；当拆下测试导线时，要先断开带电的测试导线，再断开公共测试导线。

为了避免触电、人身伤害，或损坏测试仪，在测试前，请断开电路电源并将所有高压电容器放电。

二、注意事项

（一）危险电压

为了提醒注意潜在的危险电压，当测试仪在绝缘测试中检测到超过30V以上的电压，在电阻中检测到超过2V的电压，或者电压过载（OL）时，⚡符号会显示在显示屏上。

（二）测试电池

测试仪会持续监测电池的电压。显示屏中出现电池低电量图标（▭）时，表示电池只剩下最短的寿命。要测试电池。

(1) 将旋转开关转至 ➕V 位置，但不插接探头。

(2) 按蓝色按钮启动满负荷电池测试。电压功能显示消失，所测得的电池电压在主显示位置上显示 2s，然后恢复电压显示。

（三）测试保险丝

为了避免触电或人员伤害，在更换保险丝前，请先取下测试导线并断开一切信号输入。

依照以下步骤及图 19-13 所示测试保险丝和更换保险丝。

(1) 将旋转开关转至 ⌁Ω 位置。

(2) 按住测试按钮 测试。如果显示屏读数是 FUSE，则表示保险丝已损坏，应予以更换，如图 19-14 所示。

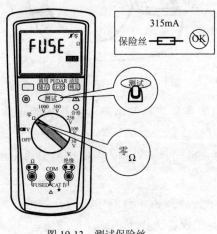

图 19-13　测试保险丝

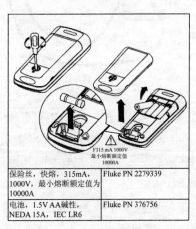

图 19-14　更换电池和保险丝

三、常用测量

（一）测量电压

电压测量如图 19-15 所示。

（二）测量绝缘电阻

绝缘测试只能在不通电的电路上进行。绝缘电阻的测量按如图 19-16 所示，设定测试仪并遵照下列步骤操作。

(1) 将测试探头插入 V 和 COM（公共）输入端子。

(2) 将旋转开关转至所需要的测试电压。

(3) 将探头与待测电路连接，测试仪会自动检测电路是否通电。

① 主显示位置显示"----"直到您按 测试 按钮，此时将获得一个有效的绝缘电阻读数。

②如果电路中的电压超过30V（交流或直流），在主显示位置显示电压超过30V以上警告的同时，还会显示高压符号⚡。在这种情况下，测试被禁止。在继续操作之前，先断开测试仪的连接并关闭电源。

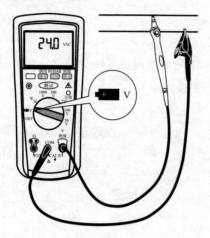

图 19-15　测试电压　　　　　　　　图 19-16　测试绝缘电阻

（4）按住 测试 按钮开始测试。辅显示位置上显示被测电路上所施加的测试电压，主显示位置上显示高压符号⚡，并以 MΩ 或 GΩ 为单位显示电阻。显示屏的下端出现 测试 图标，直到释放 测试 按钮。当电阻超过最大显示量程时，测试仪显示 > 符号以及当前量程的最大电阻。

（5）继续将探头留在测试点上，然后释放 测试 按钮。被测电路即开始通过测试仪放电。主显示位置显示电阻读数，直到开始新的测试或者选择了不同功能或量程，或者检测到了 30V 以上的电压为止。

第四节　驻波测试仪

驻波分析仪是用于无线系统安装和维护的多功能测试仪器，以常用的鸟牌驻波分析仪为例，来介绍驻波分析仪在日常维护时的应用。

一、仪表介绍

（一）标准配件

（1）驻波分析仪；
（2）便携包；

(3)PC 工具软件；
(4)交流电源适配器；
(5)测试连接线。

(二)仪表特点

(1)操作简单,适用于初次使用或偶然使用及专业人士使用。
(2)逐步指导使用者如何进行常规测试。
(3)高分辨率彩色显示屏。
(4)使用可更换的锂电池。
(5)自动降压以保护电池。
(6)工作环境最低可为 -10°C。

(三)驻波测试模式

(1)快速扫频测试。
(2)可以设置起始频率以及中心频率和频率带宽。
(3)测量单位可以是回波损耗(dB)或线损(dB)以及 VSWR 比。

(四)驻波测试仪按键

定位分析器上的按键分为以下两类。

第一类是指有一种特殊功能的硬按键。功能显示在按键上或按键旁,例如回车键。

第二类是软按键。每个软按键（在左侧有 5 个此类按键）都有改变当前支持模式的功能。按键的名称出现在屏幕的左侧,例如范围键。

驻波测试仪面板如图 19-17 所示。

二、校准

(一)标准配件

(1)一个 50Ω 负载；
(2)一个开路标准；
(3)一个短路标准。

(二)校准

为了得到准确的结果,在进行测量之前要对驻波测试仪进行校准及频率设定,如图 19-18 所示。

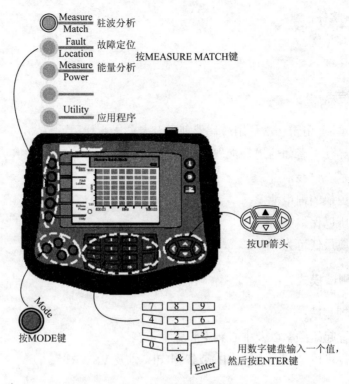

图 19-17　驻波测试仪面板图

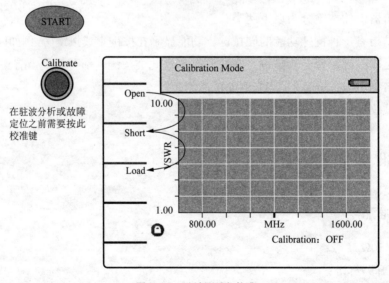

图 19-18　驻波测试仪校准

(1) 按 CALIBRATE。

(2) 接上开路标准器按 OPEN。等到"哔"的一声同时出现一条轨迹后再继续进行其他操作。

(3) 接上短路标准器按 SHORT。等到"哔"的一声同时出现一条轨迹后再继续进行其他操作。

（4）接上标准负载按LOAD。等到"哔"的一声同时出现一条轨迹后再继续进行其他操作。

（5）当这三项都测试过以后，驻波测试仪将自动进入主屏幕，同时设置新的参数。此时驻波测试仪校准完毕。

（6）注意：在校准的时候，测试仪的主屏幕会显示"Calibration:FULL"。在未校准的时候，测试仪的主屏幕会显示"Calibration:OFF"。

三、驻波测试模式

驻波测试模式下的测试是检验和监控在不同频率范围内的天馈系统的匹配情况。测试结果显示在由 X 轴、Y 轴组成的图表中，如图19-19所示。X 轴显示频率，Y 轴显示回波损耗或线损，或VSWR。

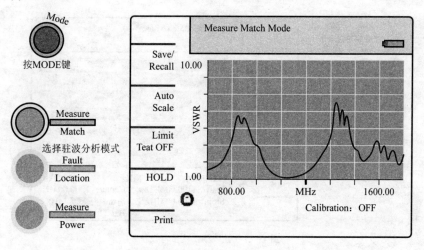

图19-19 驻波测试仪测试模式设置

注意：为了获得最佳的测量结果，在测试之前必须设置频率及校准。

（一）设置频率

频率可以人为设置或从列表中选取，如图19-20所示。如果人为地改变起始频率、终止频率、中心频率、带宽（图19-21），那么波段将会变为"Custom"。

注意：改变频率设置将会自动转到校准界面。通常是在校准单位之前设置频率。

（二）设置测试刻度及单位

显示的刻度可以是自动刻度也可以是人工调整。显示的单位可以是回波损耗（dB）、线损（dB）或VSWR比，如图19-22、图19-23所示。

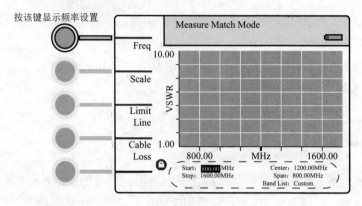

图 19-20　驻波测试仪频率设置

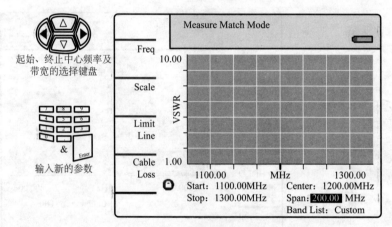

图 19-21　驻波测试仪带宽设置

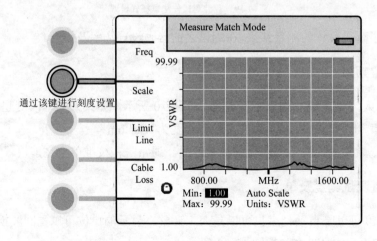

图 19-22　驻波测试仪刻度设置

通过该键盘选择单位

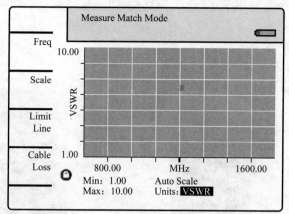

图 19-23 驻波测试仪单位设置

第五节 阻 抗 仪

一、仪表介绍

以安捷伦手持式 U1733CLCR 电桥表为例(图 19-24),利用此仪表测试某个广播区的阻抗。

二、功能介绍

(1)广泛的测试范围和 5 个可选测试频率(100Hz、120Hz、1kHz、10kHz 和 100kHz)。
(2)自动识别功能可以自动确定并显示元件类型和测量。
(3)使用直流 R、ESR、Z、D、Q 和 θ 功能进行详细的元器件分析。

三、仪表使用说明

(1)打开电源开关◎,打开仪表。
(2)按 Freq 选择适合的测量频率 1kHz,然后按 ZLCR 选择阻抗测量。
(3)选择 Range/Auto,启动自动模式。
(4)首次使用测试,要进行校准。
(5)仪表上插入两个表笔,红色插入 + 端,黑色插入 - 端;在两个表笔不连接的情况下,按 ΔNull/Cal;再按一下 ΔNull/Cal,CAL 闪烁,断路校准开始,10s 以后断路校准结束。

（6）将两个表笔相连，按[ΔNull/Cal]；短路校准开始；大约10s短路校准结束。

（7）将两个表笔分别放到广播系统一个回路的＋端和－端，则显示阻抗值，如果阻抗值大于50Ω，表示此回路正常。

驻波测试仪测量结果如图19-25所示。

图19-24　驻波测试仪面板图

图19-25　驻波测试仪测量结果

四、注意事项

（1）如果初次使用阻抗仪，必须先进行校准。

（2）如果仪表表笔线过短，建议使用万用表表笔，使用前同样先进行校准。

（3）如果测量元器件时，建议使用短的表笔线，线越短、测量越准确。

第二十章　通信系统平台搭建

> **岗位应知应会**
>
> 1. 能够熟练制作常用通信的接头。
> 2. 利用实验材料，遵循操作步骤，能搭建电源、闭路电视监视、乘客信息系统、广播系统的模拟实验平台。
>
> **重难点**
>
> 重点：通信接头的制作。
> 难点：乘客信息系统模拟平台的搭建。

第一节　通信接头制作

通信接头制作，本教材包含五类网线接头、视频 BNC 接头和 2M 接头的制作。

一、五类网线 RJ45 接头制作

（一）RJ45 接头简介

RJ45 是布线系统中信息插座（通信引出端）连接器的一种，连接器由插头（接头、水晶头）和插座（模块）组成。RJ45 接头用于数据电缆的端接，实现设备、配线架模块间的连接及变更。RJ45 连插头与双绞线端接有 T568A 或 T568B 两种结构。在 T568A 中，与之相连的 8 根线分别定义为：白绿、绿、白橙、蓝、白蓝、橙、白棕、棕。在 T568B 中，与之相连的 8 根线分别定义为：白橙、橙、白绿、蓝、白蓝、绿、白棕、棕。网络传输线分为直通线、交叉线。直通线用于异种网络设备之间的互连，例如计算机与交换机，直通线两端的接头均采用 T568B。交叉线用于同种网络设备之间的互连，例如计算机与计算机，交叉两端的接头，一端采用 T568B，另一端采用 T568A。

（二）RJ45 接头制作标准

RJ45 接线标准如图 20-1、图 20-2 所示。

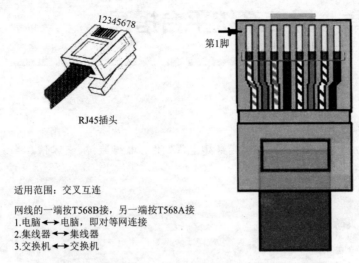

图 20-1　T568B 接线标准

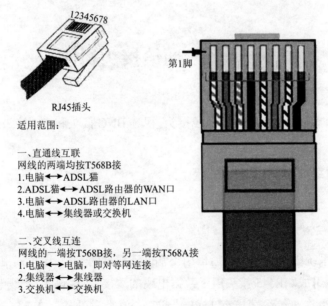

图 20-2　T568A 接线标准

二、RJ45 接头制作过程

（1）用 RJ45 压线钳的切线槽口剪裁适当长度的双绞线，如图 20-3 所示。

（2）用 RJ45 压线钳的剥线口将双绞线一端的外层保护壳剥下约 1.5cm（太长接头容易松动，太短接头的金属刀口不能与芯线完全接触），注意不要伤到里面的芯线，如图 20-4 所示。

（3）将 4 对芯线成扇形分开，按照相应的接口标准（EIA/TIA-568A 或 EIA/TIA-568B）从左至右整理线序并拢直，使 8 根芯线平行排列，整理完毕用斜口钳将芯线顶端剪齐，如

图 20-5、图 20-6 所示。

（4）将水晶头有弹片的一侧向下放置，然后将排好线序的双绞线水平插入水晶头的线槽中，注意导线顶端应插到底，以免压线时水晶头上的金属刀口与导线接触不良，如图 20-7 所示。

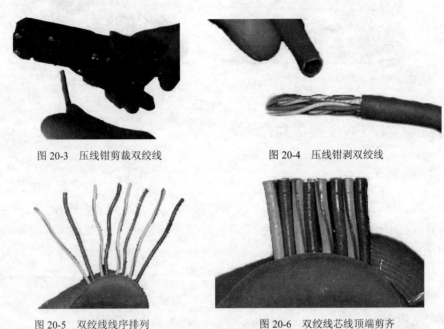

图 20-3　压线钳剪裁双绞线　　　　　　图 20-4　压线钳剥双绞线

图 20-5　双绞线线序排列　　　　　　　图 20-6　双绞线芯线顶端剪齐

（5）确认导线的线序正确且到位后，将水晶头放入压线钳的 RJ45 夹槽中，再用力压紧，使水晶头加紧在双绞线上。至此网线一端的水晶头就压制成功，如图 20-8 所示。

 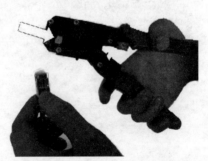

图 20-7　双绞线水平插入水晶头的线槽　　　图 20-8　压线钳压紧水晶头

（6）如图 20-9 所示，压制过与未压制过的水晶头进行对比，左侧为压制过的，铜压刀已经完全没入水晶头内。

（7）同理制作双绞线的另一头接头。如果制作的是交叉线，两端接头的线序应不同。

（8）使用网线测试仪来测试制作的网线是否连通。将网线两端的 RJ45 水晶头插入测试仪的两个接口之后，打开测试仪的开关，可以看到测试仪上的两组指示灯都在闪动。若测试的线缆为直通线缆，则在测试仪上的 8 个指示灯应该依次为绿色闪烁，如图 20-10 所示。

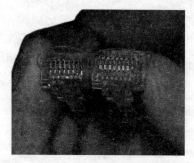

图 20-9　压制过与未压制过的水晶头对比　　图 20-10　网线测试仪测试通断

三、视频监控 BNC 接头制作

(一) BNC 接头简介

卡扣配合型连接器 (Bayonet Nut Connector,简称 BNC) 接头是一种用于同轴电缆的连接器，**其特性阻抗分为 50Ω 和 75Ω 两种**，它具有连接（分离）迅速、接触可靠等特点。BNC 连接器用于射频信号的传输，包括模拟或数字视频信号的传输。同轴电缆由外向内分别为保护胶皮层、金属屏蔽网线（接地屏蔽线）、乳白色透明绝缘层和铜芯线（信号线），铜芯线由一根或多根铜线构成，金属屏蔽网线是由金属线编织的金属网，内外层导线之间用乳白色透明绝缘物填充使内外层导线保持同轴，称为同轴电缆，如图 20-11 所示。

(二) BNC 接头制作过程

（1）拧开 BNC 视频头，如图 20-12 所示。

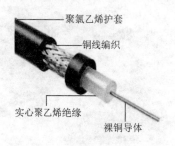

图 20-11　同轴电缆内部结构　　　　图 20-12　BNC 接头外观

（2）把 BNC 视频头套筒先套进同轴线，如图 20-13 所示。

（3）剥开同轴线外面的保护层，如图 20-14 所示。

图 20-13　BNC 接头套进同轴线　　　　图 20-14　剥开同轴线

(4)整理好屏蔽网、剪掉屏蔽膜,如图20-15所示。
(5)裁掉同轴线多余部分,如图20-16所示。

图20-15 整理屏蔽层

图20-16 裁剪多余同轴线

(6)同轴线芯插入对应的BNC头孔位(正面),如图20-17所示。
(7)接地屏蔽线插入对应的BNC头孔位(反面),夹紧视频头,如图20-18所示。

图20-17 同轴线芯插入BNC头

图20-18 夹紧视频头

(8)焊接同轴线芯,如图20-19所示。
(9)焊接屏蔽线,如图20-20所示。

图20-19 焊接同轴线芯

图20-20 焊接屏蔽线

(10)剪平屏蔽线并检查有无短路等,如图20-21所示。
(11)套上套管,如图20-22所示。

图20-21 剪平屏蔽线

图20-22 套上套管

(12)通断测试。

① 中心对中心导通测试:调整万用表到欧姆挡,使用万用表的两支探针接触缆线两头铜心,欧姆值为0呈现通路状态,则代表正常。否则重新制作,如图20-23所示。

② 外围对外围导通测试:调整万用表到欧姆挡,使用万用表的两支探针接触两个BNC接头外层的金属,欧姆值为0呈通路状态,则代表正常。否则重新制作,如图20-24所示。

③ 中心对外围导通测试:调整万用表到欧姆挡,使用万用表的两支探针,一端接触缆线铜心,一端接触外层的金属,欧姆值为最大则代表正常,如果欧姆值为0则重新制作,如图20-25所示。

图 20-23 中心对中心导通测试

图 20-24 外围对外围导通测试

图 20-25 中心对外围导通测试

四、射频同轴连接器 2M 接头制作

(一) 射频同轴连接器 2M 接头简介

射频同轴连接器通常是装接在电缆上或安装在仪器上的一种元件,作为传输线电气连接或分离的元件。L9 型 2M 头是最为常用的一种同轴电缆接头,阻抗分为 75Ω 与 120Ω 两种类型。

(二) 2M 接头制作过程

(1) 75Ω 同轴电缆一根,其长度根据具体需要确定。同轴插头 (L9-J 连接头) 一对,电烙铁、工具刀、专用压线钳各一把,如图 20-26 所示。

(2) 将同轴缆外皮拨开,如图 20-27 所示。

图 20-26 2M 接头制作所需工器具及材料

图 20-27 拨开同轴线缆

(3) 将 2M 头尾部外套拧开,并将尾部外套、压接套管套在同轴线上,如图 20-28 所示。

图 20-28 压接套管套在同轴线上

(4)用工具刀将同轴缆外皮剥去12mm,剥时力量适当,注意不得伤及屏蔽网,如图20-29所示。

(5)将露出的屏蔽网从左至右分开,用斜口钳剪去4mm,使屏蔽网长度为8mm,如图20-30所示。

 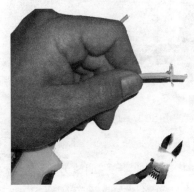

图20-29 剥开同轴缆　　　　图20-30 剪去屏蔽层

(6)将剥好的同轴线穿入同轴插头压接套管内,如图20-31所示。

(7)将同轴缆芯线插入同轴体铜芯杆,涂少许焊锡膏在同轴芯线上,用电烙铁沾锡点焊,焊接时间不得太长,以免破坏内绝缘,要求焊点光滑、整洁、不虚焊,如图20-32所示。

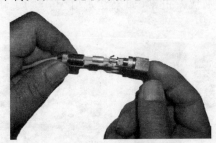 

图20-31 压接套管　　　　图20-32 焊接同轴缆线芯

(8)将屏蔽层贴附在同轴体接地管上,使屏蔽网尽可能大面积地与接地管接触,将压接套管套在屏蔽网上,保持压接套管与接地管留有1mm的距离,并保证屏蔽层不超出导压接管,如图20-33所示。

(9)用压线钳将压接管与接地管充分压接,但用力适当,不得压裂接地管,如图20-34所示。

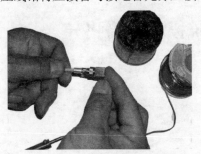 

图20-33 压接套管套在屏蔽网　　　　图20-34 压接压线管和接地管

(10) 压好后的 2M 头,如图 20-35 所示。

(11) 将同轴插头外套旋紧在同轴体上,如图 20-36 所示。

图 20-35　压好的 2M 头

图 20-36　同轴插头套紧同轴体

(12) 通断测试。

①中心对中心导通测试:调整万用表到欧姆挡,使用万用表的两支探针接触缆线两头铜芯,欧姆值为 0 呈通路状态通路,则代表正常。否则重新制作,如图 20-37 所示。

②外围对外围导通测试:调整万用表到欧姆挡,使用万用表的两支探针,接触两个 BNC 接头外层的金属,欧姆值为 0 呈通路状态,则代表正常。否则重新制作,如图 20-38 所示。

③中心对外围导通测试:调整万用表到欧姆挡,使用万用表的两支探针,一端接触缆线铜心,一端接触外层的金属,欧姆值为最大则代表正常,如果欧姆值为 0,则重新制作,如图 20-39 所示。

图 20-37　中心对中心导通测试

图 20-38　外围对外围导通测试

图 20-39　中心对外围导通测试

第二节　电源系统模拟平台搭建

一、平台搭建目的

(1) 了解电源系统基本设备组成。

(2)了解电源系统基本工作原理。

二、平台搭建设备连接图

电源系统实验组网如图 20-40 所示。

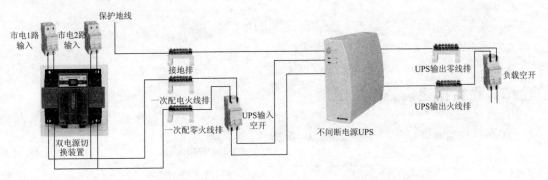

图 20-40　电源系统实验组网

三、平台搭建所需设备

空气开关（西门子 2P 63A）2 个，空气开关（西门子 2P 6A）2 个，双路切换装置（63A、2P）1 个，铜线排 5 个，不间断电源 UPS（山特 TG1000，内置蓄电池）1 台，电源线（6mm²、红色）20m，电源线（6mm²、蓝色）20m，接地线（6mm²、黄绿色）20m，冷压端子（6mm²）40 个。

四、平台搭建步骤

（1）按照图 20-40 所示，制作连接线，连接线两端必须冷压端子压接。
（2）按照连接图逐个连接设备，要求接线端子连接牢固。
（3）连接完毕后，按照连接图检查连线是否正确，确认完毕后方可进行下一步。
（4）确认设备连接正确后，按照以下步骤进行操作：
①依次闭合市电 1 路输入空开、市电 2 路输入空开。
②将双路电源切换装置设置成"自动"状态。
③闭合 UPS 输入空开。
④开启 UPS。
⑤闭合负载空开。
此时就可以用万用表测量负载空开出线处，应为交流 220V。

第三节　闭路电视监视系统模拟平台搭建

一、平台搭建目的

(1) 了解数字闭路电视监视系统基本设备组成。
(2) 了解数字闭路电视监视系统线缆路由。

二、平台搭建设备连接图

闭路电视监视系统实验组网如图 20-41 所示。

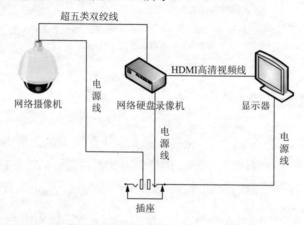

图 20-41　闭路电视监视系统实验组网

三、平台搭建所需设备

摄像机 1 个、网络硬盘录像机（存储、解码功能）1 台、显示器 1 台、超五类双绞线 1 根、电源线（设备自带）、HDMI 高清视频线（设备自带）。

四、平台搭建步骤

(1) 准备好设备及材料。
(2) 根据设备连接图将各设备连接完毕。
(3) 将各设备通电。
(4) 通过显示器上的摄像机显示界面配置摄像机。
(5) 操作网络硬盘录像机查看摄像机图像能否显示及回放。

第四节　乘客信息系统模拟平台搭建

一、平台搭建目标

通过搭建平台,模拟车站 LCD 控制器将节目下发至终端 LCD 屏的路由。掌握车站 LCD 控制器的配置方法。

二、平台搭建准备

硬件准备:LCD 控制器 1 台、高清视频光端(发射端) 1 台、高清视频光端机(接收端) 1 台、LCD 屏 1 台、FC 跳纤若干、HDMI 高清线 1 根。

软件准备:LCD 控制器 D 盘数据备份。

三、设备连接示意图

本平台仅模拟车站 LCD 控制器→高清视频光端机(发送端)→高清视频光端机(接收端)→ LCD 屏之间通道路由。设备连接示意图如图 20-42 所示。

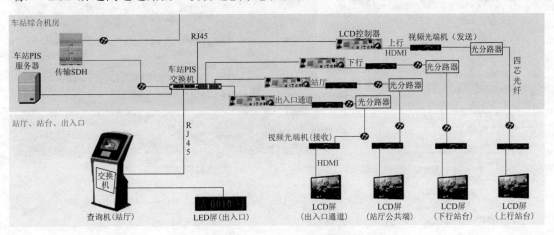

图 20-42　乘客信息系统实验组网

四、操作步骤

(1)将 LCD 控制器、高清视频光端机(发送端)、高清视频光端机(接收端)、LCD 屏依次连接、通电。

(2)将备份数据拷贝至 LCD 控制器 D 盘根目录下。

(3)对 LCD 控制器进行数据配置。

(4)配置完毕后重启计算机,开机自动进入全屏播放界面,有模板显示及视频画面。

五、LCD 控制器配置教程

(1)控制器已安装 Windows XP 系统,控制器到视频光端发射机高清视频线已连接好。

(2)设置屏幕分辨率为 1280×1024,观察显示屏是否能显示桌面,如果不能显示桌面,在桌面点击鼠标右键"Catalyst Control Center",如图 20-43 所示。

在"显示器管理器"中,右键点击选择"复制",设置桌面区域 1920×1080 即可,如图 20-44 所示。

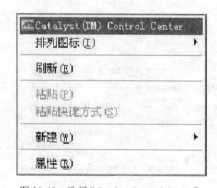

图 20-43　选择"Catalyst Control Center"

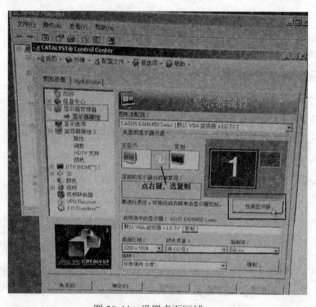

图 20-44　设置桌面区域

(3)关闭系统屏保、休眠功能,将控制器 IP 地址设置为车站出入口。

IP 地址:10.30.50.54,掩码:255.255.255.0,网关:10.30.50.254。

(4)在桌面,右键"我的电脑"→"管理"→"用户和组",将 Administrator 密码改成"neusoft"。单击"开始/运行",输入"控制存储器 d",按"回车",输入"control userpasswords2",调出用户账户界面,如图 20-45 所示。

在"用户"选项卡中去掉"要使用本机,用户必须输入用户名和密码","高级"选项卡中去掉"要求用户按 CTRL-Alt-Delete(R)",点击"应用"按钮,输入密码"neusoft",按"确定"按钮,重启计算机查看系统是否能够自动进入桌面。

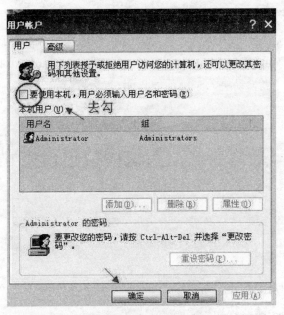

图 20-45　修改登录密码

（5）将桌面"软件"文件夹内的文件拷贝到 D 盘根目录下。

修改 D:\3i-Player\bin\Conf\HostConfigs\playerid.xml 文件，如图 20-46 所示。

图 20-46　修改 playerid 文件

修改 D:\3i-Player\Bin\Conf\HostConfigs 下 stationwebservice.xml 文件，修改 WebServiceURL：配置所在车站服务器 IP 地址，如图 20-47 所示。

图 20-47　修改本站 IP（市体为 50）

修改完后，按顺序依次运行三个 bat 注册组件：

① D:\3i-Player\bin\Host 文件夹下的 Regdll.bat；

② D:\3i-Player\bin\FileManager 文件夹下的 Regdll.ba；

③ D:\3i-Player\bin\InfoPlayer 文件夹下的 regdll.bat。

注意：注册完后不要先运行 EXE 程序，否则会导致软件过期。

（6）将 D 盘根目录下，zzdt_ntpclient 文件夹 config 中的 IP 修改为本站服务器 IP。
运行自加密工具，将软件使用期延长至 2030 年，注册即可，这样可延长软件使用期。
运行 D:\3i-Player\bin\ProcessGuard 文件夹下的 ProcessGuard.exe 托管程序。
（7）重启计算机，开机自动进入全屏播放界面，有模板显示及视频画面。

第五节　广播系统模拟平台搭建

一、实验目的

（1）了解数字广播系统基本设备组成。
（2）了解数字广播系统线缆路由。

二、实验器材

广播控制盒 1 台、电源模块（AC220 转 DC24）1 个、网络音频播放器模块（至少 2 条预录制音频）1 个、交换机 1 台、扬声器 2 个、数字功率放大器 2 台（组成 2 个广播区）、两芯电源线若干、超五类网线 4 根。

三、实验组网

数字广播系统实验组网如图 20-48 所示。

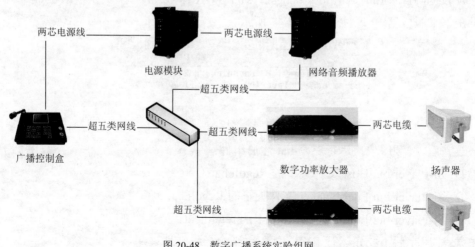

图 20-48　数字广播系统实验组网

四、实验步骤

（1）准备好设备及材料。
（2）根据设备连接图连接各设备。
（3）将各设备通电。
（4）分别配置功率放大器、广播控制盒、网络音频播放器数据。
（5）通过广播控制盒验证广播系统基本功能（话筒广播、预录制广播、平行广播等）。

第二十一章 通信系统典型故障案例

> **岗位应知应会**
>
> 1. 掌握常见通信故障的基本处理流程。
> 2. 能够结合典型故障案例,独立处理较简单的通信常见故障。
>
> **重难点**
>
> 重点:电源系统、乘客信息系统典型故障案例。
> 难点:闭路电视监视系统典型故障案例。

第一节 电源系统典型故障案例

一、故障现象

车站控制室防灾广播控制盒打火冒烟、CCTV 视频终端及综合监控工作站重启,车站 PIS 屏黑屏,门禁无法使用。

二、故障影响

综合监控系统光电转换器、CCTV 系统视频均衡器、广播系统电源板损坏。

三、处理过程

专业人员到达弱电综合室检查通信设备,发现广播设备处于断电状态,CCTV 系统和 PIS 子系统设备频繁重启。测量交流配电柜两路输入市电电压,经测量电压正常。初步判断为 UPS 交流电故障,打开电源交流配电柜后盖板,检查 UPS 输出端子,发现 UPS 输出端零线端子烧黑。故障处理人员将交流配电柜维修旁路闭合,交流电输出正常。

检查各系统设备工作状态,发现 CCTV 有四台视频均衡放大器电源指示灯不亮,重启 CCTV 均衡器,电源指示灯仍不亮,测量输入电源正常,怀疑均衡放大器损坏,立即使用备件进行更换。

广播系统电源灯不亮，重启广播设备，发现大信号机箱、小信号控制机箱不能正常工作，测量输入电压正常，初步判断电源板卡烧坏，立即使用备件进行更换。

PIS 屏显示为英文不正常画面，重启工控机后恢复正常。

检查 UPS 输入输出电压，测量 UPS 输出端子电压（火零电压 110V），关闭 UPS 逆变和 UPS 输入（此时交流配电屏为旁路供电，不影响设备正常运行），更换 UPS 输出端子排。然后手动倒换交流配电柜 UPS 开关至正常工作状态，并检查各系统供电情况，经确认设备恢复正常。

四、原因分析

UPS 输出端 A、B、C 三相电负载不均衡，其中 A 相电流 29.7A，B 相电流 17.6A，C 相电流 18.2A，三相不均衡导致零线带有一定量的电流。

由于施工工艺不规范，零线端子采用焊接方式，接线端子导电发热，会导致焊锡融化，从而引起零线端子松动；并且零线外所套的热缩管偏长，基本覆盖固定螺栓孔边缘，在紧固时热缩管被压进去，零线端子持续发热，导致热缩管被融化，也会造成端子松动。

零线端子在紧固时，采用螺丝刀进行紧固，紧固力矩不够，线缆有一定的弧度使端子受力，导致线缆端子与螺栓并没有全部连接，这种情况也会引起零线端子松动。

零线端子松动，接触电阻变大，持续发热，最终导致零线端子烧毁。

第二节 乘客信息系统典型故障案例

一、故障现象

0118 车整列车 PIS 屏幕白屏。

二、故障影响

车载 PIS 故障造成运营质量下降，可能导致乘客对运营服务提出投诉。

三、处理过程

运营结束后专业人员登车，分别激活 0118 车车头端和车尾端主控制器，查看两端车载控制器是否正常工作。测试结果为两端分别激活后PIS屏幕均为白屏,且切换主控制器时PIS屏无切换视频源表现。

分别切断两端车载控制器,发现车尾端车载控制器无法正常启动,系统蓝屏且提示系统盘损坏,车头端车载控制器启动后车载控制器显示白屏且数据硬盘读道损坏。

将备件硬盘分别换至0118车车头端和车尾端车载控制器,并重新安装车头端车载控制器软件及车尾端车载控制器系统后,0118车恢复直播。

四、原因分析

车载控制器是电客车PIS屏播放视频的控制器及视频源,车载控制器故障会导致PIS屏无法正常播放。车载控制器内装有一块用于安装系统的固态硬盘和一块用于保存播放数据及软件的普通硬盘,电客车断电时车载控制器随之直接关机没有缓冲保护,长期强制关机,极易导致车载控制器硬盘损坏。

第三节　闭路电视监视系统典型故障案例

一、故障描述

控制中心调度大厅值班人员无法通过监控大屏监控车站作业。

二、故障影响

控制中心调度大厅值班人员将近10min无法监控车站作业。

三、故障处理

专业人员操作CCTV后台终端,可以通过CCTV后台终端投放视频,初步判断CCTV视频服务器中CCTV与综合监控接口进程agent指令出现问题。在通信网管室通过CCTV网管软件远程连接视频服务器,通过输入命令agserver.sh status查看该进程状态,发现该进程处于停止状态,随即通过命令agserver.sh restart对该进程进行重启,然后输入命令agserver.sh status,查看该进程已处于正常运行状态。

四、原因分析

Agent 指令是视频监控系统和综合监控系统进行对接的服务进程,如果 agent 指令卡死,综合监控工作站无法对视频图像进行投放。

观察综合监控终端操作现象和 CCTV 后台终端能够投放视频,判断出 CCTV 视频服务器与综合监控接口进程 agent 指令出现问题,并通过命令 agserver.sh status 确认故障原因为进程 agent 指令卡死。

附录 考核大纲

序号	分类	编号	考核内容	掌握程度	考核形式
1	基础知识篇	1.1	城市轨道交通通信系统介绍	了解	笔试
		1.2	城市轨道交通通信系统功能	了解	笔试
		1.3	城市轨道交通通信技术标准	了解	笔试
		2.1	电源系统概述	了解	笔试
		2.2	电源系统组成	熟悉	笔试
		2.3	电源系统与其他专业接口	掌握	笔试
		3.1	传输系统概述	了解	笔试
		3.2	传输系统原理	了解	笔试
		3.3	传输系统组成	熟悉	笔试
		3.4	光缆知识介绍	熟悉	笔试
		3.5	传输系统与其他专业接口	掌握	笔试
		4.1	无线集群系统概述	了解	笔试
		4.2	无线集群系统组成	熟悉	笔试
		4.3	漏泄电缆知识介绍	熟悉	笔试
		4.4	无线集群系统与其他专业接口	掌握	笔试
		5.1	电话交换系统概述	了解	笔试
		5.2	电话交换系统原理	了解	笔试
		5.3	电话交换系统组成	熟悉	笔试
		5.4	电话交换系统与其他专业接口	掌握	笔试
		6.1	闭路电视监视系统概述	了解	笔试
		6.2	闭路电视监视系统组成	熟悉	笔试
		6.3	闭路电视监视系统与其他专业接口	掌握	笔试
		7.1	乘客信息系统概述	了解	笔试
		7.2	乘客信息系统组成	熟悉	笔试
		7.3	乘客信息系统与其他专业接口	掌握	笔试
		8.1	广播系统概述	了解	笔试
		8.2	广播系统组成	熟悉	笔试
		8.3	广播系统与其他专业接口	掌握	笔试
		9.1	时钟系统概述	了解	笔试
		9.2	时钟系统组成	熟悉	笔试
		9.3	时钟系统与其他专业接口	掌握	笔试

续上表

序号	分类	编号	考核内容	掌握程度	考核形式
2	实务篇	10.1	电源系统检修	熟悉	笔试+实操
		10.2	电源系统网管操作	掌握	笔试+实操
		11.1	传输系统检修	熟悉	笔试+实操
		11.2	传输系统网管操作	掌握	笔试+实操
		12.1	无线集群系统检修	熟悉	笔试+实操
		12.2	无线集群系统网管操作	掌握	笔试+实操
		13.1	电话交换系统检修	熟悉	笔试+实操
		13.2	电话交换系统网管操作	掌握	笔试+实操
		13.3	电话交换系统终端操作	熟悉	笔试+实操
		14.1	闭路电视监视系统检修	熟悉	笔试+实操
		14.2	闭路电视监视系统网管操作	掌握	笔试+实操
		15.1	乘客信息系统检修	熟悉	笔试+实操
		15.2	乘客信息系统网管操作	掌握	笔试+实操
		16.1	广播系统检修	熟悉	笔试+实操
		16.2	广播系统网管操作	掌握	笔试+实操
		16.3	广播系统终端操作	熟悉	笔试+实操
		17.1	时钟系统检修	熟悉	笔试+实操
		17.2	时钟系统网管操作	掌握	笔试+实操
		18.1	电源系统故障处理	熟悉	笔试+实操
		18.2	传输系统故障处理	熟悉	笔试+实操
		18.3	无线集群系统故障处理	熟悉	笔试+实操
		18.4	电话交换系统故障处理	熟悉	笔试+实操
		18.5	闭路电视监视系统故障处理	熟悉	笔试+实操
		18.6	乘客信息系统故障处理	熟悉	笔试+实操
		18.7	广播系统故障处理	熟悉	笔试+实操
		18.8	时钟系统故障处理	熟悉	笔试+实操
		19.1	光源、光功率计	掌握	实操
		19.2	万用表	掌握	实操
		19.3	绝缘测试仪	熟悉	实操
		19.4	驻波测试仪	熟悉	实操
		19.5	阻抗仪	熟悉	实操
		20.1	通信接头制作	掌握	实操
		20.2	电源系统模拟平台搭建	熟悉	笔试
		20.3	闭路电视监视系统模拟平台搭建	熟悉	实操
		20.4	乘客信息系统模拟平台搭建	熟悉	实操
		20.6	广播系统模拟平台搭建	熟悉	笔试
		21.1	电源系统典型故障案例	熟悉	笔试
		21.2	乘客信息系统典型故障案例	掌握	笔试+实操
		21.3	闭路电视监视系统典型故障案例	掌握	笔试+实操

参考文献

[1] 中兴通讯股份有限公司. 郑州市轨道交通 1 号线一期通信系统技术规格书[R].2012.
[2] 烽火通信科技股份有限公司. 郑州市轨道交通 2 号线一期通信系统技术规格书[R].2014.
[3] 侯振义,夏峥. 通信电源站原理及设计[M]. 北京:人民邮电出版社,2003.
[4] 张雷霆. 通信电源[M]. 北京:人民邮电出版社,2005.
[5] 滑玉,武恩玉. 通信专业实务(设备环境)[M]. 北京:人民邮电出版社,2008.
[6] 胡双红. 中级通信工程师考试考点精讲与全真模拟题(交换技术)[M]. 北京:机械工业出版社,2014.
[7] 李伟章. 城市轨道交通通信[M]. 北京:中国铁道出版社,2008.
[8] 孙学康. SDH 技术[M]. 北京:人民邮电出版社,2009.
[9] 孙学康. 光纤通信技术[M]. 北京:人民邮电出版社,2012.

后 记

城市交通的日渐繁茂带来了城市轨道交通的发展。为了城市轨道交通安全、可靠地运行，必须应用现代信息技术。随着现代信息技术的飞速发展，应用在城市轨道交通中的通信技术必须在考虑先进性的基础上，确保城市轨道交通行业的发展更加经济合理、安全可靠。城市轨道交通中多变的运用状况需要通信技术开发多种功能的接口来满足实际使用。为了确保城市轨道交通列车运行的安全、可靠、准点、高密度和高效率，实现列车运营的集中统一指挥，城市轨道交通系统必须配备专用的、完整的、独立的通信系统。

轨道交通运输是一个完整的大系统，它的各个部分都离不开通信。通信的主要任务是完成各种信息的传输，它在轨道系统运输中起着神经系统和网络的作用。为了确保轨道交通运行的安全，就必须要提高和规范通信系统的主要内容和功能技术要求，这需要借鉴当今电信网中一些实用而先进的技术成果。

希望通过本教材的学习，广大学员能提高专业理论知识水平和业务技能，熟悉城市轨道交通通信专业生产检修、作业流程及故障处理，为城市轨道交通的发展添砖加瓦，共创辉煌。

编 者
2016 年 11 月

图 2-8 整流模块

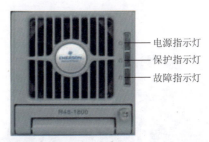
图 2-9 整流模块指示灯

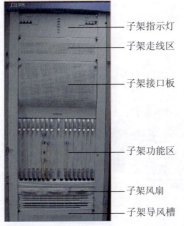
图 3-10 ZXMP S385 机柜结构图

图 4-2 DXT3 交换机实物图

图 4-5 单机柜 TB3 基站

图 4-7 功分器实物图

图 4-9 馈线示意图

图 4-10 天线示意图

图 4-11 手持终端

图 4-13　二次开发固定台

图 4-14　二次开发车载台

图 7-6　LCD 控制器

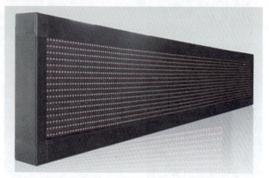

图 7-7　车站 LED 显示屏

图 7-10　车载 LCD 控制器

图 7-11　车载交换机

图 16-6　广播控制盒实物图

图 19-1　光源光功率计面板图

图 19-2 线缆连接示意图

图 19-24 驻波测试仪面板图

图 19-25 驻波测试仪测量结果

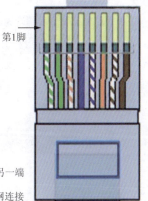

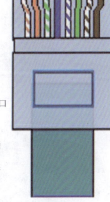

适用范围：交叉互连

网线的一端按T568B接，另一端按T568A接

1. 电脑 ←→ 电脑，即对等网连接
2. 集线器 ←→ 集线器
3. 交换机 ←→ 交换机

适用范围：

一、直通线互联
网线的两端均按T568B接

1. 电脑 ←→ ADSL猫
2. ADSL猫 ←→ ADSL路由器的WAN口
3. 电脑 ←→ ADSL路由器的LAN口
4. 电脑 ←→ 集线器或交换机

二、交叉线互连
网线的一端按T568B接，另一端按T568A接

1. 电脑 ←→ 电脑，即对等网连接
2. 集线器 ←→ 集线器
3. 交换机 ←→ 交换机

图 20-1 T568B 接线标准

图 20-2 T568A 接线标准

图 20-3 压线钳剪裁双绞线

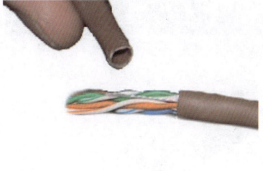

图 20-4 压线钳剥双绞线

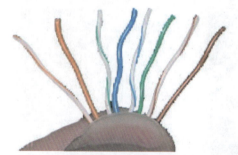

图 20-5 双绞线线序排列

图 20-6 双绞线芯线顶端剪齐

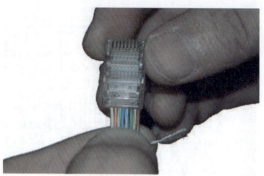

图 20-7 双绞线水平插入水晶头的线槽

图 20-8 压线钳压紧水晶头

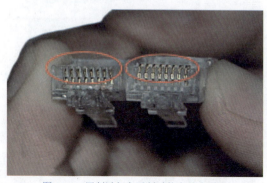

图 20-9 压制过与未压制过的水晶头对比

图 20-10 网线测试仪测试通断

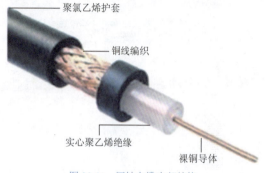

图 20-11 同轴电缆内部结构

图 20-12 BNC 接头外观

图 20-13　BNC 接头套进同轴线

图 20-14　剥开同轴线

图 20-15　整理屏蔽层

图 20-16　裁剪多余同轴线

图 20-17　同轴线芯插入 BNC 头

图 20-18　夹紧视频头

图 20-19　焊接同轴线芯

图 20-20　焊接屏蔽线

图 20-21　剪平屏蔽线　　　　　　　　图 20-22　套上套管

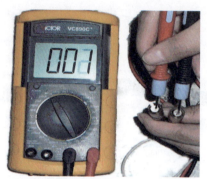
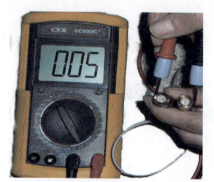

图 20-23　中心对中心导通测试　　　　图 20-24　外围对外围导通测试

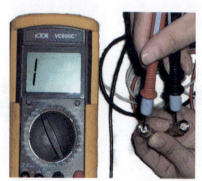
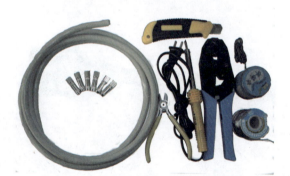

图 20-25　中心对外围导通测试　　　　图 20-26　2M 接头制作所需工器具及材料

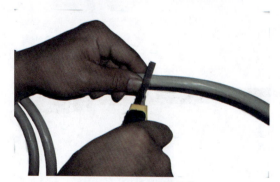

图 20-27　拨开同轴线缆　　　　　　　图 20-28　压接套管套在同轴线上

图 20-29　剥开同轴缆

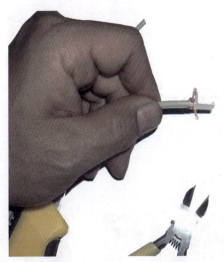

图 20-30　剪去屏蔽层

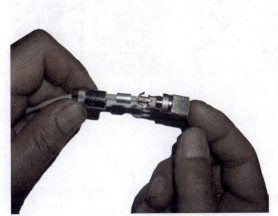

图 20-31　压接套管

图 20-32　焊接同轴缆线芯

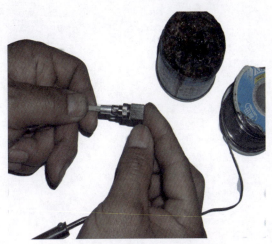

图 20-33　压接套管套在屏蔽网

图 20-34　压接压线管和接地管

图 20-35　压好的 2M 头

图 20-36　同轴插头套紧同轴体

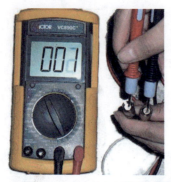
图 20-37　中心对中心导通测试

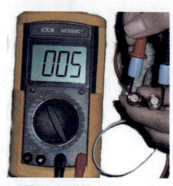
图 20-38　外围对外围导通测试

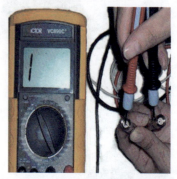
图 20-39　中心对外围导通测试